T. Berry Brazelton
Stanley I. Greenspan

CE DONT CHAQUE ENFANT A BESOIN

Ses sept besoins incontournables pour grandir, apprendre et s'épanouir

•MARABOUT•

Du même auteur

La Naissance d'une famille. Comment se tissent les liens, Stock-Laurence Pernoud, 1983.
Trois bébés dans leur famille, Laura, Daniel et Louis. Les différences du développement, Stock-Laurence Pernoud, 1985.
« À ce soir »... Concilier travail et vie de famille, Stock-Laurence Pernoud, 1986 et Marabout.
T. Berry Brazelton vous parle de vos enfants, Stock-Laurence Pernoud, 1988.
Familles en crises, Stock-Laurence Pernoud, 1989.
Points forts, Les moments essentiels du développement de votre enfant, Stock-Laurence Pernoud, 1998.
L'Âge des premiers pas. Une déclaration d'indépendance, Payot, 1989.
Les Premiers liens, ou l'attachement parents-bébé vu par un pédiatre et un psychiatre, en collaboration avec Bertrand Cramer, Stock-Laurence Pernoud en co-édition avec Calmann-Lévy, 1991.
Écoutez votre enfant. Comprendre les problèmes normaux de la croissance, Payot, 1985.
L'Enfant et son medecin, Payot, 1986.

Titre original : *The Irreducible Needs of Children*
What every child must have to grow, learn and flourish
Perseus Publishing
A Merloyd Lawrence Book.

Traduit de l'anglais (États-Unis) par Isabella Morel.

Pour Christine Lowell Brazelton
et Nancy Thorndyke Greenspan

Les auteurs expriment leur gratitude à Merloyd Lawrence :
grâce à sa clairvoyance et à son dévouement,
tout s'est révélé possible.

Introduction

En tant que professionnels de la santé familiale en pédiatrie et en pédopsychiatrie, en tant que chercheurs, engagés dans des études plus générales sur le développement de l'enfant, nous sommes très inquiets de constater que les besoins des enfants restent insatisfaits, aussi bien dans notre pays qu'à l'étranger. Certes, il y a eu des initiatives admirables dans les domaines de la santé publique, de l'éducation, de la pédiatrie et de la législation, initiatives visant à améliorer le sort des enfants ; cependant, on a rarement essayé de définir ce qui est fondamentalement indispensable à la bonne santé de l'enfant. Dans cet ouvrage, nous nous sommes attachés à identifier les besoins les plus essentiels, les soins sans lesquels les enfants ne peuvent ni grandir, ni apprendre, ni s'épanouir. Une fois ces besoins définis, il devient plus facile d'évaluer et de proposer des mesures pour les satisfaire.

Nous avons également constaté, au cours de notre existence, que certains stress frappant les jeunes familles s'étaient considérablement aggravés. Sous cette pression, mères et pères ont du mal à satisfaire les besoins de leurs enfants. Il est rare que les familles soient capables d'affronter ces stress sans aide. Nous avons laissé empirer ces tensions et ces conditions sans mobiliser les soutiens culturels disponibles. Les recherches menées en 1989-1991 par la National Commission for Children* ont montré que notre pays était en retard sur beaucoup d'autres cultures pour son soutien à la cohésion familiale[1]. Nous risquons de le payer très cher en ce qui concerne les comportement de nos enfants — drogue, violence et délinquance. Nos petits-enfants vont vivre dans la même société que les descendants des familles négligées. Les vôtres aussi.

Au cours de nos activités de médecin et d'avocat de la cause enfantine, nous avons, l'un et l'autre, vu de grands signes d'espoir ; une prise de conscience gagne tout le pays et de nouveaux programmes faisant de l'intérêt bien compris de l'enfant une véritable priorité se développent partout.

La petite enfance est le moment à la fois le plus décisif et le plus sensible du développement. Les recherches, les nôtres parmi d'autres, ont démontré que les ingrédients du développement intellectuel, affectif et moral sont transmis à l'enfant au cours des toutes premières années. Si ce n'est pas le cas, ces ingrédients peuvent être acquis au cours de la croissance, mais plus difficilement et moins parfaitement au fur et à mesure que les années passent. On ne doit pas négliger les enfants au cours de ces années.

Les « besoins incontournables » que nous allons définir sont les expériences et les soins que tout enfant a le *droit* d'avoir. Dans une société aussi privilégiée que la nôtre, nul n'a le droit de les ignorer. Pourtant, une fois ces besoins définis, il apparaît clairement que la société actuelle néglige beaucoup de familles et de petits enfants.

Dans les chapitres qui suivent, nous mettrons en évidence, en évitant les généralités, sept besoins incontournables pour les enfants.

* Commission nationale pour l'enfance.

Cette étude nous fera passer en revue nos attitudes et nos comportements à l'égard des enfants et des familles. Nous serons amenés à remettre en question nos convictions et notre pratique quotidienne dans les domaines des soins aux enfants, du bon fonctionnement familial, de l'éducation, de la santé, des services sociaux et du système judiciaire. Afin de montrer combien ces questions sont complexes, nous avons ajouté des extraits de conversations au cours desquelles nous tentions d'identifier chacun de ces besoins. Ces dialogues ont été transcrits à partir de discussions que nous avons eues sur une longue période. Ils donnent une idée de notre travail et montrent comment nous avons élaboré les recommandations.

Comme on le verra, les dialogues et les conseils sont fondés sur une synthèse de notre expérience clinique et de nos recherches personnelles, plutôt que sur une compilation des études parues sur les sujets abordés — seules quelques-unes seront évoquées. Étant donné, d'ailleurs, le nombre limité de recherches consacrées à certains domaines, beaucoup des questions les plus importantes (comme la quantité de temps qu'il est nécessaire de consacrer quotidiennement au bébé) doivent être traitées en intégrant l'expérience clinique aux publications disponibles. Ce qui nous donne, au moins, un cadre de référence nous permettant d'établir des normes courantes et d'alimenter des discussions et des études futures. Les notes placées à la fin du livre proposent une sélection des publications parues sur le sujet ainsi que de quelques-unes de nos recherches.

L'exemple récent le plus dramatique des conséquences qu'entraîne la négligence des besoins du petit enfant provient des orphelinats de certains pays et plus particulièrement de Roumanie, orphelinats où l'on ne fait guère plus qu'entreposer bébés et jeunes enfants. Dans ces conditions, privés de soins chaleureux et d'interactions appropriées sur le plan humain et intellectuel, les enfants sont atteints de graves déficits physiques, intellectuels et relationnels. À quatre ou cinq ans, certains ne savent communiquer que par quelques gestes simples, comme tendre la main vers la nourriture. Quand ils sont contrariés, ces enfants ont l'habitude de donner de grands coups ou même de se mordre les bras. Ils n'ont ni langage, ni aptitude à utiliser des images pour communiquer leurs besoins ou leurs désirs essentiels ; ils sont encore plus démunis quand il s'agit de communiquer rapidement ; lorsqu'ils sont contrariés ou blessés, ils n'ont que très rarement la possibilité de recevoir du réconfort ou de l'affection. Avec une aide intensive, ces enfants font des progrès lents, mais réels. Ils apprennent à s'ouvrir aux autres, à manifester de l'affection, à communiquer ; ils commencent à développer la capacité de parler et de penser. Cependant, une telle rééducation est un processus long et lent ; elle exige de nombreuses années, et les conséquences des privations endurées si jeune ne sont jamais totalement effacées.

Nous avons là un exemple extrême, propre à nous alerter sur l'impact des soins en institution, mais il existe d'autres formes d'insuffisance dans les soins, aux États-Unis et dans divers pays industrialisés, juste sous nos yeux, auxquelles nous ne prêtons pas assez d'attention. Parmi celles-ci, la situation des enfants placés dans notre système de service social et qui passent de foyer d'accueil en foyer d'accueil parce que ce sont des enfants difficiles. Il y a aussi les enfants qui manquent de soins ou qui sont maltraités, alors même qu'ils vivent avec un ou deux de leurs parents biologiques. Négligence et maltraitance ne diminuent pas, bien au contraire.

En lisant ces lignes, vous ressentirez peut-être un certain soulagement parce que, dans votre entourage, ces schémas de placements multiples, de négligence ou de maltraitance sont très rares. Mais une nouvelle tendance se développe, aux États-Unis comme dans le monde entier, un nouveau type de garde institutionnalisée. Ce type de garde existe dans toutes les classes sociales. En effet, environ cinquante pour cent des jeunes enfants sont actuellement élevés par des personnes qui ne sont pas leurs parents biologiques pendant une grande partie de la journée[2]. Et, là, nous ne parlons pas d'activités extrascolaires pour les enfants scolarisés. Non, nous parlons des bébés et des jeunes enfants pendant les trois premières années de leur vie. Depuis les années soixante-dix, on a assisté à un changement d'attitude des familles sur la façon d'élever leurs propres enfants. Pendant cette période, le nombre des familles qui confient leurs bébés et leurs enfants non scolarisés à d'autres personnes, pendant trente-cinq heures et plus, chaque semaine, a considérablement augmenté. En d'autres termes, un grand nombre de bébés et de jeunes enfants sont élevés pendant la plus grande partie de la journée par des personnes qui ne sont pas leurs parents.

Plus importants que de simples chiffres, sont les rapports concernant la qualité de ces modes de garde. Ils ne sont pas encourageants.

L'un d'entre nous, S.I. Greenspan (S.I.G.), fut récemment frappé par l'amplitude qu'avait prise ce phénomène. Sa visite, la même semaine, à deux établissements de soins très différents mit en évidence des ressemblances saisissantes dans ce qu'on pourrait appeler l'« amour institutionnel ».

Dans le premier établissement, une femme était assise dans un coin en fixant le sol du regard. Autour d'elle, quatre bébés rampaient, ne paraissant s'intéresser qu'à leur propre corps ou aux objets qu'ils pouvaient voir ou toucher. L'un d'entre eux se prit la main dans un jouet. La femme alla vers lui, libéra sa main, dit : « Ça y est » et revint silencieusement vers sa chaise. Un autre bébé se heurta avec son biberon à moitié plein. La femme le prit, l'installa maladroitement sur ses genoux, face au mur, pour lui faire boire le reste de son lait. Une fois le biberon terminé, elle replaça le bébé par terre sans un mot. La salle était silencieuse. Aucun signe des gestes familiers, des sons et des expressions qui relient les personnes.

Était-ce là une mère surmenée, économiquement défavorisée, dans une situation familiale menacée ? Une nourrice débordée dans un quartier défavorisé ? Non, en réalité, cette scène se passait dans une crèche de quartier bourgeois. La femme était une aide puéricultrice payée au minimum. Le directeur de cet établissement privé, subventionné, bien entretenu, nous dit : « Elles sont toutes comme ça. »

Dans une autre pièce du même établissement, une femme affable échangeait avec vivacité des mots, des onomatopées, des sourires, des rires et des gestes avec cinq enfants d'environ deux ans qui s'amusaient ensemble en poussant des camions. Les enfants montraient du doigt, parcouraient la pièce en rampant, éclataient de rire, s'adressant les uns aux autres autant qu'à la femme qui s'occupait d'eux. Avec subtilité, par des mouvements de la main, des expressions du visage et de la voix, elle communiquait avec les cinq enfants à la fois.

« Qui est-ce ? demanda S.I.G.

— Oh, c'est l'assistante du directeur, elle remplace une des aides qui est malade, répondit le directeur.

— Les autres puéricultrices ne pourraient-elles pas être aussi chaleureuses ? Ne savent-elles pas jouer avec les enfants ?

— Il nous arrive d'avoir des puéricultrices comme elle, mais c'est rare, et celles qui sont aussi bonnes trouvent vite de meilleurs postes. Nous n'avons pas les moyens de payer des femmes aussi qualifiées pour passer du temps avec les enfants, répliqua le directeur.

Quelques jours plus tard, dans un autre établissement, S.I.G. trouva des aides d'une égale indifférence collées à leurs chaises. L'une d'entre elles disait à une femme âgée :

« Asseyez-vous et arrêtez de bavarder ou vous n'aurez pas de glace. » Dans une autre pièce, assises dans un coin, six femmes âgées regardaient dans le vide tandis que deux aides-soignantes se tenaient derrière une table, l'air indifférentes et ennuyées. Une vieille dame demanda sans succès un massage du dos et avoua plus tard : « J'ai seulement besoin d'un contact. » Une autre s'anima quand une aide-soignante lui adressa la parole et se montra indûment reconnaissante de leur brève conversation.

Cette scène se passait dans une des meilleures maisons de retraite de la ville. Là aussi, nourriture, hygiène et soins médicaux étaient excellents.

C'est l'« amour institutionnel ». C'est le lot, à chaque bout de la vie, aussi bien des pauvres que des riches, de ceux qui, en raison de leur âge et de leur impuissance, sont tributaires de l'aide des autres. Nous savons tous de quel genre d'aide il s'agit. Mais nous ne voulons pas penser que c'est celle que reçoivent les personnes que nous aimons.

On peut se persuader qu'en payant le prix on aura de bons services. En fait, dans certaines entreprises, la participation des parents aux crèches situées sur le lieu de travail crée le sentiment d'une sorte de famille élargie. Les écoles maternelles qui encouragent la participation des parents retirent des avantages de leur présence. Une infirmière chef compatissante dans une maison de retraite peut y apporter une touche personnelle. Mais, hélas, ce sont là des exceptions. L'ironie est que, si cet état de choses perdure, dans quatre-vingts ans, les bébés d'aujourd'hui se trouveront replongés dans ces environnements impersonnels qui leur sembleront étrangement familiers.

S.I. Greenspan s'est posé la question de savoir si nous n'étions pas en train de nous faire une idée nouvelle de la nature humaine, plus matérialiste, plus réaliste, qui serait reflétée par l'impersonnalité de nos schémas d'interaction et de nos projets éducatifs. Nous serions plus intéressés par le cerveau que par l'esprit, par la biologie et la génétique que par l'expérience.

Pourquoi sommes-nous passés si radicalement à des modes d'interaction plus impersonnels, avec nos enfants comme dans la vie familiale ? Pourquoi, après un demi-siècle de progrès dans l'éducation, nous tournons-nous maintenant dans l'autre direction, et adoptons-nous ce comportement impersonnel propre à détruire la capacité des futures générations à prendre soin de leurs enfants ?

Peut-être pouvons-nous entrevoir la raison de cette régression préoccupante en nous penchant sur deux aspects de l'évolution humaine. Nous associons souvent l'évolution avec la survie du plus apte, les espèces rivalisant entre elles pour leur existence. Cependant, il y a une autre tendance, qui n'est pas souvent associée avec l'évolution en soi, mais qui constitue une très importante composante de notre développement en être humain complexe. Cet aspect de l'évolution concerne la capacité de l'homme à former une famille et à coopérer au sein d'organismes sociaux de plus grande dimension.

Si l'on considère le niveau d'organisation sociale requis pour avoir un gouvernement, un système militaire et une économie capables d'assurer notre survie dans le monde moderne, on est stupéfait. Les hommes doivent être capables de travailler en groupe dans tous les domaines de leur existence. Il faut s'organiser et coopérer au sein des groupes familiaux et sociaux pour fonctionner. On ne peut le faire sans empathie ni compassion, sans compréhension ni tolérance envers les autres, sans un comportement adulte. Les nouvelles générations ne sauront assumer ces fonctions que si elles sont élevées dans des familles attentionnées et empathiques.

Les sociétés modernes, si elles veulent rivaliser sur le plan économique et militaire à travers des structures gouvernementales stables, doivent assurer une bonne éducation aux enfants qui sont les adultes de l'avenir. Derrière la compétition de l'évolution, il y a essentiellement la façon dont on élève les enfants. La grande période de dépendance des êtres humains offre l'occasion de développer des aptitudes psychiques fondées sur l'émotion, pendant une longue enfance bien soignée et protégée. C'est un phénomène que l'on observe chez d'autres mammifères et de façon moins évidente chez les animaux dont les jeunes partent se débrouiller par eux-mêmes après avoir été nourris et protégés sur une courte période.

Alors que les soins chaleureux et la maîtrise de la compétition sont les deux faces d'une même médaille, il semble que nous soyons plus à l'aise dans le domaine de la compétition que dans celui des soins chaleureux. « Soins chaleureux », ce thème est associé à la vulnérabilité et à l'impuissance. Vulnérabilité, impuissance et dépendance paraissent opposées à notre profession d'autonomie, tellement liée à l'éthique de la compétition pour la survie. Est-ce que le besoin de nier notre propre vulnérabilité signifie que nous devons refuser de la voir chez nos enfants ?

La question devient alors : pourquoi maintenant ? Pourquoi ce conflit devrait-il être de nos jours encore plus apparent et plus destructeur pour notre politique envers les jeunes enfants ? L'économie a suffisamment progressé pour que chacun considère comme allant de soi la satisfaction de ses besoins fondamentaux ; c'est peut-être ce qui nous a conduits à négliger les besoins du bébé. Dans le passé, la fonction maternelle incluait la responsabilité des nourrissons et l'acceptation de leur vulnérabilité. Les femmes étaient censées rester à la maison avec les enfants et s'épanouir en s'occupant des autres, non en faisant carrière. Les pères et les maris étaient censés s'attaquer au côté compétitif de la vie. Le progrès économique et l'éducation ont encouragé une plus grande égalité et un dépassement des règles établies, et nous nous trouvons dans une période de transition. Il faut trouver un nouvel équilibre. Les femmes et les mères ne devraient pas avoir à endosser les rôles nourriciers tandis que les pères se réserveraient la maîtrise des rôles compétitifs. Nous savons maintenant l'importance et les bienfaits à long terme d'une participation paternelle active à la vie de l'enfant. Mais nous n'avons pas encore trouvé la façon nouvelle de rétablir cet équilibre vital.

Historiquement, nous avons abordé ce problème à travers des rituels et des règles pratiques, plutôt que par la réflexion intellectuelle. Dans un sens, nous n'avons peut-être jamais intégré ces deux tendances dans la nature humaine ; à présent, il faut sans doute le faire. La première solution qui vient à l'esprit serait que les hommes et les femmes partagent le côté nourricier et le côté compétitif de la vie. Il faudrait pour cela une décision consciemment réfléchie tenant compte des besoins des enfants. En attendant, on a vu les deux parents se lancer dans la compétition professionnelle en abandonnant à d'autres le soin d'élever leurs enfants — c'est l'histoire des trente dernières années ; cette expérience doit être réévaluée à la lumière de ce que nous savons sur les besoins des enfants.

Au cours de cette période de transition, au moment où la réflexion et la prise de décision vont remplacer les règles et les rituels, il nous faut dresser un tableau clair des besoins fondamentaux des enfants autour desquels les familles doivent s'organiser. Si nous n'arrivons pas à satisfaire les besoins des enfants, nous risquons de compromettre la capacité des générations futures à entretenir des familles et à assurer la stabilité politique et économique.

Dans ce but, nous avons distingué sept besoins

incontournables pour les bébés et les jeunes enfants, ainsi que pour leurs familles. Ces sept « besoins de base » constituent les matériaux indispensables à la construction de nos capacités intellectuelles, émotionnelles et sociales.

Dans les chapitres suivants, nous allons examiner chacun de ces besoins incontournables et leurs implications pour la vie familiale, l'éducation de l'enfant, les systèmes d'assistance sociale et d'aide aux défavorisés, le système judiciaire et le système de santé, y compris de santé mentale. Nous allons essayer de formuler des recommandations pour des changements politiques qui prennent en compte chacun de ces besoins.

Ce faisant, nous espérons faire évoluer la situation et contribuer à l'amélioration de la société du XXIe siècle.

1

Le besoin de relations chaleureuses et stables

Le bébé et le jeune enfant doivent bénéficier de relations chaleureuses stables avec une personne ou un nombre restreint de personnes : voilà une nécessité que la plupart d'entre nous considèrent comme allant de soi ; pourtant, nous ne la mettons pas toujours en pratique. L'importance de ces relations n'a plus besoin d'être démontrée. Les films et les études de René Spitz, les travaux de John Bowlby ont révélé au monde l'importance des soins prodigués aux bébés pour la santé physique, psychique, intellectuelle et sociale, ainsi que les conséquences désastreuses du placement en institution. D'autres pionniers, comme Erik Erikson, Anna Freud et Dorothy Burlingham, ont montré que, pour franchir avec succès les étapes de la petite enfance, il fallait plus que la satisfaction des besoins alimentaires ; les enfants ont besoin de soins chaleureux pour devenir capables de confiance, d'empathie, de compassion.

D'après des études plus récentes, les schémas familiaux qui dénaturent ces soins pourraient compromettre de façon significative les capacités cognitives et émotionnelles des bébés et des jeunes enfants. Des interactions chaleureuses, enrichissantes sur le plan émotionnel, contribuent, en revanche, au bon développement du système nerveux central. En écoutant les voix, par exemple, les bébés apprennent à distinguer les sons et à développer leur langage. Des expériences interactives peuvent agir sur les cellules cérébrales en les engageant dans des processus particuliers — par exemple, en mobilisant un plus grand nombre de cellules pour écouter que pour voir[1].

L'échange de gestes empreints d'émotion aide le bébé à percevoir les signaux émotionnels et à y répondre ; il acquiert ainsi la conscience de soi. Des scanners du cerveau effectués sur des individus plus âgés montrent que les expériences intéressantes, motivantes et adaptées sur le plan affectif agissent sur les centres d'apprentissage du cerveau d'une façon différente des expériences qui sont ou trop ou pas assez stimulantes.

Une carence ou une altération des expériences nécessaires peuvent provoquer une grande variété de déficits. On a montré que des phénomènes perturbateurs de la vision précoce, par exemple, entraînaient des difficultés allant d'une cécité fonctionnelle à des problèmes de perception de la profondeur et de compréhension spatiale[2]. Le stress émotionnel est aussi associé à certaines altérations de la physiologie cérébrale[3].

En général, il y a une interaction sensible entre les dispositions génétiques et les expériences environnementales. L'expérience paraît adapter le système biologique du petit enfant à son environnement[4]. Dans ce processus, cependant, toutes les expériences ne sont pas semblables. Les relations affectives constituent les bases essentielles du développement intellectuel et social.

Au tout premier niveau, les relations entretiennent des sensations de chaleur, d'intimité, de plaisir ; elles procurent la sécurité, assurent la santé physique, la protection contre la maladie et les accidents ; elles satisfont les besoins élémentaires, nourriture et abri. Les aspects

« régulatoires » des relations (par exemple, protection contre un excès ou un manque de stimulation) aident les enfants à demeurer dans un état de calme et d'attention propice aux nouveaux apprentissages.

Les recherches effectuées sur les nouveau-nés par l'un d'entre nous (T. B. Brazelton) montrent que le bébé fait des efforts pour garder la maîtrise de soi afin d'observer et d'écouter les signaux de son environnement[5]. Ce faisant, il mobilise quatre réflexes du cerveau intermédiaire — tonicité du cou, réflexe de Babkin main à la bouche, fouissement et succion — pour rester alerte. S'il n'y parvient pas et s'il perd son contrôle, il utilise la voix ou le contact des personnes de son environnement pour renforcer ses efforts et réguler son « état » vers le stade « alerte ».

Vers huit semaines, d'après les mêmes recherches, le bébé devient capable de distinguer la voix et le visage de sa mère de ceux de son père et d'un étranger ; il y réagit différemment. Il est calme et alerte face à sa mère, prêt à une interaction de jeu avec son père. Chacune de ces personnes importantes aura appris ses rythmes et ses signaux, et le bébé aura créé en lui une attente pour réagir de façon appropriée avec elles. Voilà, pour l'avenir, les ingrédients d'un sentiment fort d'estime de soi, et, ultérieurement, ceux de la motivation pour apprendre. De plus, cet apprentissage renforce l'aptitude de l'enfant à contrôler ses impulsions. Au cours des premières années, les plus importantes acquisitions passent par l'interaction humaine. Aucune comparaison avec les jouets ou les objets éducatifs.

L'un de nous (S.I. Greenspan) a démontré que les relations et interactions émotionnelles enseignent également la communication et la pensée. Initialement, le système de communication de l'enfant est non verbal. Celui-ci comprend des gestes et des signaux émotionnels (sourires, regards autoritaires, froncements de sourcils, doigts pointés, prendre et rendre, gestes de négociation, etc.). À partir de tout cela émerge un système complexe d'interactions, de régulation et de résolution de problèmes qui dure tout au long de la vie de l'individu. Même si ce système non verbal fonctionne en réalité conjointement avec les mots et les symboles, il reste plus fondamental. (Par exemple, nous nous fions davantage au signe de tête ou au regard d'appréciation qu'aux louanges, qui sont parfois trompeuses ; et nous nous écartons vivement si l'on nous lance un regard hostile, même quand on nous dit : « Vous pouvez me faire confiance. »)

Quand ils sont entourés de relations chaleureuses, empathiques, fortes, les enfants apprennent à nouer des relations d'intimité, à être empathiques eux-mêmes et, en fin de compte, à communiquer leurs sentiments, à réfléchir sur leurs propres désirs et à développer leurs propres relations avec pairs et adultes[6].

Les relations enseignent aussi aux enfants à discerner les comportements convenables de ceux qui ne le sont pas. Alors que leur comportement gagne en complexité au cours de la deuxième année, ils apprennent, à partir des expressions faciales, du ton de la voix, des gestes et des paroles des personnes qui s'occupent d'eux, quel comportement provoque l'approbation ou la désapprobation. Des schémas se créent par l'intermédiaire des échanges entre les enfants et leur entourage. Parallèlement au comportement, cependant, émotions, désirs et image de soi émergent. Le ton émotionnel des relations et leurs subtiles interactions sont vitaux pour ce que nous sommes et ce que nous apprenons.

Les relations permettent à l'enfant d'apprendre à penser. Dans ses interactions, l'enfant passe du stade où il désire maman, et s'accroche à elle, à celui où il lui dit : « Maman » avec une expression d'amour. Il passe du stade de la simple manifestation de ses désirs ou souhaits à celui où il se les représente mentalement et où il les désigne par un mot. Cette transformation annonce le commencement de l'utilisation de symboles pour penser.

Les jeux imaginatifs ou de « faire semblant » qui comportent des scènes de la vie (par exemple, des poupées qui s'embrassent ou qui se battent) aident l'enfant à apprendre à relier une image ou une représentation à un souhait, puis à utiliser cette image pour penser : « Si je suis gentil avec maman, elle me laissera aller au lit plus tard. » Comprendre les motivations d'un héros d'une histoire, tout comme la différence entre dix biscuits et trois biscuits, dépendra de cette capacité.

La capacité à élaborer des représentations mentales des relations et, plus tard, d'autres situations, permet d'accéder à une pensée plus évoluée. Par exemple, un élément clef pour les futurs apprentissages et adaptations est la capacité de l'enfant à s'observer lui-même. C'est une qualité essentielle pour des activités autonomes aussi simples que le coloriage à l'intérieur ou à l'extérieur de lignes ou le couplage d'images représentant des mots ou des chiffres. L'observation de soi aide aussi l'individu à exprimer ses sentiments par la parole plutôt que par des actes. Elle l'aide à ressentir de l'empathie pour ses semblables ou à répondre à leurs attentes. Elle provient de la capacité à observer soi et l'autre dans une relation.

Nous sommes donc parvenus à comprendre que les interactions émotionnelles sont le fondement non seulement de la connaissance, mais de la plupart des capacités intellectuelles de l'enfant, y compris de la créativité et la pensée abstraite[7].

Cette reconnaissance du rôle des interactions émotionnelles précoces dans notre fonctionnement intellectuel n'est pas identique au concept des intelligences multiples et séparées défendu par Howard Gardner ou à la théorie d'Antonio Damasio selon laquelle les émotions déterminent le jugement, mais ni les capacités intellectuelles ni l'intelligence générale. Nous ne voyons pas de séparation dans ces capacités. Jean Piaget, le pionnier de la psychologie cognitive, considérait l'enfant comme un penseur causal à partir du moment où celui-ci comprend que tirer la ficelle fait sonner la cloche. Cependant, là n'est pas la première occasion d'apprentissage de la causalité pour l'enfant. La première leçon de causalité survient des mois plus tôt, quand le bébé apprend qu'un sourire entraîne une réponse sous forme d'un sourire ravi sur le visage de sa mère. Par la suite, l'enfant généralise cette leçon émotionnelle en la transférant au monde physique. Nous avons découvert comment les interactions affectives ou émotionnelles ouvraient la voie à chaque étape du développement.

Les émotions sont en fait des architectes internes, des directeurs ou des organisateurs de notre intellect. Elles nous disent comment et quoi penser, quoi dire et quand le dire, et quoi faire. Nous « connaissons » les choses à travers nos interactions émotionnelles et nous appliquons ce savoir au monde cognitif.

Par exemple, quand un jeune enfant apprend à qui dire « bonjour », il ne le fait pas en mémorisant une liste de noms. L'expérience le conduit à faire la relation entre le mot « bonjour » et un accueil affectueux qui lui fait chaud au cœur, des visages ouverts qui lui donnent envie d'aller à leur rencontre. S'il les regarde en ressentant en lui autre chose, par exemple de la fatigue, il aura tendance à détourner la tête ou à se cacher dans les jupes de sa mère. Nous encourageons cette forme de « discrimination » parce que nous ne voulons pas que nos enfants disent bonjour à des étrangers. Nous voulons qu'ils disent bonjour à des gens gentils, comme grand-père. Si l'enfant apprend à accueillir les gens de cette façon, il saura vite dire : « Bonjour ! » à un instituteur au comportement amical ou à un nouveau camarade de jeu. Il porte en lui ses émotions, et elles l'aident à opérer des généralisations à partir de situations connues vers d'autres, nouvelles ; elles l'aident également à faire des distinctions ou à décider quand parler et quoi dire.

Même une notion aussi académique et cognitive que le concept de quantité est fondée sur les expériences émotionnelles. « Énormément », pour un enfant de trois ans, c'est plus qu'il ne désire ; « un peu », c'est moins qu'il ne veut. Plus tard, les nombres systématiseront ce sentiment de quantité. De même, les concepts de temps et d'espace sont acquis par des expériences émotionnelles : attendre maman ou la chercher et la trouver dans une autre pièce.

Les mots aussi tirent leur signification d'interactions émotionnelles. Un mot comme justice prend un contenu et un sens à partir de chaque nouvelle expérience de justice ou d'injustice. Même l'utilisation de la grammaire, dont le distingué linguiste Noam Chomsky et d'autres pensent qu'elle est en grande partie innée et ne nécessite que quelques stimulations sociales de type très général pour démarrer, est en partie fondée sur des interactions émotionnelles très spécifiques. Nous avons, par exemple, découvert que les enfants autistes qui n'utilisaient pas correctement la grammaire, et ne répétaient que des noms comme *porte*, *table* et *lait*, réussissaient à apprendre des formes grammaticales correctes si nous les aidions d'abord à se placer sur le terrain émotionnel. Quand ils avaient appris à faire l'expérience de leur envie ou de leur désir, puis à les exprimer (par exemple, quand ils nous tiraient vers une porte pour que nous l'ouvrions), ils se mettaient à aligner correctement les noms et les verbes (« Ouvre porte ! »). Les petits enfants qui ne sont pas exposés à des difficultés importantes s'impliquent automatiquement dans ces interactions émotionnelles déterminantes ; c'est peut-être à cause de ce caractère d'automatisme, de routine, que leur importance pour le langage et la grammaire nous a échappé.

Non seulement la pensée, mais aussi le sens moral du bien et du mal émergent de ces interactions émotionnelles précoces. Comprendre les sentiments d'une autre personne, être sensible à ce qu'elle ressent, ne peut provenir que de l'expérience d'interactions chaleureuses. Nous ne pourrons ressentir de l'empathie que si quelqu'un a été empathique et attentionné à notre égard. Les enfants peuvent apprendre des comportements altruistes, peuvent être dressés à « bien se conduire », mais pour être sensible aux sentiments d'autrui il faut avoir éprouvé ce sentiment de compassion dans une relation durable. Il n'est pas possible de ressentir des émotions que nous n'avons jamais expérimentées, ni de savoir en quoi consiste le véritable amour si nous ne l'avons vécu avec personne. Pour certains, ce sera avec une grand-mère, ou une tante, ou même un voisin, qu'importe, l'expérience est indispensable. Il n'existe aucun autre moyen.

Une relation affective chaleureuse et stable avec un bébé ou un jeune enfant nous engage dans des interactions où nous déchiffrons les signaux et y réagissons. Cette caractéristique des relations d'affection entre un bébé et la personne qui le connaît le mieux détermine un nombre surprenant de capacités mentales vitales. Ces « interactions réciproques » enseignent au bébé à prendre l'initiative.

Vers deux, trois mois, le bébé et ses parents seront passés par trois niveaux d'apprentissage mutuel. Au premier stade, le parent apprend comment aider le nouveau-né à maintenir un état alerte (une à trois semaines). Au deuxième (entre trois et huit semaines), dans cet état alerte, le bébé produit des sourires et des vocalises auxquels l'adulte répond. Au troisième stade, entre huit et seize semaines, ces signaux sont reproduits dans des « jeux » au cours desquels vocalises et/ou sourires sont repris par séries de quatre ou plus, imités par l'adulte dans des ensembles d'échanges ou de « jeux ». Pendant ces jeux, l'enfant apprend le rythme et la réciprocité.

À quatre mois, le bébé sait prendre le contrôle de ce jeu, et inciter le parent à y participer. (Margaret Mahler parlait d'« éclosion » — « *hatching* ».) Voilà donc comment l'autonomie apparaît par l'intermédiaire de ces jeux.

Apparaît aussi quelque chose d'autre. À travers les interactions réciproques, l'enfant apprend à contrôler ou à moduler son comportement et ses sentiments. Nous souhaitons tous des enfants avec une bonne régulation ou une bonne modulation, c'est-à-dire qui savent être actifs et aventureux à certains moments, concentrés, réfléchis, prudents ou encore joyeux à d'autres. Nous voulons des enfants capables de réguler et leurs émotions et leur comportement de façon appropriée à la situation. Nous admirons les adultes qui savent le faire.

La différence entre les enfants capables de réguler leurs humeurs, leurs émotions et leurs comportements et ceux qui ne le peuvent pas — pour qui la plus petite frustration est ressentie comme une catastrophe, dont les colères sont explosives et durables —, cette différence provient du degré d'aptitude aux échanges gestuels et émotifs rapides. L'enfant capable d'interactions rapides avec ses parents ou une personne importante de son entourage peut aussi utiliser, en quelque sorte, ce qu'il ressent. S'il est contrarié, il peut lancer un regard fâché, produire un son ou un geste de la main significatifs. Son père peut alors reprendre le dialogue avec un geste signifiant : « Je comprends », ou : « D'accord je me dépêche de te donner ton goûter », ou : « Est-ce que tu peux attendre encore une minute ? » Quelle que soit la réponse, si elle tient compte du signal émis, l'enfant reçoit une réponse immédiate susceptible de moduler sa propre réaction. Il découvre qu'il peut réguler ses émotions en régulant les réponses qu'il obtient de ses différents environnements. Nous avons alors un système finement accordé au lieu d'un système global ou extrême.

L'enfant n'a pas besoin de se mettre en colère pour que l'on constate sa contrariété ; il le fait avec un seul petit regard un peu fâché. Même si sa mère ou son père ne sont pas d'accord, même s'ils ne peuvent lui apporter son goûter immédiatement, ils donnent à l'enfant quelque chose à « méditer » un certain temps, avant de décider s'il va passer à une réaction de contrariété plus prononcée. Et, s'il finit par se mettre en colère, cette séquence allongée est préférable à un bond de 0 à 10 en une seconde. Tous les différents sentiments, de la joie, du bonheur à la tristesse, la colère, la démonstration de force, deviennent une partie de ces interactions finement accordées, dans un schéma de nuances subtiles plutôt que de « tout ou rien ».

Si un enfant n'apprend pas à participer à une interaction de ce type, il ne s'attend pas que ses émotions entraînent une réponse de son entourage. Les émotions existent donc, en quelque sorte, dans l'isolement, et elles ne font que se renforcer. L'enfant est amené à utiliser des réponses plus globales de colère, de rage, de frayeur, d'évitement, de retrait ou de repli sur soi. Les très jeunes bébés sont prédisposés à ces réactions plus extrêmes au cours des premiers mois de vie. Quand ils pleurent, ils pleurent très fort et très bruyamment, parce qu'ils sont frustrés, jusqu'à ce qu'on les aide à se calmer. On trouve certaines ressemblances avec ce qui a été décrit comme la réaction fuite/attaque, qui est une réaction plus globale du cerveau humain. Mais les enfants ne sont pas limités à des réactions de fuite ou d'attaque. Ils possèdent une grande variété de réactions globales : la rage, l'évitement, le retrait, le repli sur soi, la frayeur ou l'action impulsive.

Quand l'enfant parle, vers deux ans, deux ans et demi, il devrait déjà avoir la capacité de s'engager dans de longues chaînes d'interactions (réciproques) avec ses différentes émotions, ses sentiments et ses comportements. Ces interactions suivent des schémas établis entre deux et quatre mois. Les enfants qui n'ont pas cette capacité se conduisent de façon extrême ou catastrophique : ils sont complètement effondrés ou font des colères ; ils se laissent déborder par l'excitation et la joie ou par la fureur, la tristesse ou même la dépression. Ces réactions excessives sont souvent hors de proportion avec les événements du moment. Elles indiquent que certaines parties des sentiments de l'enfant, de son humeur ou de son comportement n'ont pas eu l'occasion d'être régulées par les interactions réciproques. Les familles ont des capacités de manœuvre différentes concernant certains comportements ou sentiments. Certaines savent bien interagir en situation de colère et de refus, mais moins bien avec la tristesse ou la frustration. Pour d'autres, c'est le contraire.

Les premiers schémas de communication parent/enfant établissent les bases des schémas ultérieurs. Au fur et à mesure que les enfants apprennent à réguler leur comportement et leurs sentiments, ils deviennent capables de passer au niveau supérieur, de résoudre le problème des sentiments et, en fait, capables d'essayer de changer ce qui arrive dans leur environnement. Si quelque chose leur déplaît, ils ont des moyens d'action pour modifier la situation et le sentiment. Si c'est un sentiment agréable, ils peuvent agir sur leur environnement pour amplifier ce sentiment. Ainsi, vers dix-huit mois, les enfants ont déjà fait un grand nombre d'expériences tendant à réduire les conditions qui les attristent ou les contrarient et à amplifier celles qui les rendent heureux. Et, alors qu'ils s'acheminent vers l'âge de deux ans, deux ans et demi, ils forment des images mentales — ce que nous appelons des symboles ou des idées — et finissent par pouvoir attribuer une étiquette aux sentiments qu'ils régulent désormais avec finesse. Nous le constatons dans les jeux d'imagination, quand les enfants inventent des scènes avec de la colère, du bonheur ou de la tristesse. Ceux qui ont une bonne régulation mettent plus de détails dans leur histoire, montrent de subtilité dans leurs sentiments. Les enfants qui sont plus excessifs dans leurs réactions ont, au contraire, des schémas plus globaux dans leurs jeux d'imagination. Cependant, à un stade ultérieur, ils peuvent commencer à penser à leurs sentiments, à se demander pourquoi ils sont heureux, tristes ou joyeux. Cela se produit entre trois et quatre ans. En grandissant, ils deviennent capables de réfléchir à ces sentiments et de les comprendre, dans le contexte plus large de leurs relations avec les autres enfants. Ils savent reconnaître les sentiments imprécis, indéfinis. Avec l'âge, cette capacité à réfléchir sur les sentiments se développe.

Les relations émotionnelles interactives ont donc de l'importance pour beaucoup de nos compétences essentielles, intellectuelles ou sociales. Ce type d'interaction est également primordial quand nous essayons d'aider les enfants ayant des besoins spécifiques. Souvent, en créant des occasions pour de longues interactions empathiques, chaleureuses, autour des différents sentiments de l'enfant, on peut réellement aider celui-ci à apprendre la « régulation », même si cette dernière lui est inconnue[8].

Le fait que les relations soient essentielles, tant pour la régulation du comportement et de l'humeur que pour le développement intellectuel, est une notion à laquelle on devrait accorder plus d'importance quand on réfléchit à ce que l'on souhaite pour les enfants en termes de priorités ou d'environnement. Les interactions nécessaires ne peuvent avoir lieu de façon optimale qu'avec une personne affectueuse, capable de consacrer beaucoup de temps à l'enfant. Une puéricultrice aux prises avec quatre bébés ou six à huit jeunes enfants n'aura généralement pas de temps pour ces longues séquences d'interaction. De même, une mère ou un père déprimés, une nourrice débordée avec cinq enfants, ou encore des parents trop épuisés à la fin de la journée, risquent de ne pas avoir l'énergie nécessaire.

Discussion

Les relations précoces

T. Berry Brazelton : Nous avons découvert le pouvoir et l'importance des relations interactives en utilisant notre évaluation néonatale[9]. Au début, personne ne pensait qu'il fallait interagir avec le bébé. Dans le passé, nous laissions simplement le bébé allongé là, et nous l'observions. Ce qui nous permettait de croire que « les bébés ne peuvent ni voir ni entendre » — des notions ridicules. Dès que nous avons commencé à interagir avec le bébé, en le tenant pour le rendre alerte, en le berçant pour le calmer, nous avons constaté que l'on pouvait lui faire faire des choses extraordinaires. Nous avons constaté : « Voilà une interaction que le bébé mémorise. » Et puis il y a la mère, et le père, chacun traitant différemment le bébé, qui mémorise ces différences et les exprime dès six à huit semaines par des réactions différentes. Ces réponses émotionnelles proviennent d'interactions incessantes avec des personnes stables ; elles sont la clef du développement futur.

S. I. Greenspan : Nous pouvons affirmer à présent que c'est ce dialogue précoce, alimenté par des signaux émotionnels, plutôt qu'une stimulation cognitive, comme la présentation d'images, qui éveille le développement cérébral et intellectuel, les capacités à raisonner et à penser. En fait, la maturation intellectuelle et la maturation émotionnelle dépendent toutes deux de la profondeur et de la richesse des relations de maternage au début de la vie ; c'est un processus qui est actuellement confirmé par les recherches en neurologie[10].

TBB : Tout cela se prépare bien avant la naissance. Nous avons étudié le comportement de fœtus de sept mois à l'aide d'ultrasons. On active une sonnette d'une intensité modérée à une distance de cinquante centimètres du ventre de la mère, le fœtus réagit avec un grand sursaut. À chaque sonnerie suivante, le sursaut diminue. Après quatre ou cinq stimuli, le fœtus s'arrête de bouger et met la main à la bouche, comme pour se réconforter. Cette réaction dégressive à un stimulus pourtant intrusif et dérangeant est appelée habituation. Puis on utilise une crécelle douce que l'on place tout près de l'abdomen de la mère. Le fœtus s'éveille et retire la main de la bouche pour se tourner en direction de la crécelle. Il est possible de répéter cette expérience du choix pour le stimulus doux dans le domaine visuel. Nous avons constaté que le bébé s'habitue à la lumière spéciale d'une salle d'opération après trois ou quatre expositions. Une pointe de lumière très concentrée sur l'abdomen remet le bébé dans un état alerte et lui fait tourner la tête dans sa direction. Nous avons compris que ces capacités évidentes de vision et d'audition chez le fœtus s'accompagnent de la capacité de se fermer aux stimuli dérangeants et de s'éveiller à un stimulus attirant.

J'aimerais que l'on utilise cette preuve de réactions complexes *in utero* pour déceler le stress chez le fœtus. En cas de stress, les réactions des fœtus pourraient être plus automatiques et moins susceptibles de modulation et de choix. Si les fœtus pouvaient manifester un tel comportement, on pourrait en déduire que d'importants apprentissages, qu'une véritable formation se déroulent *in utero*. Et en présence de facteurs de stress — malnutrition, exposition à des substances toxiques telles que l'alcool ou la drogue — la conclusion logique serait que ces apprentissages sont compromis.

SIG : Hier, j'avais à ma consultation un bébé de deux mois, et je le regardais jouer à séduire son père avec un petit sourire qui lui valait, en retour, un air ravi et un sourire. Nous avons aussi étudié des bébés qui, à cause de schémas familiaux ou de problèmes biologiques, ont des difficultés à manifester leurs émotions. Cependant, ils peuvent souvent apprendre. Vous avez mis en évidence ces signaux réciproques précoces dans vos films et vos vidéos. Ce sur quoi nous devons insister, c'est la manière dont cela se produit au cours des premiers mois de la vie, bien avant huit mois, moment où le bébé acquiert sa motricité. L'enfant peut alors saisir un jouet, mais il est capable d'exprimer le plaisir ou la tristesse bien plus tôt. Le système affectif se développe avant le contrôle moteur. À chaque stade du développement cognitif préexiste un stade de la sphère affective qui anticipe les interactions avec le monde physique. Ce système émotionnel est le premier moyen du bébé pour connaître le monde et c'est lui qui fait démarrer le processus cognitif.

La conscience de soi commence également là. On ne peut l'avoir sans établir une frontière entre ses propres émotions et les émotions qui proviennent de l'extérieur. Ce qui dépend strictement des relations entre personnes. Et l'on ne peut expérimenter la réalité sans la conscience de soi. Cela aussi commence au cours de la première année, mais ensuite le bébé le joue au cours de la deuxième et de la troisième année sur le plan symbolique, en utilisant des mots dotés de signification affective : « Donne-moi ça » et : « Non, ce n'est pas pour toi. » Chaque échange de ce type comporte un « moi » et un « toi » qui créent une frontière symbolique.

TBB : Je pense que même l'intentionnalité remonte à la grossesse. Les nouveau-nés ont un comportement intentionnel. Il y a plusieurs années, nous avons observé les quatre stades de la réciprocité affective au cours des quatre premiers mois[11]. Le premier stade, c'est le moment où la mère apprend au bébé à rester calme et à atteindre l'équilibre interne afin de faire attention aux signaux extérieurs. Puis elle apprend au bébé à prolonger cet état d'attention et à attendre des signaux de sa part. Le stade suivant consiste à échanger des sourires et des vocalises et, enfin, commence la réciprocité. Il faut imiter les sourires et les vocalises du bébé en durée, en rythme et en qualité. Le bébé sent qu'on lui répond et que l'on fait comme lui. Le quatrième stade arrive quand le bébé entre dans ce que Margaret Mahler appelle l'« éclosion », et qu'il se détourne de sa mère pour contrôler la situation par lui-même. C'est ce qui lui donne le sentiment d'être celui qui a le contrôle — le sens de l'estime de soi. À travers cela, je pense que vous discernez les premiers stades de la conscience cognitive. À partir du moment où le bébé reconnaît la voix, le visage et l'odeur de sa mère et de son père, vers six semaines, on devrait être capable de voir à chaque partie de son corps et à son rythme cardiaque si le bébé interagit avec sa mère ou son père. Il sait ce qu'il peut espérer de chacun de ses parents, et il sait que c'est différent. Alors, est-ce que cela n'est pas fondé sur une attente, une conscience à la fois cognitive et émotionnelle ? Essayer de séparer ces compétences aussi tôt est impossible. Entre six et huit semaines, cette conscience des différences entre chaque parent constitue le premier signe fiable de développement cognitif.

SIG : Je pense que nous pouvons dire quelque chose d'encore plus fort : l'émotion n'est pas seulement une partie de la cognition (les processus de connaissance) ; apparemment, elle la précède. Au début, c'est sur son système émotionnel que le bébé a le plus de contrôle. Selon toutes les théories cognitives actuelles, le bébé doit utiliser, dans une certaine mesure, son système moteur pour explorer le monde. Mais le système émotionnel de l'enfant mûrit probablement bien plus tôt et le bébé arrive à faire beaucoup de choses plus compliquées avec ses émotions. Dans le sourire, il y a bien sûr une composante motrice, mais c'est l'émotion qui déclenche le sourire (les muscles faciaux). La capacité à manipuler le monde, en utilisant la motricité globale de préférence aux expressions faciales, survient un peu plus tard. Même un bébé doté d'une faible tonicité musculaire peut manifester son affect par un clignement d'yeux ou peut-être un mouvement de la langue. Il faut nous « accorder » à cela. Les émotions, les capacités motrices et les capacités cognitives font, bien entendu, partie d'un tout. Mais au lieu de considérer le développement de l'intelligence de façon traditionnelle, comme issu de l'exploration et de la manipulation de l'environnement, nous pouvons dire que l'enfant utilise en premier l'expression de ses émotions comme une sorte de sonde pour comprendre le monde. C'est à travers ses premières interactions affectives qu'il jette les bases de son sens de la causalité. Plus tard, par les jeux d'imagination et les interactions avec des mots pourvus de signification affective (par opposition à la lecture de ces mots dans les livres), l'enfant parvient à tester la réalité, devient logique, et apprend à raisonner.

Les heures d'éveil du bébé

TBB : Revenons à ces relations précoces : les parents me demandent souvent combien de temps un bébé doit passer avec eux.

SIG : Au cours d'un congrès au Wisconsin réunissant des psychiatres, des psychologues, des orthophonistes et des thérapeutes du comportement, j'ai posé la question. Tous sont tombés d'accord pour dire qu'il fallait consacrer environ la moitié du temps de veille du bébé à de véritables interactions, en s'amusant avec lui, et pas seulement en le nourrissant ou en le câlinant. J'irai plus loin. La plus grande partie du temps éveillé du bébé devrait se passer dans des interactions directes, face à face, avec la ou les personnes qui s'en occupent, ou en présence de ces personnes, celles-ci intervenant fréquemment pour aider le bébé à explorer son environnement. Tant qu'ils sont réveillés, les bébés ne devraient pas rester seuls.

TBB : C'est un problème qu'il faut envisager à des niveaux différents. Lorsque je me trouvais au Cambodge, il y avait dans certaines pouponnières vingt-quatre à vingt-six bébés, et seulement une ou deux adolescentes survivantes pour s'occuper d'eux. Seuls deux à quatre bébés manifestaient de l'attention si, depuis la porte, je disais : « Salut, comment ça va ? » ou si j'allais vers eux pour leur parler. Les autres ne manifestaient aucune réaction. Si je m'approchais en essayant de jouer avec eux, ils détournaient le regard et changeaient de position. Les quatre premiers, eux, interagissaient. Alors, on me dit : « Oh, ce sont ceux que la responsable porte sur la hanche. » Je ne sais pas combien de temps elle passait à interagir avec ces bébés, mais elle était là pour eux. La question n'est peut-être pas la quantité de temps passée avec eux, mais simplement d'être là pour les enfants.

SIG : Je suis d'accord. Le problème, c'est que dans notre société bousculée nous n'avons peut-être pas de contact assez intime avec les bébés.

TBB : Le fin du fin pour un bébé, c'est quand ses parents lui répondent à sa façon. Quand il fait : « Areuh », le parent fait : « Areuh. » Quand il sourit, le parent sourit. Si nous disons : la moitié du temps réveillé, je crains que nous ne fassions une peur bleue aux parents. Avec des séances de quinze minutes, cela reviendrait à seize épisodes de quinze minutes chacun. C'est beaucoup. Mais c'est difficile pour nous de recommander moins de temps, n'est-ce pas ? Peut-être devons-nous insister sur le fait qu'il existe beaucoup de genres d'intimité. Le fait d'être là, tout simplement, est tellement important. Sur les plateaux du Mexique où j'ai effectué des recherches, les mères interagissent rarement ou pas du tout face à face avec le bébé. Mais elles le portent toute la journée dans un *serape* (châle ou couverture portés par les femmes mexicaines). Elles lui donnent le sein jusqu'à soixante-dix à quatre-vingt-dix fois par jour. On peut dire qu'elles « sont là » pour le bébé.

SIG : Il existe, évidemment, bien des façons de passer

du temps ensemble. On peut s'amuser dans des face à face directs, ou jouer à des jeux interactifs, ou faire des câlins ou se balancer ensemble. On peut aussi aider l'enfant à explorer son environnement en restant disponible : « Eh ! regarde ça ! » Tandis que le parent reste disponible, l'enfant peut parfois jouer tout seul, parfois avec l'aide de l'adulte. On peut aussi rester dans le champ de vision de l'enfant qui joue seul, tout en téléphonant, en lisant le journal ou en faisant la cuisine. Combien de temps dans chaque situation ? Cela dépend des enfants. Les bébés plus « décontractés », ou plus actifs physiquement, ou plus indépendants ont souvent besoin de passer plus de temps dans les bras et en face à face.

TBB : Les bébés sont si dissemblables, en tant qu'individus ; ils ont des tempéraments différents. Mon premier livre, *Trois bébés dans leur famille*[12], fut écrit à propos de trois enfants extrêmement différents : un bébé calme et sensible ; un bébé moyen, modéré ; et un bébé très actif, presque insensible. Chacun d'entre eux avait besoin de soins très différents, et chacun créait un environnement particulier de par ses relations avec ses parents. Je suis certain que, quand un parent parvient à s'accorder avec le caractère individuel de son bébé, quand il y a une bonne harmonie (à la Winnicott[13]), le parent sent, et même déchiffre quel genre de « être là » convient au bébé et combien il en faut pour alimenter l'estime de soi du bébé et sa motivation pour apprendre. « Être là » n'est pas une nécessité rigide ; il faut l'adapter avec sensibilité à chaque bébé.

SIG : Quand je parle aux parents qui ne sont pas stressés et qui ont le temps (qui ne sont pas surchargés de travail), aux parents qui cumulent vie professionnelle et vie familiale, à ceux dont l'un reste à la maison, j'ai l'impression, avec la plupart des familles qui fonctionnent bien, que la plus grande partie du temps est partagée entre des jeux ensemble, des interactions directes face à face, des moments dans les bras, des câlins, des activités de découverte — tout comme des moments où le parent est simplement dans le champ de vision (occupé à téléphoner, à cuisiner, etc.) et disponible.

TBB : Si les parents essaient de prendre pour modèle ces indications, cela va-t-il les stresser ou les faire fuir ? Il serait passionnant de réaliser une étude sur le temps pour voir ce qui se passe dans la réalité. Dans les années soixante, William Caudill a étudié le vécu d'enfants japonais sur vingt-quatre heures. Beatrice et John Whiting ont recueilli des informations semblables en Afrique, comme Hanns et Mechtilde Papousek. En 1900, aux États-Unis, Millicent Shinn a observé sa nièce heure par heure. Ces études ont conduit à des conclusions sur la façon dont les enfants étaient élevés dans les différentes cultures. Ce sont des études connues à partir desquelles ont été tirées les principales hypothèses sur la qualité des soins parentaux. Cependant, elles ont toutes montré qu'il y avait très peu de temps consacré au face à face. Peut-être n'est-ce pas aussi nécessaire que d'« être là » à aller et venir. Le bébé sait, à partir de signaux visuels et auditifs, que le parent est disponible.

SIG : Dolores Norton, de Chicago, a effectué une étude en utilisant une caméra vidéo branchée vingt-quatre heures sur vingt-quatre[14]. Elle a relevé, entre autres choses, l'absence de longues séquences d'interaction. Il y avait de tout petits épisodes, rien à voir avec ce que nous évoquons ici. Le National Institute of Child Health and Development* est un organisme chargé de contrôler la qualité des soins prodigués dans les crèches et chez les nourrices ; ses études montrent que la qualité, la sensibilité des interactions émotionnelles entre bébés et adultes sont l'élément déterminant pour le langage et les capacités cognitives et émotionnelles.

* Institut national pour la santé et le développement de l'enfant.

TBB : Dans la plupart des autres cultures, on ne laisse pas les enfants jouer tout seuls autant que chez nous. On les porte tout le temps, quelles que soient les activités. En Corée, les mères portent les bébés dans le dos. Elles n'ont pas beaucoup d'interactions avec eux dans cette position, mais leur objectif est sans doute différent. Au lieu de faire de leurs enfants des individus indépendants, elles veulent des citoyens heureux, avertis, calmes, équilibrés, conscients de ceux qui les entourent.

SIG : Ici, nous recherchons très tôt une certaine autonomie. Un bébé de huit mois en bonne santé qui apprend à ramper dans un climat d'encouragement va déclencher beaucoup d'interactions. Qui vont en déclencher d'autres. Il va bénéficier de beaucoup d'interactions réciproques — avec ses frères et sœurs, des parents ou n'importe qui — parce qu'il les aura provoquées. Quand nous parlons d'interactions réciproques, nous ne parlons pas seulement des soins que procure la mère. Nous parlons du père, des frères et sœurs, des nourrices, des baby-sitters et des autres membres de la famille.

Les interactions émotionnelles

SIG : Ce sont ces expériences émotionnellement vibrantes qui plantent le décor. Le bébé doit avoir envie de quelque chose. Le fait de mobiliser cette envie, de la traduire en interaction, procure une expérience à la fois émotionnelle et cognitive. Chaque expérience, par définition, a en elle une certaine dose d'affect et de cognition, mais, en termes de valeur, les expériences qui ont la plus grande signification émotionnelle pour l'enfant sont celles qui captent ses désirs et qui stimulent son intelligence.

TBB : Les nouveau-nés, c'est quelque chose que j'ai filmé, disposent d'un ensemble d'expressions différentes selon qu'ils se trouvent devant un visage ou devant un objet. Ils acquièrent cela à la naissance, et les jeunes parents sont sensibles à ces différences très subtiles, même s'ils n'en sont pas vraiment conscients.

SIG : Cela montre parfaitement comment le bébé commence à catégoriser l'expérience à partir de sa signification affective. Mais s'il n'aime pas le visage ou si celui-ci n'apporte ni plaisir ni excitation, il est peu probable qu'il effectue cette différenciation.

TBB : Tiffany Field a effectué des études montrant qu'un bébé sourit plus quand on lui répond par des sourires, et qu'il vocalise davantage quand on lui répond par des vocalises[15]. En d'autres termes, si vous proférez ce que le bébé profère, vous augmentez nettement les chances d'avoir une réponse. Le bébé paraît s'animer : « Eh ! ils répètent pour moi ce que je viens de faire. » Nous avons effectué des études similaires avec une autre approche. Quand un bébé sourit, quelles sont les chances pour que sa mère lui rende son sourire ? Dans quatre-vingts pour cent des cas, les mères préfèrent sourire plutôt que réagir en touchant le bébé, en vocalisant ou en faisant autre chose. Les chances pour qu'une mère ou un père sensible répondent au bébé en faisant ce qu'il vient de faire sont donc très grandes.

SIG : Oui, ce sont les ingrédients clefs de tout ce jeu de réciprocité dont nous venons de parler. Mais il y a un autre bon argument théorique sur l'importance de l'interaction émotionnelle dans le développement tant cognitif qu'émotionnel et social : quand l'affect est impliqué, il semble activer beaucoup de zones différentes du cerveau, intégrant souvent les parties droite et gauche, tout comme différentes autres composantes. L'ensemble du système affectif est impliqué et étend ses ramifications dans toutes les parties du cortex. Il y a des connexions avec les systèmes visuel, auditif, spatial, etc. De sorte que les expériences émotionnelles créent peut-être beaucoup plus de synthèse. Je parie que, si nous pouvions obtenir des scanners PET (tomographie par émission de positons) de bébés en train de jouer, au moment où ils s'investissent émotionnellement, on verrait un grand nombre de zones s'illuminer.

TBB : Rappelez-vous le diagramme que j'ai souvent utilisé pour montrer comment est alimenté le système nerveux central — les deux cercles, les systèmes de feedback externe et interne (voir figure 1).

Il me semble que, lorsque l'on reproduit ce que le bébé vient de faire, on alimente le système de feedback interne aussi bien que le système externe. On lui dit : « C'est génial ! Et toi, tu viens de le faire ! » J'aurais tendance à penser que cela s'applique de la même façon à l'objet et au visage, l'objet n'alimentant qu'un système et non l'ensemble des systèmes que vous venez de mentionner. Avec l'objet, il n'y a pas de reconnaissance de ce que le bébé vient de faire. L'étape suivante, après le renforcement des

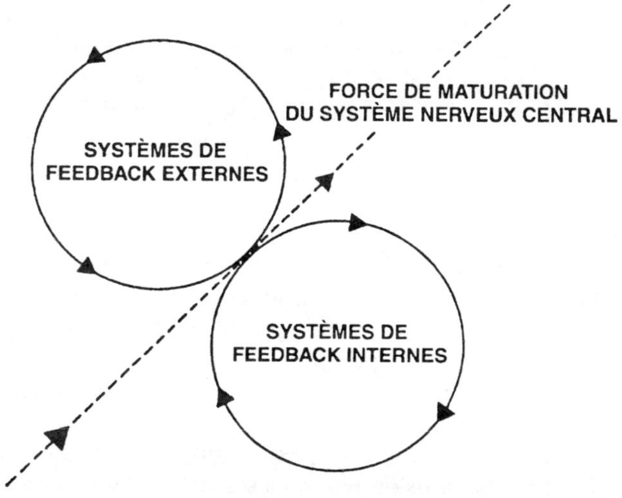

Figure 1. Les trois sources d'énergie du développement

manifestations du bébé, consiste à attendre que celui-ci s'exprime et formule une exigence. Je pense à nouveau à l'idée d'« éclosion » et comment chaque initiative du bébé, à condition que sa mère la respecte, se transforme en un stimulus de grande valeur pour le développement de son ego. Si la mère ne respecte pas les exigences de l'enfant, si elle ignore ses tentatives pour « éclore » et se séparer, ce type de développement peut s'arrêter. Maintenant, il nous faut estimer ce qui est perdu quand on n'accorde pas de considération aux manifestations du bébé et que l'on n'y répond pas.

SIG : Quand on déchiffre le signal du bébé, quand on y est sensible, on déclenche une véritable interaction réciproque, en incorporant l'initiative du bébé. Les premiers jeux consistent généralement à amuser le bébé en lui faisant des grimaces ou en l'incitant à nous regarder. Mais au fur et à mesure que l'enfant avance dans sa première année et que son système nerveux s'organise, en lui laissant peu à peu prendre l'initiative, nous pouvons démarrer le processus d'interaction. Ce faisant, nous respectons avec finesse le caractère unique du bébé, son individualité : nous ne nous contentons pas de le laisser s'éloigner en rampant sans lui courir après pour le prendre sur nos genoux, au contraire, nous stimulons ses initiatives et nous mettons en route de nombreux cercles de communication.

TBB : Je pense que cela commence dès deux mois, au moment où la mère attend que le bébé fasse quelque chose et où elle lui répond en l'imitant. Il y a déjà une organisation. Pas toujours aussi évidente. Attendre et reproduire peuvent la renforcer.

SIG : Oui, ça commence très tôt. Plus on respecte l'initiative du bébé, plus on répond à ses avances, surtout à ces expressions émotionnelles précoces — le petit sourire ou le regard —, et plus tôt le processus s'engage. C'est ce qui arrive quand vous établissez la relation. L'individuation, la différenciation (c'est-à-dire le rythme d'aller et retour) et la communication émergent comme des parties du même processus. Les bébés apprennent à aimer parce qu'on les respecte en tant que personnes uniques.

TBB : À ce stade précoce, le parent respecte également le système homéostatique. Le bébé s'excite jusqu'à un pic, puis on le laisse se détendre. Jouer avec un petit bébé signifie respecter son système physiologique, autant que ses systèmes moteur, cognitif et affectif.

SIG : En d'autres termes, les premières relations ont besoin d'un degré élevé de synchronie entre les systèmes du bébé et ceux de la personne qui s'en occupe — maman, papa ou autre.

TBB : Ce que nous disons, en définitive, quand nous définissons les besoins incontournables, c'est que la relation entre bébé et adulte est un système unifié. C'est ce que nous avons essayé de montrer dans notre émission télévisée « What Every Baby Knows* ». Je voulais vraiment apprendre aux gens à faire attention au comportement de leur enfant, à le considérer comme un langage et à le respecter en tant que tel. Si nous réussissons à inciter les parents à observer ce comportement, à le respecter et à y répondre de façon appropriée, nous contribuerons à améliorer le développement précoce du cerveau.

SIG : Vous avez même délivré un message plus profond, à savoir que la relation émotionnelle du parent avec son enfant, relation dans laquelle ce langage est impliqué, est le premier stade du développement. Il ne faut pas croire que cela arrive tout seul. C'est à la fois la première pierre et la pierre angulaire. Pour déchiffrer les signaux du bébé et établir une relation, il faut beaucoup de synchronie affective. Il faut prendre beaucoup de plaisir avec le bébé. Il faut sentir que l'on fait partie du bébé, mais

* « Ce que savent tous les bébés ».

interagir avec lui de façon réciproque. Respecter l'initiative et les différences d'un petit enfant représente une tâche psychologique difficile. Cela ne se fait pas à la va-vite, si l'on ne s'intéresse pas au bébé. La qualité de l'empathie et de la synchronie ne sera pas la même.

TBB : Cela m'amène à une autre question : un traumatisme est-il pire que l'inattention ou le manque d'affection ? Si les bases de la confiance sont présentes, il me semble qu'un enfant peut surmonter un traumatisme, à condition que celui-ci ne soit pas trop grave. J'ai toujours été frappé de constater que, s'il a bénéficié de relations précoces fortes, s'il a appris à attendre une réponse, un enfant ne renonce pas. Nous constatons cela dans nos études de visage impassible[16], au cours desquelles la mère cesse momentanément de répondre à son bébé. L'enfant ne cesse de chercher le moyen de réveiller l'attention de sa mère parce qu'il ressent en lui cette attente, il sait qu'elle va revenir et qu'il peut la faire revenir. Cependant s'il s'agit d'une mère qui est trop déprimée pour répondre, et si le bébé n'a pas vraiment réussi à avoir avec elle des interactions fréquentes, il renonce après trois tentatives, plutôt que, disons, quinze. Il y a là sans doute un point crucial. Ce sont vraiment des bases, des fondations sécurisantes que les parents construisent. Une fois en place, elles donnent au bébé la capacité d'être plus résistant et plus entreprenant.

SIG : Le pire, pour un bébé, c'est de ne pas avoir dans sa vie une personne aimante ou de ne pas être sûr des sentiments de cette personne. Si l'affection lui manque entièrement, par exemple, dans un environnement institutionnel, ou si la personne qui s'en occupe est ambivalente ou versatile, le besoin dont nous parlons ici n'est pas satisfait. Le pire, c'est de n'avoir pas de relation du tout, ou des relations marquées par l'insécurité. Les enfants préfèrent s'accrocher à des parents qui les maltraitent plutôt qu'être placés dans un environnement inconnu. La plus grande peur de l'enfant, c'est la perte d'une relation précoce. Quand nous parlons de cette relation positive, chaleureuse, nous ne parlons pas d'un Shangri-La* où il n'y aurait ni chagrin, ni colère, ni ennui, ni méfiance. À partir de quelques mois de vie, nous pouvons constater toutes ces émotions chez le bébé. Les parents qui considèrent que cela fait partie de la relation, qui ont des notions réalistes sur les relations, seront plus chaleureux. Mais s'ils se referment sur eux-mêmes et se détournent quand le bébé se met en colère, celui-ci découvre que la colère cause le détachement, la perte. Si les parents parviennent à rester chaleureux et essaient de calmer la colère de l'enfant, en reconnaissant le changement de ton de leur voix (« Oh ! tu es fâché avec maman. Maman va essayer de te consoler un petit peu »), le bébé comprend que beaucoup d'émotions différentes entrent dans la relation. Il y a le plaisir et la confiance, mais aussi la colère, l'ennui, la frustration, la méfiance, la négativité. Le bébé apprend qu'il peut manifester son ennui ou sa méfiance et que ses parents seront toujours là.

TBB : Mon collègue, Joshua Sparrow, a un mot pour cela. Il parle de « tester la tolérance aux affects négatifs ». Je trouve intéressant que le bébé teste cette tolérance pendant toute la deuxième année.

SIG : Le bébé doit être sûr de pouvoir se détourner ou se fâcher sans faire partir maman ou papa. S'il peut compter là-dessus, il est capable de faire l'expérience de la séparation, de la colère, de la méfiance et de l'excitation. Mais, s'il doit sans cesse regarder par-dessus son épaule, il lui faut se comporter avec plus de prudence ou cacher sa négativité.

TBB : Le syndrome de l'enfant « vulnérable », c'est justement le contraire. La mère ne laisse jamais aucun

* Utopie tirée d'un roman de James Hilton : paradis terrestre, retraite loin des soucis du monde moderne.

contrôle à l'enfant ou ne le quitte jamais des yeux. En le surprotégeant, elle lui enlève son propre feedback interne. Il devient trop dépendant d'elle pour les signaux et le contrôle. Il n'apprend jamais à se faire confiance à lui-même.

SIG : Quand un adulte marche à son propre rythme, sans prêter attention aux signaux du bébé, c'est une relation, mais pas une relation équilibrée dotée d'une véritable empathie avec l'enfant.

TBB : Une mère a besoin qu'on lui dise cela. Elle doit savoir que le bébé peut gérer son côté négatif et qu'elle aussi le peut. On parvient ainsi à un équilibre fait de confiance et d'attentes mutuelles et dans lequel chacun respecte l'autre.

SIG : Alors, la relation devient très tôt une expérience intégrée. En psychanalyse, on parle de clivage du moi et d'états affectifs polarisés. C'est un phénomène qui me paraît se produire au cours de la deuxième année, quand les adultes ne parviennent pas à bien s'occuper des enfants au cours des épisodes de colère. L'enfant sépare colère et amour. Quand les relations restent chaleureuses, même dans une situation de colère ou d'émotion forte, l'enfant apprend que ces différentes émotions, comme l'amour et la haine, peuvent être associées.

TBB : Dans nos séances de formation Points forts[17], je précise toujours qu'il y aura forcément des sentiments négatifs agressifs chez le bébé et des sentiments négatifs agressifs chez les parents. Toute passion est à la fois positive et négative, pas seulement positive. Sans le négatif, ce n'est pas de la passion. Je pense qu'il faut le dire.

SIG : Ces émotions négatives doivent être distinguées de l'expérience traumatisante. Des recherches effectuées sur le traumatisme montrent quelles réactions physiologiques et émotionnelles manifestent les enfants fortement stressés. On trouve des stress extrêmes chez les bébés qui n'ont pas commencé leur existence sur de bonnes bases.

Quand une expérience est effrayante et destructrice, par exemple quand un enfant est victime d'abus sexuels ou de maltraitance, le système de stress prend le contrôle. Les bébé maltraités sont hypercraintifs, sur le qui-vive. Ces schémas physiologiques ne sont pas nécessairement irréversibles. Si on l'entoure de soins chaleureux, si on lui assure la sécurité et le confort, bien que cela prenne longtemps, le bébé intégrera souvent les expériences négatives comme faisant partie de la relation et s'en tirera tout à fait bien (à condition que le stress n'ait pas duré trop longtemps, qu'il n'ait pas déréglé le développement moteur, la cognition ou plusieurs étapes du développement). Il faut avant tout cette relation intime, chaleureuse, durable ; c'est le moyen à utiliser pour aider un bébé à guérir d'un stress. Bien sûr, si le stress a été chronique, le processus de guérison peut prendre des années.

Le divorce et la garde de l'enfant

TBB : Comment pouvons-nous maintenir une relation primaire forte en cas de divorce ? Que dire de la garde partagée et du droit de visite ? On ne cesse de m'interroger sur la garde partagée. Il faut davantage penser au droit de visite prolongée sur plusieurs jours. À partir de quand peut-on laisser un bébé partir pour la nuit ?

SIG : Quand les parents qui divorcent habitent près l'un de l'autre et que ce sont de bons parents, je leur recommande de garder avec l'enfant une relation aussi proche que possible de ce qu'elle était pendant leur mariage. L'idéal, c'est que les parents voient tous deux l'enfant quotidiennement. L'enfant se sentira à l'aise et en sécurité avec chacun. S'ils passent tous deux beaucoup de temps avec lui et savent lui procurer un sentiment de sécurité (par exemple, si le bébé laisse indifféremment l'un ou l'autre le consoler quand il est contrarié), alors on peut commencer assez vite à le laisser partir pour la nuit.

Mais il est plus fréquent que le bébé passe la plus grande partie de son temps avec sa mère et ne reste que peu avec son père, ou le contraire. Alors, je ne saurais recommander de le laisser partir pour la nuit avant trois ans. Et, même alors, cela dépendra de l'enfant : est-il prêt, se sent-il à l'aise par rapport à ce projet ? Bien qu'il faille toujours prendre en considération les situations individuelles, en principe, le parent qui a la garde de l'enfant devrait inviter l'autre parent à venir fréquemment pour jouer avec le bébé. Plus cet autre parent joue avec le bébé, le réconforte, le nourrit, plus il se comporte en personne « sûre » et plus les nuits en dehors du domicile principal deviennent envisageables. Si ce parent voit le bébé, disons, quatre fois par semaine, la transition peut se faire naturellement.

J'ai été consulté à propos d'un enfant de quatre ans que son père voulait prendre en vacances pendant deux semaines. J'ai suggéré qu'il emmène aussi la mère pour de vraies vacances familiales ; j'estimais qu'il ne devait pas séparer l'enfant de sa mère aussi longtemps. Cet enfant ne l'avait jamais quittée pendant plus de trois jours. Passer de trois jours à deux semaines, c'était trop. Il fallait le faire progressivement, pas d'un coup. Nous avons alors trouvé un compromis.

TBB : Trois ans me paraît le bon moment pour commencer à laisser l'enfant partir pour la nuit. On peut considérer qu'il est prêt quand il dort seul et qu'il sait assurer son sommeil sans aide. Mais il faut tenir compte de son caractère et de sa réaction à la perspective de quitter le parent avec lequel il vit.

SIG : Prenons le cas d'un enfant de dix-huit mois ou de deux ans qui ne voit pas souvent son papa : si le papa demande des week-ends de trois jours, direz-vous au juge que la réponse est catégoriquement non ?

TBB : Il y a toutes les chances.

SIG : Prendre le bébé pour une semaine ou plus en été,

ce serait aussi un non définitif ? Pourtant, nous voyons toute une série de cas où l'enfant est temporairement séparé du parent qui a obtenu la garde sur ordre du tribunal. J'ai eu dans ma pratique un enfant auquel il a fallu deux mois pour se remettre et se sentir à nouveau en sécurité auprès de sa mère après une visite trop longue chez son père, visite pour laquelle il n'était pas prêt. Le mieux, pour établir un sentiment de sécurité avec l'autre parent, c'est de faire un grand nombre de visites de jour.

TBB : En ce qui concerne la garde partagée, nous avons besoin de meilleures directives[18]. Le plus important, dans la garde partagée, c'est que les parents puissent surmonter leurs rancunes et leur rivalité sans y faire participer l'enfant. Un enfant de divorcés ira d'autant mieux qu'on lui aura épargné les sentiments conflictuels de ses parents. Sinon, cet enfant aura toujours l'impression que c'est sa faute, que, s'il avait été plus gentil, ses parents ne se seraient pas séparés en détruisant la famille. L'autre crainte est celle de l'abandon : « Si un parent s'en va, peut-être que l'autre s'en ira aussi. » Les visites du parent qui n'a pas la garde doivent être prévisibles et fiables ; elles ne doivent pas perturber les habitudes de l'enfant. Les habitudes — la routine — apportent à l'enfant un véritable sentiment de sécurité. Les séparations et les sorties qui comportent une nuit hors du domicile principal doivent être prises au sérieux, comme des menaces potentielles pour l'enfant. Et, pourtant, le parent qui n'a pas la garde doit rester disponible pour l'enfant. Chaque décision devrait être prise après beaucoup de considérations : le stade de développement de l'enfant, son adaptation au divorce, la capacité de chaque parent à tenir ses promesses envers lui. Les visites régulières du parent qui n'a pas la garde sont idéales, tant qu'elles ne perturbent pas les habitudes familiales. Le bien-être de l'enfant doit venir en premier. Actuellement, les juges aux affaires familiales prennent en compte les problèmes du parent qui n'habite pas avec l'enfant, mais pas encore l'adaptation de l'enfant. (Voir les directives du tribunal pour enfants à la fin de ce chapitre.)

SIG : Certains parents se sont organisés différemment : l'enfant reste à la maison, et ce sont les parents qui bougent à tour de rôle. Ces parents pensent que les enfants doivent bénéficier de la sécurité de leur chambre, de leur maison, et qu'eux peuvent aller et venir. À condition que les parents soient suffisamment aisés pour pouvoir conserver la maison d'origine et avoir chacun un appartement, l'un et l'autre devrait être en mesure de passer la moitié de la semaine dans la maison et l'autre moitié dans son appartement. De toute évidence, c'est assez compliqué, et il y a toute une organisation à mettre en place.

TBB : Si nous expliquions les problèmes aux parents, si nous leur donnions des conseils simples à propos de l'âge auquel l'enfant peut changer d'environnement ou passer la nuit en dehors de chez lui, de l'âge où ces changements risquent de compromettre son développement, ils sauraient quoi décider.

SIG : Comme nous l'avons dit, il reste la difficulté de séparer les enfants du parent qui les élève pendant une semaine ou deux en été, ou pendant de longs week-ends avant que l'enfant n'y soit prêt. À trois ou quatre ans, un enfant n'est généralement pas prêt pour des vacances de deux semaines loin du parent qui en a la garde. Quand il atteint six ou sept ans, il y est souvent prêt. Si la séparation se passe progressivement, si le parent qui n'a pas la garde lui rend visite quotidiennement, la transition se fera plus rapidement.

Le deuxième principe sur lequel j'insiste après un divorce, c'est la facilité d'accès aux deux parents. Le mieux, nous l'avons dit, c'est que les parents habitent près l'un de l'autre, qu'ils partagent ou non la même maison, afin que l'enfant d'âge scolaire puisse aller d'une maison à l'autre à pied ou à bicyclette. Il doit pouvoir aller à l'école et inviter ses amis de la même façon, qu'il habite chez l'un ou chez l'autre de ses parents.

Je dis aux parents divorcés que ce qui est arrivé est arrivé, mais que désormais, à cause des enfants, ils sont liés pour la vie. Ils sont apparentés, ils font partie de la même famille, que cela leur plaise ou non. La question est de savoir si, oui ou non, ils acceptent de s'entendre, de rester courtois pour le bien des enfants, ou s'ils s'apprêtent à les détruire. Ils ne peuvent pas ne pas avoir de relations. Les enfants ont besoin de leurs deux parents. Pour certains parents, une thérapie sera nécessaire ; d'autres parviendront à un compromis par leurs propres moyens.

TBB : Nous attendons toujours du parent qui a la garde de grandes qualités ; nous présumons que c'est une personne capable d'être complètement responsable de l'enfant, et d'être son « éducateur principal ».

SIG : Dans l'idéal, il faudrait dès le début deux « éducateurs principaux ». De nos jours, ce n'est pas chose courante. Utiliser en même temps la main gauche et la main droite — avoir deux éducateurs principaux — n'est pas une chose à laquelle beaucoup de parents vivant ensemble pensent. Ils se mettent dans la situation d'un éducateur principal et d'un éducateur secondaire. Lorsqu'il y a deux éducateurs principaux, toutes les décisions sont plus faciles à prendre, mais il faut commencer dès le début. Dans la plupart des situations, ce n'est pas ainsi que cela se passe. Comment les tribunaux peuvent-ils évaluer les situations ?

TBB : Les tribunaux sont surchargés. Ils n'ont aucune aide ni assez de temps pour évaluer la situation avec les parents et l'enfant. S'ils avaient ces informations, alors, peut-être, dans le temps dont ils disposent pour chaque enfant, seraient-ils en mesure de prendre des décisions plus fondées.

SIG : Actuellement, les décisions sont fondées sur une mauvaise connaissance des enfants, par exemple, sur l'idée qu'un enfant de deux ans peut être facilement séparé du parent qui l'élève.

TBB : Mais, en même temps, il y a un besoin de reconnaissance des pères. Ce besoin commence à être pris en compte dans une certaine mesure. Jusqu'à présent, il n'y avait que les mères, et la mère obtenait tout. Elle obtenait la garde ; la garde partagée était rare. Plus récemment, les tribunaux se sont rendu compte qu'il fallait inclure les pères dans l'affaire, pour des raisons financières, entre autres. Ils ont alors fait de gros efforts pour les impliquer. C'est ce qui a conduit à la garde partagée, mais aussi à des décisions insensées. Les parents d'un bébé de sept mois m'ont appelé un jour pour me dire qu'un juge avait décidé que cet enfant devait partager ses semaines en deux, passant alternative ment la moitié avec chacun d'entre eux. Or l'un vivait à San Francisco et l'autre à Chicago. Ils sont venus quelques jours pour nous consulter. Finalement, ils ont réussi à s'entendre sur une meilleure décision et se sont impliqués activement dans son application, cela, après que quelqu'un eut pris le temps de leur expliquer les besoins de l'enfant.

Il y a aujourd'hui une autre cause d'interférence avec les bonnes décisions : nous accordons trop d'importance à la cohésion familiale — en essayant de garder les familles unies. Vouloir à tout prix éviter la séparation peut être très destructeur. Je pense que nous devons nous battre pour que l'on sonde les besoins et le développement de l'enfant ainsi que les capacités de chaque parent. À partir de là, les tribunaux pourraient aider les parents à travailler ensemble dans l'intérêt de leur enfant.

Les crèches

SIG : Si les parents ont le choix et peuvent assurer eux-mêmes une garde de bonne qualité, je trouve préférable de ne pas laisser les bébés et les petits enfants (au cours des deux premières années) à la crèche à plein temps, trente à quarante heures ou plus par semaine. Les études actuelles, ainsi que mes propres recherches, montrent que la plupart des établissements ne prodiguent pas des soins de grande qualité. La qualité des interactions entre les puéricultrices et les bébés est souvent loin d'être parfaite. De plus, en ce moment, le rapport de quatre bébés par adulte la première année, et de six la deuxième, associé à l'instabilité d'un personnel mal formé, mal payé, et au fait que chaque année l'enfant sera probablement confronté à un visage inconnu, tout cela va à l'encontre de soins de bonne qualité pendant les premières années.

Mais les parents ont-ils la possibilité de revenir en arrière, de s'occuper de leurs bébés et de recourir moins souvent aux services des crèches ?

TBB : J'aimerais mieux que bébés et jeunes enfants ne soient pas obligés d'aller à la crèche, mais je pense que, de nos jours, une grande partie de la population se trouve dans l'incapacité de les garder à la maison.

SIG : Une des raisons pour lesquelles les parents en sont incapables ne serait-elle pas que, de nos jours, on grandit différemment ?

TBB : Les attentes changent. On peut faire la comparaison avec ce qui arrive au mariage dans une société où le taux de divorce atteint les cinquante pour cent. On n'attend plus la même chose du mariage. Il me semble que c'est aussi ce qui se passe pour les mères et leur opinion sur le fait de rester à la maison. Au cours des générations précédentes, on attendait en général des mères qu'elles restent à la maison, et c'était donc plus facile pour elles. À présent, on a complètement changé d'avis sur ce point, et il est difficile de revenir en arrière.

SIG : Considérons cependant, du point de vue de l'enfant, la première année dans une structure extérieure de garde pendant quarante heures ou plus chaque semaine. Comment pensez-vous que les bébés développent des relations dans cet environnement ?

TBB : Les bébés peuvent s'attacher de façon significative à plusieurs personnes. Bien sûr, je souhaiterais que l'attachement aux parents soit l'attachement primaire, et que les autres soient secondaires. J'ai récemment visité une crèche à un moment où toutes les mères étaient là. Au bout d'un moment, il ne restait plus qu'une mère et tous les enfants tournaient autour d'elle. Je me suis adressé aux puéricultrices présentes, toutes très qualifiées : « Ils vous laissent complètement tomber. » Elles m'ont répondu : « Quand il y a une mère, nous n'existons plus. » Les enfants faisaient vraiment la différence entre les adultes. Il n'était pas nécessaire que ce soit leur mère, il suffisait que ce soit une mère.

SIG : Ce n'est pas si extraordinaire. Dans bon nombre de crèches, quand les enfants bougent, j'en vois beaucoup qui ont faim de relations émotionnelles. Ils se précipitent vers n'importe quel nouveau venu et s'y accrochent. Le fait de se tourner vers n'importe quelle mère traduit simplement un désir d'attention. C'est un peu à l'aveuglette. Nous observons dans certaines institutions, comme les orphelinats, une carence affective. Des interactions d'une minute, de-ci de-là, parfois pendant le repas ou le changement de couches, ne suffisent pas pour satisfaire le besoin de sécurité et d'affection.

Si nous voulons que les parents aient un véritable choix, il nous faut à la fois améliorer les conditions de garde et réduire le nombre d'heures que les enfants passent dans ces environnements.

TBB : J'insiste sur le fait que c'est une décision à prendre au cas par cas, en pesant le pour et le contre ; il vaut mieux éviter de dire aux gens quoi faire. Certains parents sont de meilleurs parents s'ils ont une échappatoire. Ce qu'il faut, c'est confier l'enfant à la meilleure garde possible.

SIG : Quand je m'adresse à des étudiants, je leur demande souvent comment ils envisagent leur vie par rapport aux enfants. Tout en faisant des projets de carrière, de mariage, prennent-ils en compte l'éducation des enfants autant que les exigences professionnelles ? Les jeunes filles sont-elles fiancées à un neurochirurgien ou veulent-elles devenir neurochirurgiens elles-mêmes ? Prévoient-elles d'avoir plusieurs enfants ? Des parents tous deux neurochirurgiens avec quatre enfants, cela dépasse sans doute en difficultés et en contraintes ce qu'elles peuvent imaginer. En revanche, si deux personnes qui se marient en souhaitant une vie professionnelle sont l'une écrivain et l'autre psychologue, elles auront peut-être un meilleur contrôle sur leurs horaires. Chacune pourrait travailler à mi-temps ou deux tiers de temps, et leurs enfants seraient gardés pendant les quelques heures restantes.

Mais beaucoup de futurs parents n'ont pas réfléchi à cela. Ils veulent des enfants et un bon métier et n'y voient aucun problème. Ce qu'on leur fait croire actuellement, c'est que mettre l'enfant à la crèche à plein temps pendant la première année, c'est aussi bien pour lui, sinon mieux, que d'être soigné par eux : « J'aurai un bébé, j'aurai mon congé de maternité, puis je le confierai à quelqu'un et je serai avocate et mon mari sera avocat. Nous travaillerons jusqu'à huit heures du soir. Nous irons chercher le bébé, nous reviendrons à la maison et nous jouerons ensemble pendant une heure. » Dans ce genre de famille, je constate que les besoins fondamentaux des enfants ne sont pas satisfaits.

TBB : Quand je rencontre une famille comme celle-là, je vois beaucoup de souffrance. Traiter l'enfant ainsi, c'est ignorer ses intérêts à tel point qu'il ne peut pas ne pas y avoir une dose de déni. Parfois, c'est si douloureux que les parents se retranchent derrière des défenses.

SIG : Mais est-ce que nous encourageons ce type de déni ou est-ce que nous aidons les parents à s'en sortir ? Au début, quand les jeunes parents prennent leurs décisions, certains prévoient intuitivement des horaires flexibles, afin d'être plus présents à la maison ; parfois c'est la maman, parfois c'est le papa qui reste. Les parents qui sont plus ambivalents et qui ont tendance à recourir au déni cherchent parfois des conseils. Mais ils reçoivent beaucoup d'informations fausses. On leur dit que cela ne fait aucune différence. Si les futurs parents connaissaient mieux ce besoin de relation intime et continue, ils pourraient faire des plans plus réalistes. Ils verraient combien il est difficile d'avoir ce genre de relations en faisant garder l'enfant à plein temps. Si les parents connaissent le sens de leurs options, alors ils peuvent faire un choix. S'ils prennent une « nounou » à la maison, s'ils tombent bien, et s'ils en ont les moyens, il y a des chances pour que cette personne reste avec eux plusieurs années. Dans les crèches, les puéricultrices changent systématiquement chaque année. Le roulement est si important qu'il peut survenir un ou deux autres changements dans l'année. Au bout d'une année de crèche, le bébé peut avoir changé trois fois de puéricultrice. Des rémunérations minimales, un manque de formation, entre autres, contribuent à cette situation. La puéricultrice de crèche n'est pas comme la *meta peleth* des kibboutzim d'Israël qui est une personne stable dans la vie de l'enfant, qui reste avec lui pendant quatre ou cinq ans. Il n'est pas nécessaire, d'ailleurs, que ce soit la mère. Cela peut tout aussi bien être le père, le grand-père, la grand-mère. Ce dont l'enfant a besoin, c'est d'être élevé par une personne qui reste auprès de lui durablement.

TBB : Si l'on veut améliorer les conditions de garde, je considère que trois bébés par adulte est le maximum absolu pour la première année. Or, actuellement, la norme est de quatre bébés. Imaginez quelles difficultés une mère de triplés peut avoir pour s'occuper de ses trois bébés en même temps.

SIG : Estimez-vous, Berry, qu'un bébé devrait garder la même puéricultrice pendant les trois ou quatre premières années ? Un groupe de puéricultrices, par exemple, suivrait un groupe d'enfants depuis leur arrivée, bébés, pendant toute la durée de leur séjour à la crèche ?

TBB : Ce serait une bonne solution à condition que la puéricultrice soit vraiment attachée à chaque bébé, mais imaginez qu'il y en ait un qu'elle n'aime pas ? Est-ce qu'on ne pourrait pas le mettre dans un autre groupe ? Il faudrait évaluer la qualité de l'entente entre les puéricultrices et les bébés. Dès la deuxième et la troisième année, il devient possible de s'occuper d'un quatrième enfant ; un enfant serait donc ajouté au groupe de trois. Le quatrième enfant n'aurait donc pas obligatoirement les mêmes puéricultrices.

SIG : Les enfants rajoutés au groupe pourraient venir de l'extérieur, peut-être de chez eux. Pour faire fonctionner ce système, il faudrait que l'entrée en crèche devienne accessible à deux et trois ans, chaque groupe devenant plus nombreux que le précédent. Il y a davantage d'enfants de trois ans à la crèche que pendant les deux premières années. Il faudrait aussi réussir à motiver les employées des crèches pour qu'elles restent, en leur donnant une meilleure formation et des salaires plus élevés.

TBB : Il faut augmenter leurs salaires jusqu'à un niveau décent et améliorer leur statut. Actuellement, on les considère comme des « baby-sitters », avec un certain dédain.

SIG : C'est là quelque chose que nous devons corriger. Nous devons amener les gens à comprendre tout ce qu'implique le fait de s'occuper consciencieusement d'un enfant ; créer des conditions permanentes de dialogue, être exposé à des émotions d'une grande variété et y répondre. On trouve parfois des personnes chaleureuses, maternantes et quoique sans éducation aptes à répondre aux émotions. Parfois des jeunes qui désirent acquérir de l'expérience avec les enfants et qui ont un caractère facile et sensible.

TBB : Les personnes qui s'occupent d'enfants ont un besoin constant de « recharger leurs batteries ». Prendre soin des enfants des autres, c'est un travail difficile. Si les parents et le personnel des crèches pouvaient passer outre leur attitude mutuelle de réserve, les parents pourraient redonner de l'énergie aux employées. L'équipe (des parents et des puéricultrices) pourrait profiter ensemble du développement optimal de l'enfant.

SIG : Il faut d'ailleurs considérer tout cela du point de vue de la prévention. C'est un problème de santé publique.

Le placement et l'adoption

SIG : À côté des enfants dont les parents travaillent, il y a ceux placés dans des familles ou dans des institutions diverses, et il faut également y penser. Nous avons vu ce qui arrive dans certains orphelinats d'Europe de l'Est, où les enfants ne peuvent pas nouer de relations avec les adultes qui s'en occupent. Dans notre pays, nous avons des enfants qui passent de famille d'accueil en famille d'accueil et qui sont donc élevés par des personnes qui changent souvent. Nous avons des institutions où les enfants séjournent avant d'être placés dans des familles. Elles ne sont pas toujours dirigées par des personnes chaleureuses véritablement intéressées par les bébés ou les enfants.

TBB : En 1992 William Weld, l'ancien gouverneur du Massachusetts, avait nommé une Commission pour le placement des enfants, constituée d'une vingtaine d'entre nous, afin d'améliorer le Département des services sociaux[19]. Nous avons examiné cent cas en sortant les dossiers au hasard. Pas un cas qui n'avait échoué au premier placement. Personne ne savait en quoi l'enfant allait affecter la situation de la famille d'accueil. Personne ne savait ce dont il avait besoin et n'avait essayé de lui trouver une famille qui lui conviendrait et avec laquelle il pourrait s'entendre. Naturellement, cela signifiait que les enfants passaient d'une famille à une autre. L'enfant pouvait manifester n'importe quel problème, on fermait les yeux.

SIG : Sur ces cent enfants, quel pourcentage avait fait l'expérience de placements multiples ?

TBB : La majorité. Le gouverneur s'est intéressé à notre rapport. Il a nommé un nouveau responsable, fait effectuer des expertises et mis en place un système pour suivre ces enfants. On a bien vu alors que ceux-ci étaient ballottés. Mais nous avons réussi à réduire considérablement les changements de familles. Nous avons conseillé d'effectuer un bilan initial sur ces enfants afin que chacun connaisse leur situation dès le début — s'ils avaient été maltraités ou négligés, s'ils venaient de familles où l'on n'avait jamais fait attention à eux —, ce qui permettait d'emblée de connaître leur condition psychique et affective. Dès que ce fut fait, les enfants ont pu être placés dans des familles qui leur convenaient et où ils sont restés. Depuis ce moment, la situation du placement a nettement changé dans le Massachusetts.

SIG : Une fois la question de la recherche des antécédents réglée, comment, pratiquement, l'État a-t-il pu prendre de meilleures décisions de placement ?

TBB : Jusqu'alors, tout ce qu'on faisait, c'était du rafistolage. Nous avons commencé à avoir beaucoup plus d'informations sur les familles de placement, parce qu'elles avaient accueilli d'autres enfants et que l'on avait des renseignements sur ces derniers. Après avoir analysé le cas d'un enfant, l'agence pouvait alors s'adresser à une mère adoptive qui avait, disons, deux enfants et qui en voulait un troisième, et lui expliquer que cet enfant avait tel ou tel caractère, qu'il était comme ci ou comme ça. Cette femme pouvait alors avoir une certaine responsabilité dans la décision. L'autre point sur lequel notre travail a porté a été d'encourager les agences à travailler sérieusement pour faire adopter ces enfants. Le rêve de reconstituer la famille originelle n'était trop souvent qu'un rêve. L'adoption était remise, d'année en année, dans l'espoir vain que les parents pourraient être rétablis dans leurs droits. Les enfants souffraient.

SIG : Devrait-on changer les lois fédérales et nationales qui exigent des délais pour l'adoption d'un enfant ? Étant donné ce que nous savons sur l'importance de la stabilité des relations précoces, faire attendre l'adoption aux familles n'est pas ce qu'il y a de mieux pour l'enfant.

TBB : Dans le Massachusetts, il faut attendre au moins un an pour savoir si la mère veut reprendre son enfant ou non.

SIG : Ça, c'est au cas où les parents désirent reprendre leur enfant ou s'imaginent qu'ils le voudront. Mais si le parent a vraiment l'intention de renoncer à l'enfant ?

TBB : Dans ce cas, l'adoption est à présent possible. La nécessité de faire adopter les bébés plus tôt est la véritable raison pour laquelle j'ai démarré le NBAS[20]. On ne pouvait pas adopter un bébé avant quatre mois dans le Massachusetts parce que personne ne pouvait dire si l'enfant était normal sur le plan neurologique. J'ai commencé à travailler sur le NBAS pour trouver quels enfants pouvaient être adoptés dès la naissance et ramener la loi de quatre mois à zéro. On peut maintenant adopter un enfant à la naissance si le parent renonce à ses droits. En Corée, les agences d'adoption exigent que la mère étrangère passe un mois sur place pour faire connaissance avec l'enfant.

SIG : En ne travaillant pas avec les mères, les agences prolongent sans aucun doute la durée du placement. Les lois accordent un trop grand délai pour reprendre un enfant, ce qui retarde et compromet l'adoption dans beaucoup de cas. En prolongeant le placement et en retardant l'adoption, nous faisons peser sur le bébé un stress inutile. Les États et les tribunaux doivent se rendre compte que beaucoup de dispositifs législatifs actuels agissent contre les intérêts du bébé. Nous devons réduire les délais et créer des structures de conseil pour aider les mères à prendre leur décision plus rapidement.

TBB : Il y a également des situations où les parents adoptifs font la connaissance de la mère pendant sa grossesse. Est-ce que la présence de la mère naturelle n'interfère pas avec les relations intimes ?

SIG : Je ne le pense pas. Dans beaucoup de cas, si tout marche bien, la mère est moins susceptible de contester l'adoption. Dans les cas sur lesquels nous avons travaillé, la mère a souvent le sentiment de faire partie de la famille au sens large.

TBB : Mais on court le risque que les parents adoptifs aient l'impression de passer au deuxième plan, d'une certaine façon. Ils peuvent craindre que la mère ne décide tout d'un coup qu'elle veut reprendre le bébé. Vous rappelez-vous le bébé qui a été rendu à sa mère naturelle après avoir été légalement adopté, bébé M ? La mère naturelle avait donné le sein à l'enfant pendant la période néonatale. Bien sûr, elle a voulu le reprendre.

SIG : Existe-t-il un délai que nous pourrions recommander, un délai après lequel il serait trop tard pour réunir le bébé et ses parents biologiques ?

TBB : Nous pouvons clairement déterminer le moment où les droits du bébé passent au premier plan. La mère a certainement des droits, mais est-ce que les tribunaux reconnaissent les droits du bébé ?

SIG : À quel moment pourrions-nous dire que l'enfant ne devrait plus être séparé de la personne qui s'en occupe ?

Devrions-nous dire qu'après un certain délai on ne peut plus faire cela aux enfants ?

TBB : Je préférerais dire qu'il faut se fonder sur le cas de chaque enfant en particulier.

SIG : À quatre mois, nous pourrions recommander que la transition s'effectue progressivement. La mère adoptive doit d'abord rendre visite à l'enfant et rétablir une relation. Il faut ensuite qu'elle soit chaleureuse et compréhensive et qu'elle laisse la mère naturelle ou la mère de la famille d'accueil venir voir l'enfant, afin d'éviter une trop vive angoisse de séparation. Une mère d'accueil peut même être considérée comme une grand-mère ou une tante et continuer à faire partie de la vie de l'enfant. Il est nécessaire de créer une transition avec beaucoup de contacts. Plus le bébé a passé de temps avec quelqu'un, plus il lui est difficile de changer. S'il est resté six mois ou plus avec la même personne, le changement va compromettre ses relations et son développement.

TBB : Pourquoi aller jusqu'à six mois ? Quatre mois me paraît être la limite, parce que à quatre mois le bébé manifeste les premiers signes d'autonomie. Si l'on traumatise le bébé en le déplaçant d'un environnement vers un autre, je crains que ces signes ne se manifestent plus. Ce qui ferait courir un grand risque à la base de l'autonomie. J'aimerais rendre obligatoire la surveillance de toute mère biologique reprenant son enfant, pour s'assurer qu'elle fait ce qu'il faut avec son bébé. Les intérêts du bébé devraient passer en premier.

Je voudrais une sorte de système de sécurité autour de la mère qui reprend un enfant, quel que soit son âge. Je pense qu'il faut rechercher les raisons pour lesquelles elle a abandonné son enfant. Était-elle déprimée ? Est-elle sortie de sa dépression ? Était-elle ambivalente ? Est-elle toujours ambivalente ? Une certaine évaluation me paraît essentielle.

SIG : L'idée fondamentale est la suivante : plus le bébé

grandit et plus il s'attache à la personne qui s'occupe de lui, plus la séparation va à l'encontre de son intérêt, même si c'est le parent biologique qui veut le reprendre. Le parent psychologique est le vrai parent. Nous avons surestimé les droits biologiques du parent et minimisé les droits du bébé. Plus le temps passe et plus les raisons de reprendre le bébé devraient être impératives. La pièce manquante de notre système légal, ce sont les droits du bébé. Nous devons pouvoir expliquer aux parents et aux juges ce qui se passe à l'intérieur d'un bébé. Un bébé forme une image de ce qu'il est en tant que personne, bâtit un sentiment de confiance et d'affection par sa relation avec l'adulte qui prend bien soin de lui. En brisant cette relation, on prend un grand risque. On cause beaucoup de souffrance. Les gens ne se rendent pas compte par quelles souffrances passent les enfants lorsqu'on leur coupe ainsi l'herbe sous le pied.

TBB : Il faut définir et expliquer clairement aux parents, ainsi qu'à ceux qui prennent les décisions pour les enfants, ce qui arrive au cours des trois premières années. Il y a trois développements essentiels. Le premier est un sens clair d'estime de soi chez l'enfant ; le deuxième est une confiance suffisante pour être altruiste et sensible aux autres ; le troisième est la motivation à apprendre. Quand quelque chose de grave arrive à la relation principale de l'enfant au cours des trois premières années, ces trois développements sont pour le moins compromis.

SIG : Ils sont tous trois absolument compromis.

TBB : Nous devrions aussi penser à évaluer les parents adoptifs et à les préparer. Beaucoup de parents adoptifs sont vulnérables, surtout si la raison de l'adoption est la stérilité. Un des parents se sent en situation d'échec. L'autre a dû accepter. Puis ils prennent la décision d'adopter. Pendant la période d'attente, leur désir grandit, ils anticipent. Ils veulent être des parents idéaux pour ce bébé. Quand le bébé arrive d'un autre environnement, d'une autre culture, il a toutes les chances d'être hypersensible et dépassé par le changement. Quelle que fût la pauvreté de son ancien environnement, il s'était adapté, et il ne peut pas ne pas souffrir. À quatre mois, je m'attendrais à un mois de chagrin et de réadaptation. À un an, à au moins deux mois. À cause de cette hypersensibilité, le bébé se détourne de ces nouveaux parents adoptifs si impatients. Il ne va pas les regarder. Il ne va pas accepter leurs avances. Il ne va pas manger. Il est renfermé et fragile. La vulnérabilité des parents est renforcée. Étant donné tout ce que nous savons sur l'influence intra-utérine, ils peuvent commencer à voir dans ce bébé les séquelles de problèmes intra-utérins, tels que la malnutrition. Ils se mettent à redouter l'échec. Nous pourrions préparer les parents à cette période d'adaptation. Nous avons la possibilité de prévenir ce genre d'échec dans les adoptions.

Être mère en prison

TBB : Peut-on élever un bébé en prison ? Au cours de la première année, la force du bébé est un tel moteur de réintégration pour les mères, et le fait d'être en prison avec sa mère présente si peu de risques pour l'enfant, que je suis pour.

SIG : C'est une solution logique si la mère a une chance de sortir de prison au bout d'un an ou deux. Si elle n'a que deux ans à faire, il faudrait que ce programme soit étendu à cette durée ou que la mère soit placée dans un centre spécial de semi-liberté. On ne peut recommander que l'enfant reste un an avec sa mère, puis séparer mère et enfant pendant une année, puis les réunir à nouveau. Si la mère est condamnée à un an, je suis pour qu'on lui laisse son bébé. C'est sans doute une bonne solution pour une mère qui était enceinte et qui a accouché en prison. Cela ne l'est pas du tout pour des enfants de cinq ou six ans.

TBB : Jean Harris a démarré un programme de ce genre à New York (à la prison de Sing Sing), programme qui a très bien marché.

SIG : Si la mère est condamnée à dix ans pour un crime grave, le problème est plus compliqué. Peut-être le bébé pourrait-il être placé d'emblée chez la grand-mère, avec des visites très fréquentes à sa mère.

TBB : Je préférerais qu'on laisse l'enfant avec sa mère pour la première année, c'est une si bonne thérapie pour la mère.

SIG : Une bonne thérapie pour la mère, sans aucun doute, mais le bébé là-dedans ?

TBB : Si l'enfant a la possibilité d'aller ensuite chez un grand-parent, ça peut être une bonne solution. Mais, si personne de la famille ne peut s'occuper de lui au bout de la première année, il faut prendre d'emblée la décision qui sert au mieux les intérêts de l'enfant, et qui sera peut-être de ne pas aller du tout avec sa mère. De toute façon, plus la décision est prise tôt, mieux on doit pouvoir offrir à l'enfant un environnement stable.

SIG : Si la mère doit passer un an, deux ans ou trois ans en prison et si elle se conduit vraiment bien, on pourrait la faire bénéficier d'un régime de semi-liberté pour qu'elle vive avec son bébé. Un programme devrait faire le maximum pour garder ensemble mère et enfant jusqu'à la sortie de prison, et non pas juste pour une durée de un an. Il ne faut pas faire les choses à moitié. Mais, si la mère doit rester enfermée dix ans et s'il n'y a pas de grand-mère, je suis d'accord pour dire que le mieux, dans son intérêt, est de faire adopter le bébé. Dans les cas où il y a une grand-mère ou une tante pour s'occuper de l'enfant, la question est de savoir s'il vaut mieux, pour le bébé, rester en prison avec sa mère pendant la première année, en s'habituant à cette relation, puis avoir à former une nouvelle relation avec la grand-mère, ou bien s'il vaut mieux commencer avec la grand-mère et simplement rendre visite à la mère.

TBB : Il vaut mieux avoir aimé et avoir perdu cet amour que ne pas avoir aimé du tout.

SIG : Mais le bébé pourrait aimer la grand-mère ou la tante.

TBB : Un enfant a de bonnes chances d'être bien traité par une personne incarcérée. Est-ce que vous vous souvenez de cette ancienne étude Skeels/Skodak[21] sur les femmes placées dans des institutions qui s'occupaient si bien des enfants ? Ces femmes avaient des problèmes graves, mais, dans ces établissements, elles n'avaient rien d'autre à faire que de jouer avec leurs bébés. Elles passaient probablement cinquante pour cent de leur temps avec eux. Je trouve qu'il faut réfléchir à cela. Parce qu'elle est incarcérée, une femme sera peut-être une bien meilleure mère qu'elle ne l'aurait été dans la vie ordinaire. Le bébé aurait ainsi un bon départ. Puis la grand-mère pourrait prendre le relais. Cela dit, quand il s'agit de femmes qui ont de telles difficultés dans la société, je me demande à quelle sorte de grands-parents nous confions les bébés.

Les orphelinats et les foyers d'accueil

SIG : On en vient à la question suivante : quelles sont les possibilités dont nous disposons, en dehors du placement en famille ? Il y a une période de transition avant le placement. Ces enfants en attente de placement se retrouvent dans des conditions de vie collective.

TBB : Il y a eu une véritable levée de boucliers contre les orphelinats dans notre pays, et je ne sais même pas combien il en reste.

SIG : Dans certaines institutions, les conditions ressemblent à celles d'un placement familial. Le problème des orphelinats, c'est que les soins tendent à être impersonnels. De petits centres peuvent fonctionner de façon plus satisfaisante, parce que les relations y sont plus personnelles.

TBB : Si nous voulons un personnel d'encadrement chaleureux, ne ferions-nous pas mieux de réfléchir à la formation qu'il faudrait leur assurer ? La désillusion guette quiconque travaille dans ce genre d'institution. Et elle peut prendre différentes formes, comme la négligence, la maltraitance et même la haine des enfants. Pourrions-nous suggérer que les puéricultrices soient encadrées, qu'elles puissent se réunir sur une base hebdomadaire pour faire le point, qu'elles aient un conseiller pour les aider à surmonter leurs propres problèmes, qu'elles soient régulièrement évaluées, sur leur adaptation, leurs difficultés aussi bien que sur le travail qu'elles accomplissent ?

Nous nous sommes trouvés confrontés à ces problèmes avec les professionnels qui s'occupent des mères adolescentes droguées. Ils font du bon travail, et je me demandais pourquoi. Et puis je me suis dit : ces gens ont une motivation. Ils ont une véritable motivation : arracher ces malheureuses à la drogue. Peut-être devrions-nous donner aux puéricultrices d'institutions une motivation claire, leur expliquer précisément ce à quoi nous voulons parvenir avec ces enfants. Voulons-nous qu'ils se développent de façon particulière — sur le plan affectif, cognitif, moteur ? Peut-être suffit-il d'être très clair sur les objectifs. Ne pas seulement demander aux puéricultrices d'avoir bon caractère, d'être gentilles et responsables, parce que ces qualités ne sont pas immuables. Mais dire : voilà les compétences, les réactions, les activités vers lesquelles vous pouvez tendre, et nous avons les moyens de mesurer vos progrès.

SIG : Dans tous les environnements, y compris dans les crèches, nous connaissons les types d'interaction nécessaires aux enfants. Quand nous encourageons le « jeu » ou les « interactions réciproques », nous savons ce que cela signifie. Mais il faut consacrer plus de temps à l'éducation et à la formation. Toute l'orientation, tout le système de valeur des environnements destinés aux enfants doivent être revus à la lumière de ce que nous savons sur l'importance de soins de maternage stables et d'interactions émotionnelles sensibles. Il faut une formation et un soutien continus pour le personnel, il faut des observations régulières sur leur façon de faire par rapport aux standards spécifiques. En fait, tous les besoins que nous étudions dans ce livre devraient faire partie d'un programme.

TBB : Je repense aux dix infirmières que nous avons formées au moment où nous démarrions le programme Points forts. Nous avons rassemblé dix infirmières de Boston qui, ensemble, totalisaient cent quatre-vingts années de pratique. Des femmes dévouées, remarquables. Au milieu de la semaine de formation, elles déclarèrent qu'elles n'y arrivaient pas. Elles n'avaient pas le temps. « On nous demande de voir de plus en plus de patientes, et non pas de moins en moins, dirent-elles. Nous n'en avons pas le temps. » Quand nous leur avons demandé à quoi elles passaient leur temps à ce moment-là, elles nous apprirent que les mères leur racontaient en détail ce qui leur rendait la vie impossible, tous les abus qu'elles enduraient. Je leur demandai si elles pensaient pouvoir changer cette situation, et elles me dirent que non, tout ce qu'elles pouvaient, c'était témoigner leur soutien à ces mères. Je leur dis oui, mais qu'elles avaient aussi en main un atout très particulier : l'avenir de l'enfant. Si elles consacraient dix ou quinze minutes de leur temps à parler du développement de l'enfant avec la mère, si elles parvenaient à capter sa passion pour son enfant, alors elles lui donneraient un sentiment d'espoir impossible à communiquer autrement. Eh bien ! leurs regards se sont illuminés. À la fin de la semaine, elles reconnurent qu'elles avaient été très près de démissionner. Certaines avaient les larmes aux yeux. On ne leur avait jamais donné aucune directive. Je pense que les directives sont ce dont les puéricultrices ont le plus besoin.

SIG : Vous avez aidé les infirmières à reconnaître l'importance de leur tâche. Mais, en ce qui concerne les orphelinats dans le monde, où l'on met les enfants dont personne ne veut, que peut-on leur dire sur l'importance du maternage et des relations ?

TBB : L'orphelinat de Séoul, où je me trouvais la semaine dernière, soigne de très jeunes bébés qui ont tous été abandonnés à sa porte. J'ai demandé pourquoi on ne pouvait pas faire adopter ces bébés, et l'on m'a répondu qu'on ne connaissait pas les parents. Il aurait bien mieux valu faire adopter ces enfants plutôt que de les laisser là un an ou deux, mais c'était impossible.

SIG : Leur système judiciaire impose de connaître les parents pour pouvoir faire adopter l'enfant ?

TBB : Il faut rechercher les parents pendant une année avant d'engager la procédure d'adoption. Il y avait pourtant beaucoup de familles prêtes à adopter ces enfants.

SIG : Il faut quand même prendre conscience de ce que l'on fait à un enfant en le laissant attendre un an.

TBB : Je suis toujours prudent quand il s'agit d'autres cultures et d'autres pays, parce que je pense qu'il y a de nombreux problèmes ethniques que nous ne comprenons pas. J'ai effectué des travaux transculturels, il m'a fallu pas moins d'une année pour en saisir toutes les variables. Tout ce que nous pouvons faire, c'est présenter les valeurs que *nous* considérons comme importantes dans notre culture, et dire que nous espérons qu'elles sont traduisibles, adaptables à d'autres pays. Je ne pense pas que nous devrions essayer de les appliquer nous-mêmes. Dans certaines cultures, l'enfant peut être stigmatisé si sa mère l'a abandonné à la rue.

SIG : L'objectif, c'est de créer des environnements vraiment chaleureux afin que les enfant ne soient pas perdus dans des cadres institutionnels impersonnels ; c'est aussi de favoriser, dans différentes cultures, des processus, y compris l'adoption, susceptibles d'aider les enfants à devenir membres d'une famille aussi tôt que possible. En Russie, on a mis sur pied un programme permettant aux jeunes mères qui avaient accouché à l'hôpital de passer un certain temps avec leur bébé à le nourrir, à s'attacher à lui. Ce qui a eu pour effet de réduire de moitié le nombre d'abandons dans les hôpitaux, nombre très élevé à l'origine[22].

TBB : Avant de partir pour le désert de Kalahari, Melvin Konner et sa femme, Marjorie Shostak, se sont formés avec moi sur la base de mon évaluation du comportement néonatal. À leur retour, j'avais grand-hâte de connaître le comportement des nouveau-nés chez les Bushmen. Ils me dirent qu'ils n'en avaient vu que cinquante pour cent. En fait, la grand-mère et la mère partent dans la brousse pour l'accouchement. À la naissance, elles décident si elles rapportent ou non le bébé. C'est une culture nomade, qui se trouve à la limite de son seuil de survie, en termes de ressources alimentaires, entre autres. Chaque nouvelle naissance perturbe l'équilibre de la tribu, qui ne peut pas nourrir plus d'un certain nombre de bébés chaque année. Ceux qu'ils gardent sont les bébés les plus beaux, les mieux constitués. Vous voyez combien il est risqué de se lancer dans des recommandations transculturelles.

SIG : Ici, aux États-Unis, quand un bébé doit être mis dans une institution ou un centre parce que l'on n'a pas de famille d'accueil pour lui, nous pouvons donner des instructions. Par exemple, il faudrait à cet enfant une puéricultrice attitrée, qu'il ne partage pas avec plus de deux autres enfants, et cette personne devrait s'occuper de lui tant qu'il reste dans l'institution. Il faudrait aussi que cette personne continue à voir l'enfant une fois que celui-ci est adopté ou placé dans une famille, afin de ménager une transition. Il faudrait enfin donner des directives à propos des jeux interactifs, des contacts physiques et de la durée pendant laquelle on peut laisser le bébé seul.

TBB : Et si des personnes apparentées au bébé désirent s'en occuper ?

SIG : Je pense qu'il faut faire preuve de souplesse et faire en sorte d'assurer les meilleures conditions d'existence au bébé. Il faut non seulement suffisamment de souplesse, mais aussi des gens assez disponibles pour contrôler le système, et s'assurer qu'il n'y a ni exploitation ni abus. Imaginons que vous êtes à la recherche d'une famille de placement et que la grand-mère dise : « Je vais prendre le bébé, mais je ne peux le faire que si vous me donnez la même aide financière qu'aux familles de placement. Le bébé est plus habitué à moi et je l'aime. » Si vous découvrez que c'est vrai, alors, c'est l'intérêt du bébé. Mais dans d'autres circonstances, si vous voyez que la grand-mère ne va pas bien s'occuper de l'enfant et qu'elle n'est intéressée que par l'argent, il vaut mieux placer le bébé dans une famille.

Dans tout cela, la pièce maîtresse, c'est le bien de l'enfant. L'enfant vient en premier. C'est la base pour prendre certaines décisions.

TBB : Je pense que nous pouvons donner aux agences et aux tribunaux des directives et même certains exemples pour les aider à prendre les décisions. Beaucoup des mauvaises décisions juridiques concernant les enfants sont dues à un manque d'évaluation et de temps. On ne peut demander aux juges de prendre le temps, mais on peut souhaiter qu'on leur adjoigne des personnes qui puissent prendre ce temps. Les juges aux affaires familiales sont des gens vraiment très importants. (Voir à la fin de ce chapitre les directives du tribunal aux affaires familiales de Washington, comté de King.)

Introduction aux recommandations (SIG)

La journée d'un enfant

Afin de placer dans le contexte les recommandations qui suivent, voici quelle pourrait être la structure de la journée d'un enfant. D'heure en heure, les soins dont nous avons parlé se dérouleraient de la manière suivante.

— LES BÉBÉS ET LES JEUNES ENFANTS JUSQU'À ENVIRON DEUX ANS

Nous pouvons classer les relations entre les bébés et les personnes qui s'en occupent au cours de la première année en plusieurs grandes catégories.

La première (qui ne concerne pas les enfants réveillés) serait d'être présent, sans se trouver nécessairement à portée de vue, par exemple, présent dans une autre pièce.

La deuxième serait d'être présent dans la même pièce ou la pièce d'à côté s'il existe une grande ouverture entre les deux pièces par laquelle l'enfant peut voir le parent et le parent l'enfant, par laquelle ils peuvent s'entendre sans être nécessairement impliqués directement dans aucun jeu, interaction ou aide pour l'utilisation de jouets, de matériels, etc. Le parent et le bébé seraient occupés chacun par ses propres activités. Le bébé pourrait être simplement assis dans un petit siège ou bien par terre, en train de s'amuser, tandis que le parent cuisinerait, ferait du ménage ou toute autre tâche.

Dans la troisième catégorie, parent ou personne responsable serait disponible par intermittence pour faciliter les interactions du bébé avec son environnement. Par exemple, en regardant ensemble des images ou en aidant le bébé à découvrir un jouet ou à explorer son environnement. L'adulte pourrait aider l'enfant à regarder, à toucher, à examiner, à vocaliser et par la suite à exprimer verbalement son expérience.

La quatrième catégorie de relations impliquerait une interaction directe du parent avec l'enfant. Là, le parent serait guidé par ce qui intéresse l'enfant : émettre des sons ou faire des grimaces, donner et reprendre des objets ou, s'il s'agit d'un enfant plus grand, participer à un jeu d'imagination, faire le chien, le chat, rejoindre l'enfant dans son histoire. Dans cette quatrième catégorie, le parent est directement impliqué, et il devient en fait l'objet ludique, le jouet ou le sujet d'intérêt. L'enfant peut vouloir le tenir, le câliner, le réconforter en lui frottant le dos, l'embrasser, le caresser, l'entraîner dans son monde imaginaire, etc. Avec l'enfant verbalisé, il y aura des conversations directes, des négociations sur les jouets, les livres, l'heure d'aller au lit ou toute autre décision concernant la nourriture, les activités, etc. Ce qui caractérise ce type d'occupation que nous appelons séances de « tapis », c'est que l'adulte suit les indications de l'enfant et qu'il y a une communication directe, continuelle, entre l'enfant et le parent ou la personne qui le garde. C'est à cette catégorie qu'appartiennent beaucoup de nos meilleurs moments avec bébés et jeunes enfants.

Quand on décide comment répartir ces activités dans la journée de l'enfant, il est important de savoir qu'un bébé qui dort quatorze heures par jour peut disposer de cinq à six heures en dehors des moments où les interactions sont déterminées par les repas, les changes et les tentatives pour calmer ses pleurs. Bien entendu, pendant les repas et les changes, il peut et il doit y avoir des interactions chaleureuses avec des échanges de gestes et de vocalises.

Dans le tohu-bohu de la vie courante, les trois types d'activités qui impliquent la présence visible de l'adulte peuvent avoir lieu dans différents cadres : à la cuisine, dans l'aire de jeu, au supermarché, dans la voiture. De plus, ces activités se fondront les unes dans les autres. Nous ne voulons donner ici que des indications, des repères. Bien que l'idéal soit de préserver des moments particuliers pour le troisième type d'interaction, au cours duquel il n'y a pas d'interruption, on peut passer tout à fait librement d'un type à l'autre. Les moments d'aide, où les parents facilitent les interactions de l'enfant avec son environnement, pourraient consister pour l'enfant à assister l'adulte, au supermarché, à la cuisine ou dans la chambre. Parfois en aidant le parent dans ses tâches matérielles, parfois en apprenant comment papa met ses chaussettes ou en essayant de comprendre comment marchent les boutons de la machine à laver quand maman y met les vêtements. Au supermarché, l'enfant regarde avec intérêt les bouteilles et les paquets de céréales, aide maman à en prendre un sur le rayon, apprend entre autres choses à se contrôler quand il veut un bonbon coloré et que maman a dit non. Par moment, maman est occupée à regarder sa liste pour s'assurer qu'elle n'a rien oublié. Mais, un instant après, elle peut aider le petit Johnny à se saisir d'une boîte de ses céréales préférées. Nous pouvons appeler ce type d'activité aide informelle, parce que le parent est bien là pour aider l'enfant mais qu'il ne le fait que de façon intermittente, en fonction des intérêts, de la curiosité et des initiatives de l'enfant.

Ce laisser faire au caractère naturel et chaleureux est tout indiqué pour beaucoup de parents. Les adultes qui ont tendance à prendre tout très au sérieux, à structurer leurs tâches, devraient réserver plus de moments particuliers pour les interactions directes ou d'aide. Il faudrait consacrer au minimum quatre fois vingt minutes à l'interaction directe, parce que ces interactions aident les bébés à apprendre le dialogue émotionnel et par la suite le dialogue intellectuel avec l'adulte, sur des périodes plus longues. Les interactions stimulent l'intérêt et la concentration, la participation, la lecture des signaux préverbaux et la résolution des problèmes, enfin, au niveau de l'école maternelle, l'utilisation créative et, plus tard, logique des idées. L'idéal, ce sont des périodes de vingt minutes au moins, mais, à défaut, on peut les remplacer par des moments plus courts pris sur la routine quotidienne. Pendant les changes, les repas, les courses, le ménage et la cuisine, nous pouvons nous arrêter pour faciliter les interactions de l'enfant avec son environnement ou pour une interaction directe de personne à personne. Nous devons faire en sorte que le temps où l'enfant est complètement indépendant ne dépasse pas un tiers de sa journée, et que la combinaison des interactions directes (séances de « tapis ») et des moments d'assistance représente environ deux tiers de cette journée. En passant en revue une journée, on voit bien si la répartition est à peu près équilibrée. Ces directives s'appliquent, sous des formes différentes, à tous les âges.

Il est également important de souligner que l'essentiel du temps doit se passer avec les adultes qui vont faire durablement partie de la vie de l'enfant et qui vont avoir la confiance de l'enfant. La richesse affective d'un enfant, la profondeur de ses sentiments à l'égard d'autrui dépendent en partie de la profondeur des sentiments dont il a bénéficié dans des relations stables. C'est pourquoi n'importe quel adulte ne fera pas l'affaire. Chaque enfant a besoin d'une personne qui fasse partie de sa vie pendant sa petite enfance, son enfance et son adolescence. S'il devient dépendant d'une personne qui disparaît, l'enfant ne peut former en lui le sens de la sécurité et de la permanence. Les arrangements impliquant que les enfants passent la plus grande partie de leur journée aux soins de personnes toujours nouvelles ne sont pas les meilleurs et ne doivent pas être choisis de préférence à d'autres.

— À L'ÂGE DE L'ÉCOLE MATERNELLE

Les enfants ont autant besoin de relations chaleureuses, généreuses avec leurs parents qu'au cours des années précédentes. À présent, il va y avoir plus de moments de jeu avec d'autres enfants et plus d'autres relations qui vont enrichir leur existence. À cet âge, quatre types d'activités peuvent servir à définir la journée de l'enfant. Il va certainement passer un certain temps à l'école, dans des activités de groupe, dans des jeux avec d'autres enfants. Donc, les moments disponibles pour les interactions avec les parents ou ceux qui les gardent seront moins nombreux que pour les bébés et les très jeunes enfants.

Il peut y avoir de brèves périodes où l'enfant ne se trouvera pas dans la même pièce que ses parents, où il regardera un livre, jouera avec ses jouets ou simplement se reposera. Il vaut mieux, à cet âge, pouvoir le voir et l'entendre. Des pièces communicantes, c'est parfait ; se trouver dans deux parties séparées de la maison, non. Cependant, pendant ces années, il est souhaitable de passer le temps disponible hors maternelle et activités de groupe dans les trois types de situations que nous avons évoquées précédemment : adulte occupé mais disponible (moins d'un tiers du temps) ; adulte disponible pour commenter les activités de l'enfant ou les faciliter ; adulte disponible pour des interactions personnelles directes (plus de deux tiers du temps). En plus de ses activités scolaires, l'enfant devrait avoir l'occasion de jouer avec un autre enfant pratiquement tous les jours (c'est-à-dire au moins quatre fois par semaine).

— LES PREMIÈRES ANNÉES D'ÉCOLE

À partir de la grande section de maternelle jusqu'au cours moyen, les enfants passent la plus grande partie de leur temps loin du regard des parents ; mais il est toujours conseillé de pouvoir les entendre et d'être rapidement disponible. Cela augmente le sentiment de sécurité, tout en réduisant les possibilités d'accident.

Les journées d'un enfant d'école primaire sont composées d'heures de classe, de jeux avec les pairs et de devoirs à la maison ainsi que de moments en famille. Pour la plupart des enfants, ces moments familiaux vont de la fin d'après-midi au soir. Le soir est consacré à un mélange de devoirs, d'échanges familiaux, y compris de jeux avec les frères et sœurs, et de préparatifs pour aller au lit. Il devrait y avoir au moins trois heures de temps en famille — disons de six à neuf heures — partagées en moments d'indépendance, moments d'assistance et, enfin, moments d'interaction directe : jeux d'imagination pour les plus petits, jeux interactifs plus élaborés et activités pour les plus grands. N'oublions pas les conversations, pendant le dîner ou pendant les moments de transition, qui sont un autre excellent moyen de contact. Il y a, bien sûr, de nombreuses occasions de prendre part à l'apprentissage du monde qu'effectuent les enfants. On peut citer l'aide pour les devoirs et les loisirs, mais aussi l'enseignement des choses que les parents considèrent comme importantes, par exemple, les fêtes et les valeurs (y compris la religion) ; plus simplement, la participation aux tâches quotidiennes — mettre le couvert ou aider à bricoler. Les enfants de cet âge peuvent faire beaucoup de choses par eux-mêmes, à condition que les parents soient disponibles ; je pense aux devoirs, aux jeux et autres activités, à l'ordinateur ou à la télévision.

Les jeux entre frères et sœurs, avec ou sans la participation des parents, peuvent faire partie des activités de l'après-midi ou du soir. Quand les parents se joignent à eux, c'est souvent le grand moment de la soirée ou du week-end.

Toutes ces indications ne sont pas destinées à suggérer que le temps devrait être divisé en intervalles précis de *x* minutes pour les devoirs, de *x* minutes pour l'apprentissage du monde et encore de *x* minutes de jeu avec frères et sœurs ou parents. Souvent, comme avec les bébés et les très jeunes enfants, il y aura des glissements de l'un à l'autre. L'enfant fera ses devoirs pendant vingt minutes et puis aura besoin d'une coupure ; il se mettra à une activité, ou descendra voir papa pour l'aider à quelque chose, ou ira à la cuisine aider maman, ou se lancera dans un jeu d'imagination pour retourner ensuite terminer ses devoirs. L'enfant peut s'amuser à lancer des plaisanteries pendant le dîner, puis se calmer pour raconter un événement arrivé à l'école ou autre, ou tout simplement examiner une affiche qui vient d'être accrochée au mur. Dans cet exemple, l'interaction directe et l'assistance à l'apprentissage du monde se succèdent sans transition. Plus des deux tiers du temps disponible devraient être consacrés à ce type de relation.

Pourquoi est-il idéal de réserver des périodes de vingt minutes ou plus pour s'amuser à des jeux d'interaction directe avec les plus jeunes et pour participer à des occupations interactives (sport, danse, musique) avec les plus âgés ? Parce que ces moments créent des liens spéciaux et intimes avec les parents. Leur caractère informel et décontracté facilite l'échange d'idées. Dans cette ambiance, l'enfant peut exprimer ses préoccupations indirectement, à travers les jeux d'imagination ou les activités. Un enfant emporté et exigeant, par exemple, voudra jouer selon ses propres règles et aura du mal à se plier aux règles des autres. Un enfant peureux peut, dans ses jeux d'imagination, jouer des scènes d'orage, de catastrophes ou de maladie. Manifester son empathie envers les points de vue de l'enfant, lui témoigner beaucoup d'affection tout en l'aidant à élargir sa conception du monde, tout cela peut avoir un grand d'impact.

La disponibilité décontractée, les « moments de détente »

Même quand les enfants s'occupent seuls à des jeux, les parents doivent rester disponibles. Les enfants doivent avoir l'assurance qu'ils peuvent laisser leurs parents pour partir dans leur chambre, ou aller faire quelque chose, et qu'ils les retrouveront à leur retour sans qu'ils soient complètement absorbés par des recherches sur Internet ou d'interminables conversations téléphoniques. Il vaudrait mieux qu'ils soient en train de lire le journal ou de bavarder entre eux. Les enfants sentent alors une disponibilité calme, décontractée, qu'il n'est pas nécessaire de mesurer. Beaucoup de parents très occupés diront : « Voilà, je me rends disponible et les enfants ne veulent pas venir me parler de l'école, ne me demandent pas de les aider, n'ont pas envie de jouer avec moi. » C'est comme si les parents mesuraient chaque seconde passée loin de leur ordinateur. Le fait est que les enfants ont besoin de sentir une disponibilité décontractée. Ils ont besoin de sentir que cela va de soi. Quand c'est le cas, ils savent qu'ils peuvent s'éloigner, qu'il y a une base vers laquelle revenir.

Quand les enfants grandissent, les parents doivent s'efforcer de les diriger vers des activités susceptibles d'être amusantes pour toute la famille. Avec un enfant de trois ans, les jeux d'imagination et les activités particulières que l'enfant apprécie mobiliseront chaque fois toute son attention. Mais, quand cet enfant atteindra sept, huit, neuf ou dix ans, les activités devront être un peu plus stimulantes. Les enfants auront leurs propres goûts, et il est nécessaire que les parents participent à leurs activités, quelles qu'elles soient, sport, danse, jeux avec des personnages de série télévisée ou jeux à la mode à l'école. Pendant l'adolescence, cette interaction décontractée devient très difficile. Ce sont souvent les conduites en voiture qui donnent des occasions de dialogue.

Quand un enfant passe trop de temps seul

On laisse parfois les enfants se livrer à des activités solitaires pendant de longs moments avant qu'ils n'en aient l'âge. Par exemple, certains parents collent des enfants de un ou deux ans devant le téléviseur pour pouvoir faire le ménage. Quelques minutes à regarder des dessins animés, cela peut être amusant, mais deux heures devant un écran de télévision, c'est plus déstabilisant qu'autre chose. De même, certains parents pensent que, parce que leur bébé de huit mois est « facile » et paraît content de rester dans son fauteuil en regardant autour de lui, il peut passer deux heures comme ça, tandis qu'ils se mettent à jour dans leur travail ou leurs coups de téléphone. Pendant ce temps, l'enfant n'a pas suffisamment d'interaction ; même s'il ne réclame pas d'attention, de participation, d'interaction, cela ne signifie pas que ça ne serait pas bon pour lui.

Certains enfants très faciles risquent de se sentir perdus justement parce qu'ils donnent l'impression qu'on peut les laisser s'occuper tout seuls. Parfois, des enfants de dix-huit ou vingt-quatre mois s'amusent très bien avec des puzzles, des cubes, des petites voitures ou des camions. Il n'est pas rare qu'ils s'en tiennent à jouer de façon répétitive, sans invention, si personne ne joue avec eux. Si ce sont des enfants affectueux, gentils, s'ils se développent bien sur le plan du langage, leurs parents ne s'inquiéteront de rien, certains d'avoir des enfants magnifiquement indépendants, faciles, « décontractés ». Alors pourquoi ne pas se consacrer au ménage, au téléphone, à Internet ou à son travail ?

En réalité, jusqu'à trois ans et demi, passer trop de temps de façon indépendante n'est pas ce qu'il y a de mieux pour l'enfant. Ce dernier ne devrait pas passer plus d'un tiers de sa journée, au grand maximum, à s'occuper seul, et encore, à condition que ce soit par courtes périodes de quelques minutes (environ quinze minutes) de temps en temps. Être disponible pour faciliter les occupations et les jeux de l'enfant suppose une sorte d'aller et retour entre des moments d'indépendance et des interactions d'assistance. Un enfant qui va chercher l'aide de maman ou de papa, de son frère ou de toute autre personne crée son propre rythme. Mais beaucoup ne vont pas prendre l'initiative et risquent, en fin de compte, de renoncer.

Avant trois ans, il ne faudrait pas passer plus d'une demi-heure devant un écran de télévision, et, après, pas plus d'une autre demi-heure devant un ordinateur. Dans l'ensemble, cependant, les parents se rendront compte que la vie est bien plus facile quand ils restent à la disposition de leurs enfants tout en faisant certaines choses indispensables, comme les courses, la cuisine, le nettoyage ou même en leur permettant de collaborer à certaines activités.

En même temps, comme nous l'avons précisé plus haut, les parents doivent partager les intérêts de leurs enfants. Il est donc idéal d'avoir là aussi des périodes de vingt minutes ou plus pendant lesquelles les parents se mettent aux ordres de l'enfant. L'adulte rejoint l'enfant dans son monde par des jeux à deux, directement interactifs. L'enfant peut désirer se livrer à des explorations, et le parent le suit dans ses découvertes, que ce soit au supermarché, dans le jardin ou au milieu des casseroles et des poêles de la cuisine. L'important, c'est la disponibilité pendant vingt-trente minutes, à différents moments de la journée.

Relations et modes de garde

Il est tout aussi important de voir comment ces principes peuvent être appliqués dans d'autres cadres : garde chez une nourrice, chez un membre de la famille, garde à la maison par des baby-sitters ou encore crèches. Les mêmes règles qui s'appliquent aux enfants élevés dans leur famille sont valables dans ces contextes. En d'autres termes, l'enfant à la crèche ou chez la nourrice devrait passer la plus grande partie de son temps dans des activités facilitées et des interactions directes à deux. Nous avons cependant constaté que les longues séquences d'interaction entre ces adultes et les bébés étaient rares.

Étant donné qu'il est si difficile pour les puéricultrices d'avoir de longues interactions chaleureuses quand elles doivent s'occuper de quatre bébés ou plus (la moyenne dans la plupart des crèches), et étant donné aussi que le personnel des crèches change souvent — c'est une caractéristique de ce genre d'institution — et que, de toute façon, chaque année, l'enfant change de puéricultrice à mesure qu'il passe de la salle des petits à la salle des plus grands, nous pensons que le contexte des crèches n'est pas favorable pendant les deux premières années : on y trouve difficilement les conditions de soins stables et chaleureux qui sont nécessaires à l'enfant. Un mode de garde à mi-temps, en revanche, peut s'avérer une bonne solution : le père et la mère ont la possibilité de faire autre chose ; la sécurité procurée par les soins stables et les types d'expériences que nous avons décrits n'est pas menacée. Mais, quand les bébés et les jeunes enfants sont confiés plus de trente-cinq heures à une personne étrangère à la famille, il devient très difficile de leur garantir l'essentiel : les soins d'une personne stable, affectueuse, des interactions d'assistance à la découverte de l'environnement et des interactions directes, c'est-à-dire tout ce qui est, selon nous, indispensable à son bon développement.

Certaines familles ont besoin de confier leurs enfants à temps complet pendant les premières années ; il faut donc travailler à améliorer la qualité des modes de garde. Cela signifie moins d'enfants par puéricultrice ou par nourrice, une meilleure formation, de meilleurs salaires, et le maintien de la même personne de la naissance jusqu'à trois ans. Bien que tout le monde s'accorde à souhaiter cette amélioration, les progrès ont été modestes sur les vingt-cinq dernières années. Comme nous l'avons montré, les études de qualité ne sont pas optimistes. Nous sommes peut-être en train d'essayer de rationaliser un système incapable de répondre aux besoins essentiels de nos enfants. Il faut sans doute commencer par revoir nos idées. La meilleure façon de le faire, c'est d'informer exactement chaque famille. Une fois au courant, la plupart des parents sauront, nous en sommes sûrs, faire le bon choix.

Recommandations

Tout en faisant les recommandations suivantes, nous sommes bien conscients qu'il y a de nombreuses circonstances où il est très souhaitable et même tout à fait nécessaire de faire garder l'enfant en dehors de son foyer. Les parents célibataires qui travaillent pour nourrir leur famille, même s'ils sont personnellement capables de s'occuper parfaitement de leur enfant, n'ont pas le choix et se trouvent dans l'obligation de le confier à l'extérieur plus de quarante heures par semaine. Dans ces situations, l'objectif est de trouver la meilleure formule et de travailler main dans la main avec les responsables, afin de procurer à l'enfant des soins complémentaires. Les familles qui vivent des situations de stress individuel ou collectif ont aussi tout intérêt à confier leurs enfants à une garde extérieure pendant au moins trente heures par semaine. Ceux-ci bénéficieront de cette façon d'un système de soutien beaucoup plus fort. Chaque cas réclame un examen individuel, et les parents doivent faire un choix raisonnable et éclairé par rapport à leur propre situation.

Relations suivies

— Au cours des trois premières années, chaque enfant doit être élevé par un adulte « principal » — éventuellement deux — qui maintienne avec lui une relation intime et stable.

— Pendant les années d'école maternelle et les premières années de primaire, les enfants devraient toujours rester sous le regard d'un adulte. À aucun moment ils ne devraient être loin des yeux, sauf quand ils dorment.

— Ils ne devraient pas passer plus d'un tiers de leur temps dans des activités complètement indépendantes. Et les moments consacrés aux activités indépendantes ne devraient pas dépasser dix à quinze minutes.

— Les deux tiers de temps restants — ou plus — devraient se diviser en deux types d'activités : celles où l'adulte facilite les interactions avec l'environnement et les interactions directes, caresses, câlins, jeux de « faire semblant » et grimaces. Les bébés et les jeunes enfants jusqu'à deux ans ont besoin d'au moins quatre périodes de vingt minutes et plus consacrées à l'interaction directe. Les enfants en maternelle ont besoin d'au moins trois de ces périodes. Dans les familles avec deux parents, le père et la mère devraient prendre part à ces séances joyeuses et spontanées. Pendant les moments d'assistance, les adultes sont disponibles pour expliquer, pour répondre, pour aider l'enfant dans ses explorations, tout en étant occupés à d'autres activités, comme préparer le repas ou mettre le linge dans la machine. Le jeune enfant peut, dans ces moments, accompagner ses parents au supermarché ou jouer les marmitons.

— Pendant les années de primaire, lorsque nous parlons de temps disponible, nous pensons au temps passé en dehors de l'école, c'est-à-dire aux activités après la classe, aux jeux avec les amis. Là aussi, nous recommandons que les deux tiers de ce temps soient passés en présence d'un adulte disponible pour faciliter les activités ou pour interagir directement. Le temps d'assistance peut être consacré à aider l'enfant pour ses leçons ou pour ses activités favorites. Les moments de participation directe, au moins deux périodes de vingt minutes (chaque parent participant selon ses possibilités), consisteront en jeux d'imagination, de société ou toute autre activité menée selon les directives de l'enfant.

— Nous recommandons aux parents qui travaillent d'être disponibles au moins pendant les deux tiers de la soirée, de dix-sept heures trente ou dix-huit heures jusqu'à vingt et une heures ; et, si possible, nous conseillons que l'un d'entre eux soit présent en fin d'après-midi quand les enfants rentrent à la maison, qu'ils jouent entre eux ou qu'ils soient occupés à des activités extrascolaires. Enfin, les parents devraient être suffisamment disponibles pour que ni eux ni les enfants n'aient besoin de mesurer chaque moment et que nos directives paraissent aller de soi.

Le congé parental

Nous recommandons qu'un des deux parents prenne un congé pendant la plus grande partie de la première année de l'enfant[23].

Les crèches et les nourrices

— Nous déconseillons de faire garder les bébés et les jeunes enfants en dehors du foyer familial pendant trente heures ou plus par semaine aux parents qui sont capables de prodiguer eux-mêmes des soins de grande qualité, à condition qu'ils aient le choix de le faire. Nous recommandons, par ailleurs, d'améliorer les conditions de garde dans les crèches, en diminuant le nombre d'enfants par adulte, en améliorant la formation et les salaires et, pour les enfants gardés toute la journée, en les faisant suivre par la même personne pendant trois ou quatre ans. Les familles qui doivent recourir aux services des crèches auront alors la possibilité de laisser leurs enfants dans de meilleures conditions qu'à l'heure actuelle.

— Au cours des trois premières années, chaque enfant devrait être confié à une seule et même personne qui le suivrait d'année en année.

— Au cours de la première année, il ne devrait pas y avoir plus de trois bébés par adulte.

— Pendant la deuxième année, il ne devrait pas y avoir plus de quatre enfants par adulte.

— Pendant les troisième et quatrième années, il ne devrait pas y avoir plus de cinq à huit enfants par adulte[24].

Les institutions et les foyers d'accueil

— En ce qui concerne les différents cadres collectifs, institutions diverses et groupes d'enfants, les directives que nous avons proposées aux parents sont valables dans tous les cas : des soins chaleureux stables, avec un adulte principal ou un nombre restreint d'adultes principaux, des interactions directes ou d'assistance pendant au moins les deux tiers du temps disponible. Une formation interne, des primes calculées en fonction de l'expérience et de la formation, une structure de soutien pour favoriser les comportements chaleureux sont autant de conditions importantes pour parvenir à une bonne qualité de soins.

La télévision

Au cours des premières années, pas plus d'une demi-heure par jour. Après trois ans, on peut ajouter une demi-heure supplémentaire de télévision ou d'ordinateur en compagnie d'un parent.

Les mères en prison

Il faut faire des efforts pour que les mères incarcérées puissent garder leur enfant et pour encourager leur relation, à condition d'avoir l'espoir que la mère pourra rapidement sortir et s'occuper elle-même du bébé.

L'adoption

— Les règles d'adoption doivent être revues, et plus d'attention doit être accordé aux besoins de l'enfant. Le développement des enfants est compromis par de longues périodes passées dans différents endroits, avec différentes personnes. Dans les situations conflictuelles, quand la famille d'accueil est décidée à adopter l'enfant et que le parent biologique est ambivalent, les services sociaux devraient essayer de mettre au point un système de soutien du type « famille élargie » pour répondre aux besoins de tous.

— La mère biologique ne devrait pas bénéficier de plus de deux mois de réflexion pour prendre une décision définitive sur l'adoption. Chaque mère ambivalente à propos de sa grossesse devrait d'abord être conseillée. Si elle décide de mener à terme sa grossesse, elle devrait être conseillée sur les possibilités qui s'offrent à elle et être aidée à décider si oui ou non elle veut garder le bébé.

— Les nouveau-nés devraient bénéficier d'une évaluation neurologique et comportementale complète avant l'adoption. Les résultats devraient être accessibles aux parents adoptifs.

Le placement

— Chaque enfant candidat au placement devrait bénéficier d'une évaluation détaillée et l'évaluation devrait faire l'objet d'explications et de discussions avec les familles de placement pour aider ces dernières à prendre leur décision.

— Le placement doit être envisagé du point de vue de l'enfant et de son bien. Cela signifie qu'il faut motiver les familles pour qu'elles gardent le même enfant, même s'il est difficile, et leur apporter, par le biais des services sociaux, un meilleur soutien et des possibilités de formation. On devrait pouvoir augmenter la rémunération de ces familles en fonction de leur formation, de leur expérience, ainsi que de leur capacité à garder les enfants jusqu'à l'adoption.

La garde légale après le divorce

— La législation devrait revoir ses directives pour les cas de divorce et de séparation, afin de prendre en considération les besoins de relations chaleureuses stables des enfants. Les enfants ne devraient pas quitter leur domicile principal pour la nuit avant l'âge de trois ans, et à condition d'avoir vu leurs deux parents plusieurs fois par semaine et de se sentir en sécurité avec chacun d'entre eux. Il faut encourager le parent qui n'a pas la garde à faire des visites quotidiennes ou très fréquentes, au moins une fois par semaine, afin de faciliter une relation chaleureuse stable avec les deux parents, dans une situation de divorce ou de garde contestée. Des visites plus longues, pour les vacances, par exemple, devraient être adaptées à l'âge de l'enfant et aussi au degré de sécurité ressenti par l'enfant avec l'autre parent. À moins que l'enfant ne voie ses deux parents plusieurs fois par semaine, la séparation pour la nuit doit s'effectuer de façon progressive, entre trois et sept ans ; une nuit d'abord, et, après plusieurs mois, éventuellement une deuxième nuit ; la durée des visites sera prolongée, ensuite, en fonction du confort de l'enfant et de son degré de sécurité. Un exemple de directives est proposé ci-après.

Tribunal des affaires familiales du comté de King (État de Washington[25])

Directives pour le droit de visite : garde conjointe Aucun modèle ne peut convenir à toutes les familles[26]

Bébés de la naissance à un an :
— Stabilité des soins matériels et émotionnels.
— Relation intime avec les adultes responsables.
— Toute perturbation peut avoir des conséquences graves et entraîner des régressions.
— Droit de visite : visites fréquentes, mais pas plus de une à trois heures de suite ; au même endroit.

Enfant de un an à trois ans et demi :
— Toute perturbation extérieure peut être très nocive.
— Droit de visite : visites fréquentes pendant la journée, entre seize et vingt heures ; la nuit, seulement quand l'enfant s'est familiarisé avec le foyer du parent avec lequel il n'habite pas ; à partir de trois ans, pour une nuit ou un week-end.

Enfant de trois ans et demi à cinq ans :
— Augmentation du nombre des visites avec frères et sœurs ou autres enfants.
— Droit de visite : chaque semaine, des visites de jour ; au moins deux week-ends par mois ; visites de deux semaines, à condition de maintenir des contacts avec le parent chez qui réside l'enfant.

Enfant de cinq à neuf ans :
— Droit de visite : deux week-ends par mois ; visites pouvant durer quatre à six semaines.

Plan parental

Un bon plan parental devrait être établi à partir des considérations suivantes :

1. Les besoins développementaux et l'âge de chaque enfant.
2. Les attachements psychologiques de chaque enfant.
3. La façon dont les soins et les tâches d'éducation étaient réparties pendant le mariage.
4. Le maintien ou le développement d'une relation proche avec chaque parent.
5. Un horaire permanent et prévisible qui facilite la transition entre les deux foyers.
6. Le caractère de chaque enfant et sa capacité à gérer le changement.
7. Les exigences professionnelles et les horaires de chaque parent.
8. Le besoin de révision périodique du plan, compte tenu des signes de difficulté, des changements de conditions, de l'évolution des besoins de chaque enfant.

Évaluation

A. Entretien et test pour les parents respectifs.

B. Observation et examen du ou des enfants mineurs en interaction avec le parent n°1.

C. Observation et examen du ou des enfants mineurs en interaction avec le parent n°2.

D. Examen individuel du ou des enfants mineurs.

E. Révision des enregistrements et contacts collatéraux.

F. Rassemblement et interprétation des données des tests ; établissement des conclusions ; formulation des avis et des recommandations.

2

Le besoin de protection physique, de sécurité et de régulation

Ce besoin incontournable de protection physique, de sécurité et de régulation, tout comme le besoin de relations stables, semble une évidence à beaucoup de parents et de législateurs. La façon dont ce besoin est assuré pourrait bien ne pas être aussi évidente. Dans beaucoup de pays accablés par la guerre, la famine ou la pauvreté, de nombreux enfants ne reçoivent pas une alimentation suffisante, ne sont pas logés décemment, n'ont pas accès aux soins médicaux nécessaires. Il existe un nombre impressionnant de programmes de santé et de nutrition, mais il est clair que si les États-Unis, leurs alliés, ainsi que les Nations Unies, travaillaient ensemble, on pourrait faire bien davantage pour la protection de l'enfance.

Cependant, même aux États-Unis et dans beaucoup d'autres pays dotés de systèmes politiques et économiques stables et prospères, nous ne sommes pas très efficaces pour soigner et protéger nos enfants : bien trop d'entre eux sont exposés à des risques inutiles, viennent au monde avec un poids trop faible, affligés de problèmes de santé ou de développement, de difficultés émotionnelles ou sociales qui étaient évitables. L'augmentation des cas de maltraitance et de négligence précoces entraîne chez beaucoup de bébés des altérations du système nerveux central. L'exposition prénatale et postnatale à l'alcool, au tabac, au plomb, au mercure et autres substances toxiques ; la consommation de substances dangereuses pendant l'enfance et l'adolescence causent également des lésions du système nerveux central. La violence croissante à l'égard des enfants ou des adolescents, et des jeunes entre eux, constitue une autre atteinte à la protection et à la sécurité de l'individu. En outre, le stress émotionnel et social, l'impact encore inconnu d'un usage abusif de la télévision et des jeux d'ordinateur qui se substituent aux interactions humaines font courir un risque supplémentaire à la santé des enfants.

On peut prévenir certains risques, parmi les plus sérieux pour la protection et la sécurité de nos enfants, la présence dans leur environnement de substances toxiques. Les débats sur la quantité à partir de laquelle tel ou tel produit est nuisible pour la santé de l'enfant (ou de l'adulte) tendent à occulter deux faits qui exigent notre attention immédiate. Beaucoup de substances toxiques dangereuses pour le système nerveux central (certaines peuvent affecter les systèmes reproducteur et immunitaire et être cancérigènes) se trouvent dans l'eau potable, le sol, l'air, dans certains endroits des maisons. Les enfants, parce qu'ils ont un corps plus petit, une croissance rapide et un plaisir bien compréhensible à jouer par terre, sur le sol ou les tapis, tout en explorant avec leurs mains et leur bouche, risquent d'absorber beaucoup de ces substances toxiques dans des proportions relativement importantes. De plus, quand ces produits sont testés, les autorités gouvernementales définissent des normes de sécurité par rapport à la physiologie et au poids d'un homme adulte.

De récentes études sur le lait maternel (un des derniers symboles de pureté et de santé) ont montré qu'il fallait prendre de toute urgence des mesures pour protéger les enfants. Elles ont prouvé que le lait maternel pouvait être contaminé par des taux élevés de dioxine, taux nettement supérieurs aux limites autorisées pour le lait de vache. Aux

États-Unis, on a fixé à 17 le taux moyen toléré pour la dioxine : c'est presque trois fois supérieur à la limite fixée pour le lait de vache dans des pays comme la France, la Belgique ou les Pays-Bas. Des statistiques provenant de l'Agence internationale pour la recherche sur le cancer montrent que la fourchette va de 45 en Jordanie à 3 en Thaïlande, avec des taux semblables à ceux des États-Unis pour des pays industrialisés comme l'Allemagne et le Royaume-Uni. Il faut remarquer que, dans la plupart des pays, le lait maternel ne peut être légalement vendu. Bien qu'on ait davantage de données concernant la dioxine, le lait maternel peut aussi être contaminé par les PCB et autres composés du chlore comme le DDT et le chlorate de sodium*.

L'American Academy of Pediatrics** et l'Organisation mondiale de la santé ont conclu que les bienfaits de l'allaitement sont considérables et qu'ils dépassent de loin les risques ; il est néanmoins inquiétant qu'un tel avantage soit à son tour atteint par la contamination.

Protéger nos enfants de l'exposition aux produits chimiques comme la dioxine représente une tâche bien plus ardue qu'il n'y paraît à première vue. L'exposition existe dès la période prénatale par l'intermédiaire de ce que la mère ingère et respire, et elle continue après la naissance du bébé par le lait maternel et l'environnement général. Nous devons considérer l'éventualité que ces substances aient — avec d'autres facteurs — une part de responsabilité dans l'augmentation des problèmes de développement, d'attention et d'apprentissage.

Là où l'on dispose de statistiques, on observe une progression alarmante du nombre d'enfants qui souffrent de graves problèmes de développement et qui sont amenés en

* PCB : composés aromatiques ; DDT : insecticide interdit en France ; chlorate de sodium : désherbant. *(N. d. T.)*

** *Académie américaine de pédiatrie.*

consultation pour une évaluation et un traitement. En Californie, par exemple, il y a eu une augmentation de deux cent soixante-dix pour cent des enfants soignés pour autisme au cours des dix dernières années[1]. On a également noté une augmentation de plus de mille pour cent d'enfants manifestant des désordres de tendance autistique, avec des problèmes intellectuels, relationnels et sociaux, néanmoins pas assez prononcés pour mériter un diagnostic d'autisme. (Cela dit, certains prétendent que l'évolution de ces chiffres est la conséquence d'un meilleur dépistage et de diagnostics plus précoces[2].)

Nombreux sont les toxiques couramment présents dans notre environnement. On connaît bien les dangers des produits dérivés du tabac, de l'alcool et du plomb, ainsi que les schémas de la consommation de drogue ; il y a beaucoup d'autres substances toxiques dans certains produits utilisés pour l'entretien des pelouses (désherbants), la destruction des parasites (insecticides), ainsi que pour le ménage et la peinture (composés organiques volatiles). Comme nous l'avons mentionné plus haut, les enfants, parce qu'ils aiment jouer par terre, sur les sols et le gazon, et parfois explorer avec la bouche, peuvent ingérer par la peau, en respirant ou en avalant, une quantité de ces produits comparativement bien plus importante que ne le ferait un adulte, à cause de leur petite taille. Pourtant, on n'a pas réalisé suffisamment d'études sur les taux de nocivité de ces substances toxiques pour les fœtus et les enfants. L'Environmental Protection Agency a identifié plus de douze types de substances, allant du plomb à l'oxyde de carbone (émis par les appareils de chauffage à gaz mal ventilés), substances sur lesquelles les parents devraient être mieux informés[3].

Le fait que des substances toxiques contaminent le lait maternel, l'eau, le sol et l'air devrait causer une inquiétude générale et entraîner une action collective de prévention. En attendant, il y a peu de choses que des parents ou des enfants puissent faire, sinon limiter la proportion de graisses animales dans l'alimentation (elles tendent à fixer ces substances chimiques), supprimer le poisson et les crustacés provenant d'eaux polluées, éviter les insecticides, désherbants et autres substances toxiques (surtout dans les endroits fréquentés par les enfants). La réduction puis la suppression de ce danger majeur doivent devenir une priorité[4].

L'inquiétude que nous ressentons devant ces menaces est d'autant plus forte que même une atteinte légère au fonctionnement du système nerveux central peut entraîner des problèmes en chaîne sur le plan intellectuel, émotionnel, social ou encore dans le domaine de l'apprentissage. Par exemple, les enfants exposés à des substances toxiques (alcool, tabac, drogue, plomb) *in utero* courent un grand risque de naître avec un système nerveux hyper ou hyporéactif aux sensations de base, tactiles ou auditives. Ils sont plus sujets aux difficultés d'enregistrement et d'interprétation des stimuli auditifs, aux problèmes de langage ou de conceptualisation spatio-visuelle ; ils risquent enfin des troubles de programmation motrice séquentielle, c'est-à-dire qu'ils auront du mal à prévoir et à accomplir des actions.

Chacun de ces facteurs peut aggraver certaines tendances : problèmes d'apprentissage, impulsivité, comportement antisocial et difficultés à établir des relations avec les autres enfants, à déchiffrer les signaux sociaux et même à structurer la pensée et à maintenir un sens de la réalité. On peut en observer les effets très tôt chez les bébés qui ont des difficultés à se calmer, à s'orienter et à mener à bien des actes simples comme mettre la main à la bouche ou se laisser faire un gros câlin. Quand ces difficultés se conjuguent avec un stress familial ou environnemental même minime, la probabilité de problèmes graves à l'adolescence augmente encore.

Si les premières atteintes au système nerveux central

ont pour conséquence une hyporéactivité au toucher, au bruit et à la douleur, entraînant une insatisfaction sensorielle, une activité accrue et des comportements à risque, et si ce schéma s'accompagne d'un environnement négligent, punitif ou abusif, on a une grande probabilité d'agissements antisociaux (souvent issus de problèmes de comportement dans l'enfance). Les échecs successifs dans chaque environnement — garderie, école, groupes de pairs et, par la suite, milieu professionnel — ne font que renforcer la colère, l'impulsivité et le mépris pour autrui.

Dans ces situations de double vulnérabilité, les expériences environnementales correctrices — celles qui prodigueraient avec constance des soins chaleureux et de l'empathie ; une autorité persistante, douce mais ferme ; et beaucoup de travail sur la programmation et l'organisation du comportement, sur l'anticipation des conséquences des actes, sur la réflexion à propos des sentiments —, tout cela est souvent simplement impossible. Des programmes de ce type demandent énormément de travail et une grande qualification.

Nous avons identifié les éléments susceptibles d'assurer le succès de ces programmes. Mais la société ne s'est pas engagée dans une telle entreprise, mis à part quelques programmes de démonstration. Les enfants déjà soumis à ce schéma d'échecs successifs du développement ont absolument besoin de ces programmes.

Les environnements chaotiques par eux-mêmes peuvent également affecter le fonctionnement du système nerveux. Dans une étude, l'un de nous (SIG) a observé des bébés nés avec d'excellentes capacités pour se calmer, se concentrer, être attentifs et se réguler, qui vivaient dans des environnements chaotiques. À un mois, beaucoup d'entre eux étaient devenus hypersensibles au son et au toucher ; leurs capacités de programmation motrice séquentielle étaient déficientes. Ceux dont on ne s'occupait pas perdaient leur tonus musculaire et devenaient apathiques et indifférents. C'est un schéma que nous observons sous sa forme extrême chez les bébés qui développent un syndrome d'échec du développement. Par suite de négligence sur le plan physique et émotionnel, ces bébés perdent du poids, deviennent indifférents, absorbés en eux-mêmes, présentent un tonus musculaire faible et des aptitudes médiocres sur le plan cognitif et linguistique. Comme nous l'avons montré plus haut, on trouve aussi ces cas extrêmes dans des cadres institutionnels où les enfants sont privés d'affection. Ces altérations du fonctionnement du système nerveux existent probablement à différents stades, bien que seules les manifestations extrêmes aient attiré jusqu'ici notre attention.

Tous les dangers de l'environnement ne sont pas si évidents ni si excessifs. Une étude récente de la Kaiser Foundation a révélé que certains enfants passaient cinq heures ou plus devant un écran de télévision ou d'ordinateur[5]. Nous n'avons pas suffisamment étudié l'impact d'activités perceptives si passives et répétitives sur les enfants, mais, d'après ce que nous savons sur le système nerveux humain, il est raisonnable de s'interroger sérieusement à propos de leur effet sur l'attention, l'apprentissage et le comportement social. Contrairement au « temps d'écran », les interactions dynamiques avec d'autres enfants ou des adultes semblent favoriser le développement et l'apprentissage.

L'objectif est avant tout d'empêcher que se produisent de tels enchaînements d'échecs. Pour ce faire, il faut une approche à deux niveaux : prévention des dommages physiques et amélioration des conditions matérielles et de l'environnement familial des enfants.

Tout en essayant de prévenir les dommages physiques susceptibles d'entraîner des problèmes comportementaux ou intellectuels, il faut être conscient que le système nerveux humain, qui se développe rapidement au cours de la grossesse, continue à se développer rapidement pendant les cinq premières années après la naissance. De plus, les nouvelles études effectuées à partir de l'imagerie cérébrale suggèrent la possibilité d'une autre poussée rapide du système nerveux au cours de l'adolescence. Cela signifie que nous avons un système nerveux en plein développement et qui peut être influencé par des facteurs physiques et concernant le vécu à n'importe quel stade de son évolution.

Comme une voiture conduite à vive allure le long d'une route, qu'un choc latéral même léger risque de faire dévier de sa trajectoire ou d'entraîner dans un grave accident, le système nerveux humain évolue rapidement et peut être influencé par des atteintes même légères.

Beaucoup de parents, de médecins, d'enseignants ou de politiciens se demandent : pourquoi voyons-nous davantage d'enfants avec des problèmes d'attention, des difficultés à contrôler leur impulsivité, des déficits d'apprentissage, des humeurs instables et des désordres persistants du développement affectant la pensée, la communication et les relations ? Notre incapacité à identifier un seul facteur spécifique suggère un modèle de risques cumulatifs. C'est-à-dire que, lorsque nous considérons les possibilités, nous parvenons à établir une liste de facteurs, chaque facteur pouvant contribuer au problème en combinaison avec d'autres facteurs et une prédisposition génétique. Par exemple, l'exposition à des toxiques ou à des stress extrêmes peut rendre les enfants plus vulnérables aux infections de l'oreille moyenne, aux réactions allergiques ou auto-immunes, ce qui peut augmenter le risque de problèmes du développement, surtout pour les enfants qui y sont prédisposés génétiquement.

Nombre de ces facteurs ont en commun leurs effets sur certains aspects de la régulation du système nerveux central incluant la réactivité aux sensations (son, toucher, mouvements, douleur), la capacité à traiter et à comprendre ces sensations (langage, pensée spatio-visuelle) et la capacité de programmation séquentielle des actes (résolution de problèmes, fonctions exécutives). Quand une de ces capacités est compromise, le comportement de l'enfant peut stresser la personne qui s'occupe de lui et créer les conditions d'une cascade de complications, comme nous l'avons décrit plus haut.

Il nous faut donc envisager une campagne d'éducation et de santé publique en nous attaquant aux facteurs de risques que nous connaissons, mais en même temps prévoir des recherches sur certains des facteurs nouveaux que nous suspectons.

Lorsque nous considérons les enjeux en termes d'avenir et de coût pour les individus et la société, par rapport à chaque enfant atteint de problèmes neurologiques, nous nous rendons compte que nous devons adopter une approche beaucoup plus large que dans le passé. Nous ne nous préoccupons pas suffisamment de la protection des bébés, des jeunes enfants et de leurs familles. Bien sûr, c'est un objectif que nous approuvons du bout des lèvres, mais cet objectif ne figure pas parmi les priorités sur l'agenda national et international. Le droit fondamental de l'enfant à être soigné et protégé doit être la base sur laquelle doivent reposer tous nos efforts. Si nous refusons de l'admettre, nous reconnaissons implicitement notre indifférence à l'égard des problèmes de l'enfance ; c'est une situation qui, pour peu qu'elle dure, finira par décourager toute entreprise dans ce domaine.

Si l'on veut garantir de bons soins et une bonne protection aux bébés, le premier pas consiste à assurer un soutien à la mère pendant la grossesse, pendant l'accouchement et tout au long des premières années de l'enfant. Pour que le soutien soit efficace et chaleureux, il faut comprendre les besoins de chaque famille et travailler avec elle ; par exemple, faire en sorte qu'elle puisse trouver aide et satisfaction dans tout ce qui concerne la grossesse, l'accouchement et la santé du bébé. Les familles qui ne suivent pas de préparation à l'accouchement sont souvent celles qui ont le plus de problèmes, et nous n'avons pas fait d'efforts systématiques pour entrer en contact avec elles. Des programmes d'information ciblés ont montré qu'un tel contact peut être utile et efficace[6]. Il doit devenir automatique. Les facultés de médecine et les programmes d'internat, surtout en obstétrique et en pédiatrie, doivent consacrer beaucoup plus de temps aux facteurs psychosociaux qui conditionnent souvent la santé ou la maladie des patients.

En outre, il y a beaucoup de méthodes d'accouchement qui impliquent un soutien physique et psychique. Un modèle novateur particulier, qui requiert la présence d'une personne spécialement formée (communément appelée *doula*) assurant pendant l'accouchement une assistance physique et psychique, a prouvé son efficacité en améliorant la condition de beaucoup de bébés et de parents[7].

Les soins postnataux sont particulièrement importants à cause de la croissance rapide des bébés et de l'évolution de leurs besoins. Pour les familles à problèmes multiples, les exigences du développement précoce sont source de grandes difficultés, car les problèmes comportementaux de la famille interfèrent avec les soins appropriés. Beaucoup de programmes ont fait la preuve de leur efficacité[8]. Pourtant, dans la plupart des cas, les familles qui en ont le plus besoin sont largement ignorées.

Tous les parents veulent savoir si leur bébé va bien et quoi faire en cas de problème. Est-ce que les vieux repères comme la prise de poids, les étapes du développement moteur (s'asseoir, ramper et marcher) et du développement cognitif ainsi que du langage (sons, puis mots) sont suffisants ? De nos jours, on peut faire beaucoup mieux.

Nous pouvons évaluer le développement émotionnel, social et intellectuel en même temps, et identifier les problèmes de développement, d'apprentissage ou de comportement bien plus tôt qu'auparavant.

Cependant, ces recherches impliquent un concept beaucoup plus large des soins de bonne santé. Le modèle Points forts, développé par l'un de nous (TBB), crée un contexte de conseils et de soutien chaleureux, accompagné d'une évaluation soigneuse de la croissance et du développement de l'enfant* [9]. La Courbe de croissance du développement que l'un de nous (SIG) a mise au point permet de voir comment le bébé utilise ensemble ses compétences motrices, sensorielles, émotionnelles, sociales, langagières et cognitives pour maîtriser ses « capacités de développement fonctionnel** [10] ».

Notre objectif est le bon déroulement du développement et, le cas échéant, l'identification précoce des problèmes, ainsi que les conseils nécessaires pour les surmonter. Le plus difficile, pour les parents et les personnes qui s'occupent de la santé des enfants, c'est de décider quand on peut attendre, quand il faut une évaluation complète et quand on doit commencer à intervenir. Les familles ou les parents qui rencontrent de graves difficultés, quel que soit le moment, ont besoin d'une aide attentive et, éventuellement, d'un traitement approprié. Dans nos recommandations, nous insistons toujours sur certains signes qui exigent une évaluation complète du développement du bébé.

* Voir les annexes pour plus ample information sur le modèle et le programme Points forts.

** Voir les annexes pour le graphique de la courbe de développement et le questionnaire.

Discussion

SIG : Le besoin d'un environnement sain et sûr existe bien avant la naissance. Beaucoup de bébés courent des risques avant même de naître. Ils sont exposés à toutes sortes d'agressions qui mettent en danger le développement de leur système nerveux. Le tabac, l'alcool et autres substances toxiques compromettent la croissance du système nerveux dans de bonnes conditions de santé. Nous découvrons sans cesse de nouveaux modes d'interférence qui représentent autant de handicaps potentiels sur les capacités de traitement des sensations (visuelles et auditives), de structuration de la pensée, de programmation et d'exécution des actions appropriées.

TBB : En ce qui concerne les expériences intra-utérines, je pense que l'éducation a fortement influencé le comportement des mères. Elle n'a pas encore touché les femmes pauvres, stressées ou déprimées, surtout dans certaines de nos villes, mais elle a eu des effets incontestables sur la classe moyenne, et même, à mon avis, sur la classe ouvrière. Les mères savent à présent que, si elles fument ou boivent, elles vont affecter leur bébé, et donc en général elles s'abstiennent. C'est très encourageant de voir que l'éducation peut avoir pour effet de changer les habitudes.

Nous connaissons bien à présent les effets d'un grand nombre de substances toxiques sur le fœtus. Le jour viendra peut-être où nous pourrons identifier les fœtus trop malmenés, les sortir de l'utérus pour mieux les soigner. J'aimerais que l'on établisse, pour les fœtus, une échelle d'évaluation semblable à celle que j'ai réalisée pour le comportement néonatal. On pourrait les exposer aux stimuli externes, comme les signaux visuels ou auditifs, ou bien les bercer, éveiller leur attention pour observer la richesse et la complexité de leurs réactions comportementales. Des scientifiques français, comme J.-P. Lecanuet et

M. Busnel, travaillent sur la réactivité du fœtus, et des recherches sont menées depuis longtemps sur les réponses auditives[11], mais nous sommes loin encore de tout savoir. J'aimerais observer la capacité du fœtus à se fermer ou à répondre positivement à un stimulus. Ce sont des réactions que j'ai constatées au septième mois de grossesse, en réponse à des ultrasons.

En d'autres termes, au septième mois, nous sommes capables de dire si un fœtus a besoin ou non de protection. Je pense que nous disposerons bientôt de l'aide d'une technologie plus avancée. Les Japonais, par exemple, utilisent des ultrasons tridimensionnels qui permettent d'observer le fœtus dans sa totalité, ce que nous ne pouvons pas encore faire. C'est le moyen de voir non seulement la complexité des mouvements du bébé, mais la vivacité de son comportement réactionnel, sa capacité à maintenir son attention, à rester endormi, à utiliser l'habituation. Tout ce que nous avons appris à partir des évaluations du nouveau-né, nous pourrions l'appliquer *in utero*, ce qui nous donnerait plus de moyens pour détecter les stress fœtaux.

Dans les études sur l'habituation chez les fœtus de sept mois réalisées au moyen des ultrasons que j'ai mentionnées plus haut, on a identifié le comportement qui prouve des réactions saines. Certaines réponses complexes pourraient être utilisées pour distinguer les fœtus stressés de ceux qui ne le sont pas. Si le fœtus manifeste un tel comportement, c'est la preuve que s'effectue *in utero* une formation et un apprentissage importants. Si le bébé était stressé, nous pensons que ses réponses seraient plus automatiques, moins susceptibles de modulation et de choix. S'il y avait des causes de stress, comme la malnutrition ou l'exposition à des toxiques (alcool ou drogue), nous aurions peut-être le moyen de découvrir si le processus d'apprentissage est compromis.

Mais tout cela soulève une question capitale : à partir

de quand a-t-on le droit de protéger le futur bébé ? Avons-nous le droit de mettre en prison les mères qui se droguent pour les empêcher de le faire ? Pour certaines mères, l'avortement est-il la solution ? Quand on me demande si je suis favorable à l'avortement, je dis oui, non pas comme un droit de la femme, mais comme un droit du bébé. Les bébés ont le droit de ne pas naître dans un environnement où ils ne seront ni bien accueillis ni bien soignés. J'ai vu assez de bébés victimes de privations, assez d'enfants maltraités pour ne jamais vouloir infliger ce genre d'existence à qui que ce soit. La question de l'avortement est indissociable du problème de la surveillance de la grossesse : jusqu'où voulons-nous aller dans ce domaine ? De toute façon, nous avons grand besoin de meilleurs programmes pour soutenir les parents et garantir au bébé une vie sans abus ni négligence.

SIG : Pour ce qui est d'aider les parents à protéger leur fœtus contre les effets de la drogue, de l'alcool, du tabac, il y a effectivement un problème : jusqu'où peut-on intervenir, jusqu'où la loi peut-elle aller ? Peut-on parler de maltraitance pour le fœtus ? Dans certains groupes sociaux à risque, cinquante pour cent des fœtus ont déjà des séquelles dues à la drogue et à l'alcool. Si l'on cause au système nerveux un dommage irrémédiable, c'est très grave. Une fois l'enfant né, nous sommes très concernés par la maltraitance, dont les effets sont relativement modérés par rapport à ce que l'alcool et d'autres substances toxiques provoquent chez le fœtus.

TBB : Nous avons découvert la même chose avec l'empoisonnement au plomb. Avant l'interdiction de l'essence au plomb, on pouvait dire, d'après le comportement du bébé, si une mère habitait ou non près d'une voie à grande circulation[12].

SIG : Nous commençons seulement à avoir les connaissances et l'expérience clinique nécessaires pour dire comment les substances chimiques courantes dans notre environnement détériorent le développement du système nerveux comme celui du système immunitaire, à la fois avant et après la naissance. On a effectué beaucoup d'études comparatives avec le risque de cancer. Des recherches récentes ont montré qu'avec des niveaux de contamination inférieurs (par rapport au risque de cancer) il existe des risques pour le système nerveux — en termes de fonction d'intégration — et pour le système immunitaire. Nous devons considérer ces toxiques comme des dangers pour les bébés. Theo Colburn a fait un travail de pionnier en montrant comment la vie dans la région des Grands Lacs est contaminée par les insecticides, et quels dangers potentiels y menacent la santé de l'homme*[13].

TBB : Il semble que le processus de naissance pourrait être affecté. Peter Nathanielsz a montré qu'un fœtus anesthésié est un fœtus à risque parce qu'il ne participe pas au travail[14]. Les contractions utérines dépendent de l'activité du fœtus. Quand celui-ci est hypoactif, les contractions s'arrêtent, et la probabilité de dommages cérébraux augmente. Ce chercheur avance l'hypothèse qu'un fœtus affecté par des toxiques intra-utérins, des drogues ou des anesthésiques court déjà des risques plus importants d'infirmité motrice cérébrale. Ces études utilisent mon évaluation néonatale. En 1983, Greta Fein, au Merrill Palmer Institute de Detroit, a montré les effets du DDT sur les bébés, par l'intermédiaire de l'herbe mangée par les vaches et du lait de ces vaches bu par les femmes enceintes, effets démontrés à l'âge scolaire en termes de quotient intellectuel[15]. Les informations de ce type doivent être disponibles pour notre usage[16].

SIG : Nous avons besoin de mieux comprendre les dommages causés au système nerveux par les drogues, l'alcool et les toxiques de l'environnement. Le plus grand déni concerne les risques provoqués par les insecticides et

* Pour prendre un exemple en France, la Camargue a été traitée de façon intensive par le DDT *(N. d. T.)*

autres substances toxiques. Nous sommes tous capables de reconnaître les retards mentaux graves, les symptômes de l'autisme et les problèmes qu'ils entraînent. Mais il y a d'autres déficits dont nous sommes moins conscients : quand le système nerveux subit des atteintes malsaines — malnutrition, substances toxiques, tabac, alcool, etc. —, la majorité des bébés ne va pas avoir de retard mental ; ils souffriront de problèmes plus subtils, une difficulté à supporter certaines choses, comme la lumière et les sons. À la naissance, ces risques peuvent ne pas apparaître. Mais les bébés seront facilement énervés. Ils seront très facilement distraits. Ils seront hyperactifs et présenteront les symptômes caractérisant les troubles de l'attention. Beaucoup d'entre eux éprouveront également un goût malsain pour les chocs sensoriels, seront peu sensibles à la douleur et finiront par manifester des troubles impliquant des comportements antisociaux et des agressions. Parmi ceux qui ont des difficultés à traiter les informations auditives et visuelles, beaucoup auront des problèmes scolaires. Ils auront du mal à comprendre les mathématiques ou à apprendre à lire. Ils auront du mal à entrer dans l'univers du travail, et à gagner leur vie. Mais, le plus important peut-être, ils auront du mal à réguler leurs émotions. C'est une fonction de très haut niveau dans le système nerveux. La régulation des sentiments est vitale pour le métier de parent, pour développer les qualités nécessaires au travail en groupe, pour tout ce qui permet de nous améliorer, de génération en génération. Voilà certains des risques que nous courons.

TBB : Effectivement, une grande partie des problèmes survient à un stade très précoce. Nos possibilités de protéger le développement émotionnel et neurologique sont très grandes. Les effets de l'alcool et des drogues sont forts au stade intra-utérin, diminuent après la naissance et s'effacent quand l'enfant atteint trois ou quatre ans. Les facteurs de « contamination », pour ainsi dire, et les facteurs de prévention sont à leur maximum au début, puis ils baissent. Plus on intervient tôt, mieux on peut agir.

SIG : Le Center for Disease Control d'Atlanta* prépare une étude épidémiologique sur les troubles de nature autistique. Les médecins de tout le pays rapportent qu'ils voient de plus en plus d'enfants présentant un fonctionnement atypique du système nerveux — certains avec des caractéristiques autistiques, certains avec un autisme net. En termes de différences individuelles, on constate apparemment une augmentation du nombre des enfants qui se situent au bas de votre échelle d'évaluation, c'est-à-dire qui sont inadaptés. Jusqu'où voudra-t-on aller sur le plan légal pour protéger les bébés ?

TBB : Je pressens des répercussions : on va s'aliéner tout le monde, créer une résistance à la surveillance prénatale, etc. Une approche répressive ne me paraît pas souhaitable. Je préférerais agir par le biais de l'éducation et des incitations positives — utiliser l'intérêt passionné que les parents portent à la grossesse pour essayer de les mobiliser à ce moment.

Mais il y a une autre question. Joshua Sparrow, à l'hôpital des Enfants de Boston, a étudié l'influence des progrès technologiques (ultrasons, amniocentèse, etc.) sur la perception que les mères ont de leur bébé et d'elles-mêmes[17]. Lorsque nous examinons le fœtus pour savoir s'il va bien ou non, il semble que ce soit comme demander aux parents s'ils vont bien ou non. C'est une chose qui peut être ressentie comme un jugement, une atteinte à l'intimité. Évaluer un fœtus pour savoir s'il est stressé signifie que quelqu'un juge si oui ou non sa mère se comporte convenablement. Nous devrions prendre au sérieux cet aspect des choses. Nous avons vraiment le devoir de protéger la mère et son ego afin qu'elle puisse bien s'occuper du bébé quand il sera là. Nous devons la faire

* Centre pour le contrôle des maladies.

participer à nos efforts, l'aider à voir la signification de ce travail de diagnostic. Nous pouvons faire en sorte qu'il lui serve au moment où elle apprendra à s'occuper du nouveau-né. Notre méthode Points forts nous aide à toucher les gens au cours de la grossesse afin de les mobiliser pour le travail qu'ils ont à faire. C'est un moment privilégié pour la mère et pour le père.

SIG : Quand nous soignons la mère sur le plan physique, nous devrions lui apporter, ainsi qu'au père, beaucoup de soutien. Du point de vue strict des soins médicaux (prise de tension, tests sanguins, etc.), nous contribuons à sauver un certain pourcentage de bébés. Le côté psychologique des examens prénataux, qui peut être tout aussi important, est beaucoup moins onéreux. Une infirmière bien formée, un professionnel de la santé mentale peuvent très bien le prendre en charge. Les séances de préparation à l'accouchement peuvent y contribuer. Nous pourrions envisager de recommander un programme pour le soutien psychologique et social des futurs parents.

TBB : L'objectif est de rendre les mères et les pères capables de s'occuper de leur bébé, quel qu'il soit. Pour le moment, le système mis en place vise à optimiser la condition physique et génétique de ce bébé. Nous avons découvert que, lorsque nous faisions la démonstration du comportement fœtal, les mères avaient une réaction positive et se sentaient plus proches de leur bébé. Lorsqu'on montre les capacités d'un nouveau-né à une mère, on parle son langage.

Les visites prénatales peuvent jouer un grand rôle. Je demande toujours aux femmes enceintes de me parler des deux bébés de leurs rêves : le bébé parfait et le bébé imparfait. « Je ne rêve jamais d'un bébé imparfait. — Vraiment ? C'est pourtant le cas de la plupart des gens. — Ah ! oui ? » Et la mère me raconte alors quel rêve d'enfant imparfait elle fait, rêve qui lui est insupportable. Je peux alors lui affirmer que nous sommes en mesure de nous occuper aussi de ce rêve. C'est l'occasion d'explorer avec les parents, d'une façon neutre, leurs questions et leurs expériences passées à propos de bébés handicapés. S'ils parviennent à partager avec moi leurs inquiétudes, je peux les aider à aimer le bébé qu'ils auront, quel qu'il soit. Je demande aux parents de tenir une sorte de journal sur vingt-quatre heures, en notant les cycles de veille et de sommeil et les mouvements de la paroi utérine pendant la journée. À partir des schémas qu'ils ont relevés, je leur déclare que nous sommes capables de dire que le bébé voit, entend et réagit différemment selon les stimuli. Alors, même la plus réservée des mères s'anime et s'exclame : « Expliquez-moi ! » Je commence, et elle acquiesce ; elle reconnaît que si elle va dans une pièce bruyante le bébé s'active et que, dans une pièce plus silencieuse, le bébé se calme. La mère savait déjà toutes ces choses. Je ne fais, en réalité, que confirmer ce qu'elle sait et l'aider à élaborer cet attachement initial. Plus on commence tôt, plus les bases sont solides. L'idéal serait que le pédiatre, le médecin de famille ou l'infirmière praticienne* entreprennent cette visite prénatale avec les futurs parents. Sinon, il faudrait que d'autres thérapeutes soient formés pour entrer en contact avec les parents à ce moment.

Un bébé mérite une mère et un père qui soient prêts pour leur rôle. En les rejoignant dans une relation de soutien avant l'accouchement, nous pouvons leur rendre ce que notre culture nous a fait perdre — le sentiment d'être entouré par une grande famille protectrice.

SIG : Pouvons-nous faire mieux en matière de préparation à l'accouchement ?

TBB : Actuellement, ces séances ont pour objectif de préparer la mère au travail et à l'accouchement, pas nécessairement de l'aider à devenir une meilleure mère.

* *Nurse practionner* : aux États-Unis, infirmière ayant obtenu un diplôme lui permettant d'exercer avec plus d'autonomie. *(N. d. T.)*

Marshall Klaus et John Kennell ont étudié le rôle de la *doula*, qui reste avec la mère pendant le travail et l'accouchement. Ils ont montré qu'une assistance constante entraînait une réduction nette des besoins en médicaments, de la durée du travail, et des complications[18]. La présence d'une personne encourageante (père et/ou *doula*) augmente les dispositions de la mère à s'attacher à son bébé, quel qu'il soit. La présence du père à la naissance favorise elle aussi ses propres capacités à s'attacher au nouveau-né.

Nous essayons également de montrer aux futures mères une évaluation du nouveau-né, faute de temps pour le faire durant leur court séjour à l'hôpital après la naissance, en espérant leur donner une bonne idée de ce à quoi ressemble un nouveau-né. Par la suite, quand elles voient leur propre enfant à l'hôpital, elles disent : « Tout ce que l'on m'a montré est déjà dans mon bébé. » C'est plus évident pour elles, parce qu'on leur a déjà présenté les étonnantes capacités des bébés.

SIG : Que faut-il recommander en termes d'éducation sur les règles de santé, le tabac, l'alcool, et sur ce qui est bon pour le bébé pendant la grossesse ? Et après, pour assurer ces soins et cette protection physique ? Quand faut-il commencer cette éducation ? À l'école primaire, au lycée, à l'université ?

TBB : Dans tous ces cadres. Le programme de Sally Scattergood à Philadelphie, qui a amené des bébés dans des classes de CP, est excellent[19]. Grâce à ce programme, les élèves ont l'occasion de changer les couches de petits bébés, de les nourrir et d'observer leur développement. De nos jours, la plupart des enfants ne vivent pas dans des familles nombreuses ; on leur donne ainsi la possibilité de voir le bébé comme une « personne », de le prendre dans les bras et de le materner. Pour autant que je sache, on n'a pas étudié les effets à long terme de ces expériences sur des événements comme les grossesses des adolescentes ou sur la capacité de ces élèves à s'occuper ultérieurement de leurs propres bébés. Mais on peut parier que cela constitue un élément susceptible d'affecter l'image de soi en tant que personne capable de s'occuper d'une autre personne.

SIG : L'étude du développement humain, à tous ses stades, devrait peut-être faire partie des programmes scolaires depuis le CP, comme l'histoire, l'anglais, les sciences naturelles. Actuellement, les enfants en apprennent plus sur les grenouilles et les espèces animales que sur les êtres humains. Ils n'apprennent sur l'être humain que ce qu'on leur enseigne par le biais de l'histoire et de la littérature. Dans le passé, c'était effectivement la seule façon de connaître les hommes, parce qu'il n'y avait pas de science du développement humain. On ne savait pas grand-chose sur la façon dont les enfants grandissent et se développent. Mais, à présent que nous avons de véritables connaissances, pourquoi ne pas proposer un cours sur le développement humain ? Je ne vois pas vraiment de raisons de s'opposer à ce projet, hormis la tradition. Imaginez que les enfants, à partir de la maternelle ou du CP, puissent découvrir peu à peu le développement de l'être humain dans leur cours de sciences naturelles !

TBB : J'ajouterais quelques travaux pratiques. Tous les programmes de ce genre que nous connaissons ont rencontré un grand succès. Dans certains programmes de prévention de la grossesse, sur la côte Ouest, on a mis des bébés dans les bras d'adolescents, avec mission de les nourrir, de les changer, d'observer leur comportement. En fait, l'observation du comportement d'un plus petit que soi est une façon extraordinaire de susciter l'intérêt d'un enfant, quel que soit son âge.

SIG : La résistance peut venir de la crainte d'empiéter sur des domaines familiaux et religieux. Mais, si l'on pouvait mettre un tel programme sur pied, quelle chance pour les enfants d'apprendre le développement de l'être humain comme ils apprennent les mathématiques ! La plupart des enfants du primaire savent faire des additions, des soustractions, des multiplications, des divisions, des fractions. S'ils connaissaient les bases du développement des bébés et des enfants, non seulement ils seraient de meilleurs baby-sitters, mais au moment de devenir des parents, au lieu de lire pour la première fois Brazelton pendant la grossesse ou à la naissance, ils auraient déjà une sorte d'intuition et beaucoup d'expérience pratique.

TBB : Nous devons nous souvenir que la grossesse est une période très favorable à l'apprentissage. Mais les cours dont nous parlons pourraient être l'occasion de développer les concepts de relation, d'altruisme, le fait de penser à quelqu'un d'autre que soi. Je les utiliserais pour établir un contact avec les enfants et leur faire voir que les mécanismes à l'intérieur d'eux-mêmes sont semblables à ceux qui sont à l'intérieur de l'enfant avec lequel ils jouent. Alors, on pourrait leur dire : « Vous voyez, maintenant que vous savez comment vous étiez quand vous étiez petits, vous vous débrouillez vraiment bien avec ce bébé. » En faisant de la sorte, je pense qu'on pourrait ouvrir les gens aux relations, on irait au-delà de la fonction de parent.

SIG : À ce propos, quand je vois un enfant qui a des problèmes, je reçois habituellement ses frères et sœurs, et j'aide les parents à montrer à ceux-ci comment jouer avec l'enfant. Une fois qu'on a réussi à intéresser le frère ou la sœur à l'enfant qui a des difficultés, il y a beaucoup de joie, de plaisir et de compétence. Les autres enfants évitent en général celui qui a des problèmes, parce qu'ils ne comprennent pas comment faire avec lui.

Je trouve aussi que les enfants qui font du baby-sitting manifestent un intérêt naturel pour les autres enfants. Cette expérience les ouvre, fait ressortir ce qu'il y a de plus doux, de plus vulnérable en eux. Le côté pratique marche mieux que tout le reste. Il met à jour la « fibre de maternage ». Certaines personnes l'ont naturellement, les femmes plus que les hommes, parfois, mais les hommes ont aussi une « fibre de maternage ». Certains la refoulent et la fuient. Mais beaucoup paraissent désireux de l'exprimer, pour autant qu'on leur en donne l'occasion.

Bien sûr, il y aura de la résistance, parce que l'on aborde le côté émotionnel de la vie. Mais quel bon début par rapport à aujourd'hui, si, quand ils atteignent leurs vingt ans, les jeunes savent comment se développent les enfants et sentent intuitivement comment s'en occuper. Ce que je sais, c'est que beaucoup de parents se dérobent parce que c'est nouveau et effrayant. Certains se réfugient dans leur métier. Ils ont peur et ne savent pas quoi faire.

TBB : Je pense qu'il faut néanmoins éviter les incursions dans la politique, la religion ou l'autorité familiale. Il y a dans notre pays une très forte tendance à penser que les familles devraient être autonomes et ne permettre à personne d'intervenir dans leur existence. Dans le programme évoqué plus haut, j'insisterais sur l'aspect relations et apprentissage des enfants sur eux-mêmes. Leur apprendre à devenir des parents ultérieurement me paraît trop dangereux sur le plan politique. Les ouvrir à la parentalité ne doit être ni partisan ni politique.

SIG : Quels types de changement voulons-nous promouvoir dans l'attitude sociétale ? On fait tout pour éviter les grossesses chez les adolescentes : du coup, si une future mère a le sentiment d'avoir fait quelque chose d'épouvantable en devenant enceinte, elle va nier sa grossesse ou la dissimuler, la tenir secrète aussi longtemps que possible. Elle peut aussi continuer à se droguer aussi longtemps que possible. C'est également vrai pour le père. Quelle devrait être l'attitude sociétale saine vis-à-vis des adolescentes enceintes, pour commencer ?

TBB : Tout d'abord, il y a la question de savoir si la mère va ou non avoir le bébé. Si elle décide de le garder, je partirais du principe que ces mères veulent donner à leur enfant de meilleures chances qu'elles n'en ont eu. On pourrait leur dire : « Est-ce que cela ne serait pas formidable de penser que ce bébé pourrait avoir le meilleur cerveau du monde ? Et la seule façon de lui donner un bon cerveau, c'est d'arrêter de fumer, ou de boire, ou toute autre chose. » De cette façon, on peut transmettre un sentiment d'espoir.

SIG : Nous devons faire davantage en matière de prévention. Un programme sur le développement de l'enfant pourrait proposer des sujets de discussion comme : « Quand est-on prêt ? », « Quel type de soutien est nécessaire pour le bébé ? », « Faut-il attendre d'être plus vieux ? » Quand une femme se retrouve enceinte, même par accident, si elle manifeste un désir net de mener sa grossesse à terme, il faut lui dire de la manière la plus claire que le bébé a le droit d'être aimé. Nous avons le devoir d'assurer à ce bébé la meilleure santé et le meilleur système nerveux possibles. La mère doit se sentir soutenue — comme si elle était une star et qu'elle portait en elle le futur président des États-Unis. Sinon, elle ne prendra pas soin d'elle. Si elle a le sentiment de porter un sujet d'embarras, elle sera ambivalente — elle aura tantôt envie de s'en prendre au bébé, tantôt de l'aider.

Si l'on réussit à ce que chaque mère se sente valorisée et aimée, sans, en même temps, faire de la publicité pour la grossesse chez les adolescentes, nous aurons ce que nous voulons. Je pense qu'un changement sociétal s'impose. Nous devons faire savoir que chaque bébé est un bébé du monde et de la société au sens large. Nous préférons que vous attendiez d'être prêt pour le faire, mais, si ça arrive et si vous désirez garder le bébé, vous faites quelque chose de magnifique et nous vous aiderons autant que nous le pourrons.

TBB : Ce travail, nous le faisons déjà, mais peut-être pas dans les endroits où l'on en aurait le plus besoin. Par exemple, nous ne touchons pas beaucoup de mères d'origine hispanique. Il y a là un véritable besoin, bien que d'autres minorités soient sans doute tout aussi négligées. La mortalité infantile au cours de la première année (traduisant une fragilité chez le nourrisson) est en corrélation directe avec la surveillance prénatale et les occasions d'intervention qui y sont associées.

Les chiffres de mortalité infantile semblent indiquer ou bien que nous ne parvenons pas à toucher les femmes enceintes d'origine hispanique ou bien que notre approche ne convient pas à leurs valeurs culturelles. Ou les deux. Il faut réorganiser notre système d'intervention de façon à respecter les croyances et les pratiques culturelles que ces minorités apportent à ce passionnant travail de parent.

SIG : Puisque nous parlons d'attitudes sociales, nous pourrions nous pencher sur la malnutrition dans d'autres parties du monde. Y a-t-il autre chose, à dire à part poser la question bateau : pourquoi est-ce que cela continue ? Pourquoi autant de bébés meurent-ils ? Nous nous considérons comme une espèce dotée d'un certain degré de compassion. Ce que nous disons ici est juste pour la plupart des pays industrialisés, mais les problèmes relatifs aux besoins incontournables touchent le monde entier. De nos jours, le monde est plus semblable que différent.

TBB : Au Kenya, où nous avons visité des cliniques, nous avons vu des familles trop nombreuses pour nourrir leurs enfants étant donné le rendement de leurs terres. Ces populations épuisent leurs ressources. Elles sont proches du gouffre en termes d'environnement et de malnutrition. Nous avons observé le même cercle vicieux de malnutrition, puis d'échec dans l'attachement et le maternage, chez les parents défavorisés du Guatemala[20]. Il était facile de distinguer les nourrissons dont les mères ne prenaient que 1 400 calories par jour par rapport aux nouveau-nés dont les mères avaient un régime convenable (2 000 calories par jour). Ces derniers étaient plus alertes, plus réactifs, parvenaient à contrôler leur comportement pour fixer leur attention et à utiliser l'habituation pour éliminer les stimuli dérangeants. Dès la naissance, ils étaient prêts à jouer leur rôle pour amener leur mère et leur père à s'attacher à eux. Les nourrissons sous-alimentés restaient trop sur leurs gardes, se détournaient de toute stimulation sociale, et donnaient à leurs parents des réponses négatives.

Quand nous pouvions suivre ces bébés victimes de privations chez eux pendant la période périnatale, nous constations que leurs parents les nourrissaient uniquement à la demande (souvent seulement trois ou quatre fois par jour, à un moment où un nouveau-né a besoin de six à huit repas par jour). Les effets des privations intra-utérines étaient aggravés par des privations extra-utérines, et le cycle à venir de pauvreté et d'échec était installé dès la petite enfance.

Arrivés à l'âge scolaire, ces enfants mal nourris avaient un QI de 10 à 15 points au-dessous de la moyenne. Beaucoup d'autres facteurs entrent en jeu dans la pauvreté et la malnutrition à travers le monde, mais c'est pour ceux-ci que nous voulons trouver des réponses.

SIG : Les gens estiment qu'ils ont en commun un certain niveau de civilisation et d'humanité. Mais on ne voit pas, au niveau mondial, une volonté assez forte pour sauver les bébés. Qu'est-ce qui nous permet de fermer les yeux sur des situations que nous ne tolérerions pas ici, aux États-Unis ? Est-ce du déni ? Est-ce de l'indifférence ? Sommes-nous dépassés par nos propres problèmes et nous sentons-nous impuissants ? Pouvons-nous identifier le facteur qui nous empêche d'entreprendre une action collective de plus grande envergure ?

TBB : Je pense que nous nous sentons impuissants. En parlant avec vous de tout cela, je me sens incapable ne serait-ce que de réfléchir sur ces problèmes. Lorsque nous avons travaillé au Kenya, au Guatemala et dans le sud du Mexique, nous avons beaucoup appris, mais nous n'avons eu aucune influence, ni dans un sens ni dans l'autre.

Peut-être faut-il réclamer la création d'une agence internationale qui s'occuperait des droits des enfants, comme nous avons des forces de maintien de la paix.

SIG : Un tel organisme pourrait au moins exercer une surveillance qui nous permettrait de juger les nations sur la façon dont elles assurent ces besoins incontournables. On constate un effort universel pour encourager les valeurs démocratiques, accompagné de mesures incitatives comme des prêts et des accords commerciaux ; on devrait placer à un plus haut niveau tout ce qui concerne les enfants.

TBB : Tant de choses déterminent la façon dont on traite les enfants. Par exemple, une des raisons pour lesquelles la France, la Suède et d'autres pays européens sont si avancés dans ce domaine, c'est qu'ils désirent davantage d'enfants. Ils essaient d'encourager les gens à avoir des enfants. En Afrique, ce n'est pas le cas. Dans les îles japonaises que nous avons visitées, les populations des campagnes voulaient plus d'enfants, donc elles étaient prêtes à faire beaucoup plus pour favoriser leur développement que les populations des villes.

SIG : En élaborant des directives pour certains besoins incontournables de base — par exemple, naître avec un système nerveux intact (et tout ce que cela implique) —, nous pourrions en tirer des critères pour l'opinion mondiale. Il y a là un aspect éthique, une occasion d'accord international[21].

TBB : Pour revenir plus près de chez nous, il y a certains problèmes de sécurité dont nous n'avons pas parlé. Ce que j'appelle des points forts de la sécurité, qui réclament toute notre attention. Par exemple, pour commencer, les parents devraient savoir que, dans une maison où vivent des petits enfants, il faut régler l'eau chaude à une température raisonnable. Dès que l'enfant commence à se déplacer, vers huit mois, chaque famille devrait avoir une liste de mesures de sécurité et les appliquer, si ce n'est déjà fait. Je recommande aux parents de se mettre à quatre pattes et de parcourir ainsi leur maison pour bien voir ce que leur enfant va voir, et ainsi s'assurer que tout est protégé.

Le point suivant : le moment où l'enfant se sauve loin de sa mère, à l'épicerie, dans la rue, dans le jardin ; qu'est-ce que vous faites ? Une autre question : vers quatre ou cinq ans, les enfants commencent à attirer les pédophiles ; à quel moment commencer à apprendre à un enfant quoi faire face à des ravisseurs, etc. ? Je pense, quant à moi, qu'à quatre ou cinq ans ce n'est pas le bon moment. À cet âge, les enfants commencent à se livrer à des évaluations personnelles sur les adultes, et ils ont besoin de toute leur énergie pour identifier et imiter les adultes importants. Si, en leur apprenant à se méfier des autres, vous leur enlevez cela, vous risquez de leur faire autant de mal que de bien.

En fait, c'est à nous seuls qu'il revient de protéger les enfants jusqu'à l'âge de six ou sept ans. Après, il n'est plus possible de tout contrôler. Pour ce point, vous pouvez commencer à parler de ce qu'il faut faire quand un étranger aborde l'enfant, lui fait des avances et/ou que cela le met mal à l'aise. L'enfant doit pouvoir se tourner vers un autre adulte et dire : « On m'ennuie » et obtenir de l'aide. Les petits enfants ne devraient pas se trouver en position de s'enfuir devant un étranger ou de l'éviter. Ils devraient être protégés et accompagnés d'adultes de confiance pour rencontrer les autres. Vers six ou sept ans, on peut les préparer et leur apprendre quand s'enfuir ou quoi faire.

SIG : Les enfants qui ont une bonne communication non verbale avec leurs parents ont tendance à réagir mieux aux ordres verbaux et au langage corporel, et lâchent moins facilement leurs parents, à l'inverse des enfants dont les compétences en communication non verbale ne sont pas bien organisées ou des enfants hyperactifs. Les parents peuvent apprendre à reconnaître si leur enfant répond bien à leurs signaux non verbaux et, donc, s'il est prêt à les accompagner dans un endroit animé.

Tout ce concept de sécurité, de protection physique et de sûreté de l'environnement dépend entièrement de la prise de conscience des différences individuelles. Nous ne pensons pas à cela quand nous envoyons les enfants à l'école maternelle. Ces différences signifient que les enfants ne sont pas tous exposés aux mêmes dangers. Les vulnérabilités individuelles du système nerveux central sont indissociables de ce besoin de sécurité.

TBB : Le caractère imprévisible des problèmes de négativisme et d'autonomie au cours de la deuxième année entraîne des dangers spécifiques. Certains enfants tout à fait sains peuvent partir comme une fusée. Cependant, un excès de restrictions et de contrôle est tout aussi dangereux, dans la mesure où l'on risque de supprimer, chez l'enfant, la curiosité naturelle et la capacité de dire non. Les punitions sévères ne sont pas la solution. Les parents qui savent quand et comment fixer des limites sûres se font rapidement comprendre de leur enfant. C'est ce que nous appelons le référencement. Un jeune enfant sait quand ses parents disent vraiment non, au ton de leur voix ou par leur comportement non verbal. C'est la première étape pour qui veut assurer la sécurité d'un enfant turbulent.

SIG : Oui. Pendant les premières années, les enfants qui comprennent les signaux non verbaux sentent que, quand les parents haussent la voix, c'est signe de danger. Ces enfants seront plus en sécurité.

TBB : À moins qu'il ne se passe quelque chose d'autre, comme le besoin urgent de se sauver loin de maman. Le principal, c'est de rappeler aux parents que c'est encore leur problème et qu'ils doivent savoir quoi faire pour protéger leurs enfants.

SIG : On peut donner un bon exemple de fonctionnement du système non verbal chez les enfants de trois ans. Quand ils se débrouillent bien avec la communication non verbale et qu'ils commencent à utiliser la communication verbale, quand ils ont une bonne régulation, rares sont les enfants de trois ans qui vont prendre leur peinture pour en barbouiller les chaises et les tapis du salon. Les choses n'arrivent pas de cette façon.

J'entends souvent des parents dire : « Je n'en viens pas à bout. » Je remarque qu'ils ne changent pas suffisamment le ton de leur voix, qu'ils ne montrent pas assez de réactions à l'enfant ou qu'ils ne s'intéressent pas tellement à lui. Je leur demande : « Comment se fait-il qu'il ne renverse pas de peinture sur le tapis du salon ? — Oh, il ne ferait jamais cela ! — Pourquoi ? — Parce qu'il sait que je ne le tolérerais pas ! » Alors, je leur dis : « Et il ne ressent pas la même chose quand il s'agit de pincer son petit frère ou sa petite sœur ? »

On remarque souvent chez les parents deux réponses contradictoires. L'un peut être tendu et désapprouver du regard ou en hochant la tête, tandis que l'autre rit sous cape ou dit doucement : « S'il te plaît, ne fais pas ça. » L'enfant peut sentir qu'on lui permet de continuer à faire ce dont il a envie.

TBB : En termes de sécurité pour l'enfant, il ne serait pas inutile de penser à tout ce que nous avons accompli : sièges de voiture, airbags. Nos efforts dans ces domaines pourraient servir de modèle à la société pour régler d'autres problèmes dans lesquels elle a un rôle à jouer, comme le tabagisme passif et les armes.

SIG : Là, nous entrons dans la controverse sur ce qui fait partie ou non de l'éducation, sur ce qui est légal ou non, sur le droit de la famille à prendre les décisions. Encore une fois, si nous pouvons faire entrer ces notions dans le système éducatif, en commençant dès l'école primaire, elles feront partie de la mentalité des enfants. Elles seront intériorisées. Les idées auront déjà été inculquées, et quand ces enfants parviendront à l'âge adulte, on n'aura pas besoin de les convaincre.

Recommandations

Faire de la condition des enfants un engagement universel

Nous avons besoin d'un effort sur le plan mondial, avec un engagement plus important et des priorités politiques plus élevées de la part des pays industrialisés, afin de protéger les bébés, les enfants et les familles contre la famine, la maladie et la violence.

L'exposition aux substances toxiques

a) Avant la naissance : un fœtus doit être protégé contre les effets de l'alcool, des drogues, du tabac et de la pollution atmosphérique.

b) Après la naissance : il faut tenir compte de la fragilité particulière des enfants, et spécialement de leur système nerveux, dans tous les règlements concernant l'alimentation et la sécurité de l'environnement. En particulier, les exigences de santé des enfants devraient être l'élément déterminant pour les normes en matière de règles de sécurité, plutôt que celles des adultes qui, eux, sont beaucoup moins fragiles. Dans ce but, le sénateur Barbara Boxer a proposé au Congrès des États-Unis un article pour la protection de l'environnement des enfants qui, malheureusement, n'a pas été voté. La présence de toxiques dangereux dans le lait maternel est une question de droits qui réclame une attention nationale immédiate.

Une campagne d'information publique

Si l'on veut une protection contre les substances toxiques, il faut réaliser une campagne d'éducation publique systématique et de longue durée sur la façon dont différentes substances, légales et illégales, affectent le système nerveux et le comportement. Au minimum, cette campagne enseignerait aux parents comment réduire les expositions aux produits chimiques en suivant quatre principes simples : éviter l'achat de produits toxiques, bien aérer la maison, mettre sous clef les produits ménagers dangereux et les remplacer par des produits non toxiques, surtout pour la chambre du bébé. Les parents doivent prendre conscience qu'en plus des problèmes bien connus, comme ceux liés au plomb, certains produits courants dans les foyers (insecticides, détachants, peintures et vernis) contiennent des toxiques ; il existe des produits de remplacement qui ont le même effet et qui ne contiennent pas de substances toxiques. Nous avons besoin d'une volonté fédérale, d'une collaboration entre le gouvernement fédéral, l'industrie et les citoyens pour améliorer la réglementation sur les substances toxiques pour l'environnement, que ce soit par infiltration du sol ou des réserves d'eau ou par rejet dans l'air.

La sécurité de base

— Les bébés ont besoin d'être en sécurité dans leur monde, ont besoin de naître dans des familles qui les désirent. La société doit faire en sorte que les naissances non voulues soient évitées. Les informations sur la contraception et sur les règles de santé en matière de procréation devraient être disponibles pour toutes les femmes en âge d'avoir des enfants.

— En ce qui concerne les petits enfants, leur sécurité physique est de l'entière responsabilité des parents. Avant cinq ou six ans, on ne devrait pas effrayer les enfants en leur disant de ne pas faire confiance aux étrangers ou en les avertissant sur les dangers ou les abus. Cependant, des règles positives : « Tu dois toujours tenir la main de maman dans le centre commercial », sont utiles, à partir du moment où les enfants sont suffisamment verbalisés pour comprendre les raisons de l'inquiétude. Ces règles doivent être progressivement adaptées à la capacité de l'enfant de parler des problèmes. À l'âge approprié, il faut peu à peu évoquer les risques encourus, de façon calme et rassurante.

Le soutien pendant l'accouchement

En plus des soins médicaux, les mères et les pères ont besoin d'un véritable soutien psychologique, pendant toute la durée du travail et de l'accouchement, soutien assuré par une *doula*, une sage-femme ou tout autre professionnel de la naissance.

Les premiers soins pédiatriques

Ces soins devraient comprendre :

a) une véritable information sur les examens et les évaluations ;

b) des conseils pour assurer un bon développement au bébé ;

c) l'identification précoce des problèmes ou des troubles ;

d) des interventions précoces et complètes, si nécessaire.

Exemples de ce qui, dans le développement des bébés et des enfants, devrait entraîner une évaluation complète :

— À deux mois, aucun signe de regard ou d'écoute (aucun mouvement pour se tourner vers les objets ou les sons).

— À quatre ou cinq mois, aucun signe de communication avec l'entourage par des sourires ou des sons joyeux.

— À huit ou neuf mois, aucun signe de communication aller-retour (tendre la main pour prendre la crécelle que tient papa, produire ou répéter différents sons et expressions émotionnels).

— À douze mois, aucun signe des cercles multiples de la communication en chaîne (échange de gestes, de sons émotionnels, et même d'un mot ou deux), ni d'imitation des expressions faciales ou des sons de maman ou de papa.

— À seize mois, aucun signe d'interaction complexe pour résoudre des problèmes (prendre l'adulte par la main pour qu'il aide à chercher un jouet ou de la nourriture).

— À vingt-quatre mois, aucun signe de jeu de « faire semblant » (faire un câlin à sa poupée), de compréhension ou d'utilisation des mots pour exprimer un besoin (« Donne jus »).

— Entre trois et quatre ans, aucun signe d'utilisation logique des idées avec les adultes et les enfants (répondre à des questions comme où, quand, pourquoi, dans des conversations durant au moins quelques minutes) ni dans les jeux de « faire semblant » avec des poupées, des petits personnages ou des peluches.

— À tout âge, signes de graves difficultés familiales ou émotionnelles, chez la mère, le père ou d'autres membres de la famille.

(Voir aussi, dans les annexes : la courbe du développement fonctionnel et les conseils du programme Points forts.)

Soutien pour les familles à risques et à problèmes

Des programmes complets avec des dépistages systématiques et des séances en centre de soins devraient offrir aux familles un soutien psychologique postnatal plus ambitieux socialement que les programmes pré et postnataux existants. (Voir chapitre 6.)

Protection contre une mauvaise utilisation des médicaments de la psychiatrie

a) Aucun médicament de ce genre ne devrait être prescrit sans une évaluation complète de la santé mentale, sans l'examen des fonctions et des problèmes, sans la connaissance des antécédents comportementaux ; il faut aussi un entretien clinique avec l'enfant (y compris par le jeu), l'observation des interactions parent-enfant et, enfin, des discussions sur les relations et schémas familiaux avec les personnes s'occupant de l'enfant.

b) Si un traitement médicamenteux s'avère nécessaire, il faut prendre en compte les études sur leur innocuité et leur efficacité par rapport à l'âge et au problème de l'enfant, et, sauf pour raisons particulières, ce traitement ne doit être prescrit qu'accompagné d'un programme complet, qui devra souvent comprendre un travail clinique avec l'enfant et sa famille, ainsi que l'avis de l'école.

c) Les effets secondaires doivent être envisagés sérieusement à cause de leur influence à long terme sur le développement, l'apprentissage et la personnalité, car ces effets se manifestent souvent de façon peu apparente : agitation faible, agressivité accrue, mais aussi sens de l'humour en baisse, gamme des émotions et expressivité réduites. L'utilisation de traitements multiples, avec un médicament destiné à tempérer les effets secondaires de l'autre, devrait être considérée avec la plus grande précaution, à cause des risques potentiels.

d) Les écoles et autres cadres éducationnels devraient, si nécessaire, discuter avec les parents des signes appelant une évaluation ; mais ils ne devraient cependant pas recommander l'utilisation d'un médicament. Chaque problème peut avoir de nombreuses causes. La meilleure façon de les comprendre — et d'envisager leur traitement — est un examen clinique complet.

L'éducation publique et l'instruction en développement humain

— Il faut un effort d'éducation organisé, mené sur le plan fédéral, pour promouvoir l'enseignement du développement humain dans les écoles primaires, les lycées et les universités.

— Un programme sur la croissance et le développement de l'être humain devrait avoir la même importance que l'histoire, la littérature, les sciences ou les maths, comprendre des lectures, des expériences pratiques et des discussions appropriées à l'âge des enfants et sur des sujets les intéressant à leur âge. On devrait traiter des facteurs physiques, psychologiques et sociaux, réfléchir sur l'aspect prévisible des capacités naissantes et des problèmes. L'objectif étant la connaissance générale du développement humain.

Les trois niveaux des programmes communautaires

Ces programmes devraient comprendre :

— Une campagne d'éducation publique sur le développement des enfants incluant les programmes des écoles.

— Des guides de soutien pour les familles.

— Des interventions précoces pour les enfants à risque, avec un suivi professionnel et des évaluations partagées avec les parents.

3

Le besoin d'expériences adaptées aux différences individuelles

Que se passerait-il si nous pouvions comprendre comment les gènes et les influences intra-utérines s'expriment au début de la vie ? Si nous pouvions identifier chacune des forces et des faiblesses de chaque bébé et la façon particulière dont il se comportera dans le monde ? Serions-nous alors en mesure d'aider le bébé ou le petit enfant à surmonter ses problèmes d'attention, d'humeurs, de langage, de contrôle de soi, de lecture ou de calcul ? Serions-nous en mesure de renforcer les dispositions de l'enfant pour la confiance, l'intimité, la force de caractère, la persévérance et la tolérance ? Nous sommes beaucoup plus proches de ces objectifs qu'on ne l'imagine. Cependant, notre résistance à accepter les différences particulières de chaque enfant nous retarde.

Traditionnellement, on attend des enfants qu'ils se conforment aux attentes de leurs parents et de la société au sens large. Ce qui est tout à fait normal, jusqu'à un certain point. Ces attentes, que nos enfants deviennent sociables, par exemple, qu'ils apprennent à dominer leur agressivité, à être empathiques ou gentils avec les autres, sont très importantes. Cela dit, nous avons découvert au cours des cinquante dernières années que vouloir de nos enfants qu'ils réalisent nos attentes était un vœu à double tranchant. C'est la façon dont nous adapterons les expériences aux qualités uniques de chaque enfant qui augmentera les chances d'un bon développement physique, intellectuel et émotionnel, et qui permettra la réalisation des attentes familiales et sociales.

Historiquement, on n'a pas cessé de passer d'une attitude à l'attitude contraire, tantôt exigeant des enfants qu'ils réalisent ce qu'on attendait d'eux, tantôt essayant d'adapter l'éducation aux besoins des enfants. Dans les années quarante, par exemple, les enfants devaient suivre des horaires fixes pour les repas et le sommeil. On croyait qu'une certaine structure était indispensable pour que les enfants puissent s'adapter à leur environnement. Cela fonctionnait pour certains enfants dotés de flexibilité (avec un système nerveux central flexible). D'autres, cependant, n'arrivaient pas à s'y faire. Ils devenaient plus irritables, renfermés sur eux-mêmes, inattentifs, dépressifs ou encore agressifs.

Dans les années cinquante et soixante, on en vint à mieux comprendre les différences individuelles entre les enfants. La recherche sur le tempérament de Stella Chess et d'Alexander Thomas devint l'expression la plus visible de cette nouvelle façon de voir les enfants[1]. Cette étude montrait que les parents avaient des perceptions différentes de leurs enfants, par rapport à des données fondamentales comme le niveau d'activité et de sociabilité. C'est pourquoi il faudrait peut-être que les parents adaptent leur façon de faire en fonction de ce qu'ils perçoivent chez leurs enfants. D'autres chercheurs, comme Sybil Escalona, Lois Murphy et Jean Ayres, sont allés au-delà des notions de tempérament et ont montré que les bébés n'étaient pas seulement perçus comme différents, mais qu'ils manifestaient vraiment des différences ; certains, étant plus sensibles aux sons ou au toucher que d'autres, avaient besoin dès la naissance d'un environnement de type différent. Cette façon de comprendre les enfants a avancé d'un grand pas grâce au travail de l'un de nous (TBB) et plus particulièrement grâce à ses études sur les différences individuelles et à l'échelle d'évaluation néonatale, qui est largement utilisée[2]. Il a montré que les nouveau-nés peuvent être systématiquement évalués et que leur caractère unique peut être identifié. Beaucoup d'expressions de leurs différences — la façon dont ils réagissent au toucher, à ce qu'ils entendent et voient, la façon dont ils organisent leurs mouvements — peuvent aider les parents à mieux connaître leur bébé.

Ces recherches ont montré comment les nouveau-nés deviennent attentifs à certains signaux visuels ou auditifs et comment ils se ferment (habituation) aux signaux répétitifs inintéressants ; comment ils diffèrent dans leur aptitude à contrôler les états de conscience (endormi, réveillé, alerte, agité, furieux) afin de faire attention. Certains vont fixer et suivre du regard un visage ou une voix dès la naissance, en utilisant un comportement facial actif et en supprimant les mouvements interférents afin de maintenir leur attention.

Nous avons pu discerner quels bébés avaient souffert d'une exposition aux toxiques et de malnutrition à partir de leur comportement à la naissance. En nous basant sur leur comportement, nous pouvons adapter notre comportement tactile, visuel et auditif pour obtenir de chaque nouveau-né la réaction optimale. Si nous parlons trop fort, si nous le touchons trop brusquement ou le prenons trop rapidement, un nouveau-né fragile va détourner le regard, hoqueter ou cracher. Il sait se défendre. Mais si l'expérimentateur a des gestes doux, s'il n'utilise qu'une seule stimulation à la fois, il réussira à établir le contact avec n'importe quel nouveau-né et à lui plaire. Faire la démonstration du comportement néonatal devient alors une technique pour dévoiler aux nouveaux parents le tempérament du bébé à la naissance ; ceux-ci y voient une réponse à leur question : « Comment vais-je réussir à m'occuper mon bébé ? » la réponse étant : « Suivez le comportement de votre bébé. » En mettant en évidence les caractéristiques du comportement individuel du nouveau-né et en partageant cette découverte avec les parents, on les aide à cimenter leur relation.

L'un de nous (S. I. Greenspan), avec la collaboration de collègues, a montré, par la suite, que ces différences individuelles faisaient partie — une partie importante — d'un développement sain et normal, mais aussi de différents types de problèmes émotionnels, relationnels et d'apprentissage au cours de l'enfance[3]. Ils ont mis au point des approches spécifiques, adaptées à ces différences individuelles, qui peuvent être utilisées aussi bien à titre préventif qu'à titre d'intervention précoce et de traitement.

Comprendre comment travailler en tenant compte des différences individuelles a entraîné un changement fondamental dans notre compréhension de l'action simultanée de l'hérédité et de l'environnement. Il n'y a pas de course entre hérédité et environnement, dans laquelle on pourrait attribuer à l'intelligence, au caractère ou aux qualités sociales un pourcentage *x* d'hérédité et *y* d'environnement. En fait, nous sommes parvenus à comprendre que l'hérédité s'exprime dans la façon particulière dont chacun ressent les sensations, les assimile, et dont il organise et programme ses actions. L'environnement, les interactions dont nous nourrissons nos enfants, tout cela travaille avec la nature un peu comme une clef avec une porte. Les bonnes expériences ouvrent la serrure de la nature et aident les enfants à réaliser leur potentiel.

Beaucoup de traits de la personnalité dérivent non pas d'un seul caractère génétique dominant, mais des effets combinés de facteurs multiples. Les nouveau-nés ne manifestent pas des traits de caractère innés globaux comme l'introversion ou l'extraversion. Nos observations nous ont plutôt montré que les bébés au développement normal et ceux qui ont des problèmes expriment une grande variété de traits physiologiques comme la sensibilité aux sons, au toucher, la capacité à programmer et à enchaîner les mouvements, et celle à comprendre les sons et les mots et à reconnaître des schémas dans l'espace physique. Un nourrisson peut-il facilement mettre la main à la bouche quand il veut sucer ? Plus tard, cet enfant parvient-il à copier des formes comme les triangles et les losanges ? Est-ce qu'il recule quand on le touche doucement, se bouche les oreilles quand l'aspirateur marche ou ferme les yeux quand il y a beaucoup de lumière ?

Les enfants diffèrent également dans leur façon de comprendre leur monde. L'un peut confondre les sons, mais être un prodige quand il s'agit de comprendre la position des objets les uns par rapport aux autres dans l'espace. Pour un autre, cela peut être juste le contraire. Certains enfants ont une tonicité faible, de sorte que des gestes simples comme tenir leur tête ou la tourner pour regarder à droite ou à gauche leur demandent une énorme énergie ; d'autres vont frapper leur père sur le nez alors qu'ils n'ont pas d'autre intention que de le toucher doucement.

Certains schémas physiologiques peuvent avoir de nombreuses causes, y compris l'hérédité et des facteurs de l'environnement prénatal comme la consommation de drogue au cours de la grossesse. Ces schémas entrent en jeu dans le caractère, la personnalité, la prédisposition aux maladies, mais ce sont des influences intermédiaires et elles peuvent s'exprimer de façons différentes. Beaucoup d'enfants à risque d'autisme, par exemple, paraissent souvent absorbés en eux-mêmes et hyporéactifs aux sensations ; mais les mêmes traits s'observent chez beaucoup d'enfants sains.

Le côté optimiste de nos observations, c'est que les enfants dotés de certains caractères physiques ne sont pas limités par ces caractères. Les réactions des adultes pourraient avoir une influence beaucoup plus importante qu'on ne le pensait auparavant. Par exemple, les enfants hypersensibles peuvent devenir sociables et sûrs d'eux. Les enfants dont le processus auditif était faible au départ et qui ont parlé tard peuvent devenir doués sur le plan verbal. Les parents peuvent chercher plus qu'une simple adaptation à leurs enfants. Au moyen de méthodes particulières, et jusqu'à un certain degré, ils sont en mesure de les aider à modifier le fonctionnement de leur système nerveux et, par là, leur personnalité. Bien que les tendances générales de la personnalité soient en partie déterminées par des caractères physiologiques, ces tendances peuvent varier du pathologique au sain, en fonction de la nature des interactions proposées par les adultes. Beaucoup des traits de caractère les plus importants, comme la pensée logique et créative, la relation aux autres, la confiance et l'intimité, l'empathie, dépendent en grande partie de ce que nous apportons à la nature de l'enfant.

Dans tout cela, il faut voir un feed-back continuel. La façon dont l'enfant enregistre et interprète les sensations, dont il organise ses réponses motrices, influence les réactions de l'adulte, ce qui, à son tour, déclenche un nouveau cycle d'enregistrement, d'interprétation et de réponse chez l'enfant. Si un bébé vigoureux et bien coordonné essaie de saisir le jouet que tient son père, celui-ci peut résister, déclenchant un jeu de forces ; si le bébé est mou, ses parents auront tendance à lui donner la balle ou le nounours qu'ils tiennent à la moindre petite sollicitation. Chaque enfant détermine les réponses de son entourage. Et comme l'adulte, à travers d'innombrables petites actions, sert d'intermédiaire en chef entre le cerveau en plein développement du bébé et son environnement, le propre comportement du bébé aide à donner sa forme au monde qu'il découvre.

Le livre *Trois bébés dans leur famille*[4] a été le premier à faire comprendre aux parents les différences individuelles et l'influence du rôle du bébé sur son environnement.

La façon dont les parents répondent aux différents types de comportement est, elle aussi, variable. Certaines mères, certains pères ont tendance à prendre l'initiative ; d'autres attendent que l'enfant agisse. Certains parlent beaucoup, d'autres utilisent des expressions du visage pour communiquer. Certains sont enjoués, d'autres plus sérieux. Certains sont réservés, d'autres envahissants ; certains sollicitent énergiquement leurs enfants, alors que d'autres sont plus passifs et se découragent facilement. Ces schémas parentaux, à leur tour, exercent une influence sur les bébés. Les schémas établis par l'adulte qui s'occupe de l'enfant peuvent modifier considérablement les tendances à un certain type de comportement. Des bébés renfermés sur eux-mêmes peuvent devenir sociables à l'âge de deux ans, et des petits enfants hésitants des écoliers résolus. C'est à travers les interactions entre les traits physiologiques du bébé et les comportements des adultes qu'émergent les caractéristiques de la personnalité.

Si les adultes sont sensibilisés aux différences individuelles, beaucoup de jeunes enfants, nés avec des problèmes, et même des problèmes graves, on des chances de réussir mieux que prévu initialement. Une enquête récente, portant sur plus de deux cents enfants chez lesquels on avait diagnostiqué des troubles de type autistiquc, a montré que la majorité avait fait des progrès significatifs, sur le plan du fonctionnement mental et émotionnel, après un travail de collaboration entre leurs parents et une équipe de thérapeutes, travail portant sur leurs différences individuelles et la recherche des bonnes « clefs »[5]. Ce travail montre que les traits physiologiques en eux-mêmes ne définissent ni ne limitent le potentiel d'un enfant. En outre, plus le capital de l'enfant est compromis, à condition qu'il n'ait pas de handicap majeur, plus l'influence de son environnement est importante et décisive. Il y a tellement peu d'enfants qui grandissent dans un environnement véritablement optimal que nous n'avons aucune idée de ce que sont véritablement les paramètres du développement.

Les parents savent depuis longtemps que chacun de leurs enfants est différent, et ils l'ont accepté. Nous disposons maintenant d'outils pour confirmer cette impression intuitive ; mais, plus important encore, nous pouvons le faire de façon systématique, de sorte que les parents puissent utiliser leurs intuitions pour favoriser le bon développement de chaque enfant, et non pas celui qui correspond le mieux aux schémas d'attente familiaux.

Dans sa pratique clinique et ses recherches, l'un de nous (S.I. Greenspan) a repéré les styles parentaux propres à favoriser ou à contrarier les schémas physiologiques particuliers des enfants. La même combinaison de données biologiques peut être transformée en qualités aussi précieuses que l'empathie, le courage, le sens du commandement, la curiosité, la créativité, la détermination, l'autodiscipline, la confiance en soi, la persévérance et l'originalité ; ou, au contraire, elle peut servir de base au développement de l'égoïsme, de l'imprudence, de la cruauté, de l'hostilité, de la rigidité, de l'indifférence, de l'irrationalité et de l'irascibilité. Bref, les schémas physiologiques deviendront des talents ou des problèmes selon la façon dont la nature de l'enfant sera nourrie par son environnement.

Dans notre société, l'inquiétude grandit devant la violence et le comportement antisocial d'enfants, d'adolescents et d'adultes qui traitent les autres comme des objets plus que comme des semblables. On a copieusement accusé la pauvreté, les mauvais traitements et les privations émotionnelles d'être responsables de ces schémas dangereux et dérangeants. Le fameux article de John Bowlby « Forty-Four Juvenile Thieves[6] »* décrivait des enfants négligés dans leur petite enfance, devenus gravement inadaptés par la suite. En associant intuitivement

* « Quarante-quatre jeunes voleurs ».

deux faits évidents : un manque d'affection pendant l'enfance et une incapacité ultérieure à ressentir de l'affection pour les autres, Bowlby a convaincu beaucoup de lecteurs, au moment de la publication de l'article, en 1944, du rôle très important joué par l'environnement dans la délinquance — ou dans sa prévention.

Cependant, on ne peut pas ne pas tenir compte de la nature. Parmi les enfants gravement privés d'affection au cours des premières années, y compris ceux placés dans des institutions, on a observé deux tendances. Les enfants du premier groupe étaient devenus renfermés, déprimés ou apathiques. Certains avaient cessé de se développer physiquement, ne prenaient plus de poids, étaient même tombés malades ; quelques-uns n'avaient pas survécu. Dans le second groupe, les enfants recherchaient les sensations, la promiscuité, devenaient agressifs et indifférents aux autres, n'ayant de relations avec eux que pour satisfaire leurs propres besoins matériels. Dans d'autres études, on a découvert, à un niveau plus élevé que prévu, de légers dysfonctionnements du système nerveux chez les enfants et les adultes antisociaux (difficultés dans la perception et le traitement de l'information et dans le fonctionnement moteur).

Le comportement antisocial ne peut être expliqué ni par la théorie de la carence, qui renvoie à des causes sociales comme la pauvreté, la désagrégation familiale, les traumatismes, l'effondrement moral et le manque d'autorité, ni par la théorie physiologique, qui s'appuie sur les différences innées dans le fonctionnement du système nerveux. C'est plutôt l'interaction des déficits neurologiques avec les stress environnementaux, se combinant eux-mêmes avec certains types de relations précoces parents/enfant, qui augmente la probabilité d'un comportement antisocial.

Les comportements parentaux comportant un maternage intensif, des pratiques destinées à moduler l'activité, la multiplication des occasions de jeux d'imagination dans un climat d'empathie, l'établissement de limites stables et fermes conduisent souvent à un développement positif. Au contraire, l'autorité répressive et l'hostilité ou l'évitement, la négligence et l'incohérence entraînent souvent une augmentation des schémas antisociaux.

Il y a beaucoup de façons de décrire les variations dans le tempérament ou les schémas physiologiques des enfants. L'un d'entre nous (S. I. Greenspan) a défini cinq types courants : l'enfant *actif, agressif* ; l'enfant *hypersensible* ; l'enfant *replié sur lui-même* ou *absorbé en lui-même* ; l'enfant *doté d'une forte volonté* ; et l'enfant qui a *des difficultés d'attention*[7]. Les enfants appartenant à chacun de ces types exigent de la part des parents un comportement adapté à leurs tendances et à leurs besoins spécifiques si l'on veut qu'ils puissent développer leurs qualités particulières.

Cette adaptation des interactions ou de l'apprentissage aux forces individuelles de l'enfant peut aussi aider les enfants habituellement considérés comme autistes ou retardés mentalement. Un grand nombre d'enfants chez qui l'on avait diagnostiqué des troubles autistiques et avec lesquels nous avons travaillé ont fini par acquérir de remarquables compétences cognitives, émotionnelles et sociales[8]. Ces bons résultats nous permettent de faire des pronostics beaucoup plus prometteurs que nous ne l'avions jamais espéré. Le retard mental est habituellement considéré comme le résultat d'un dommage biologique étendu si grave que ces enfants ne peuvent obtenir que les résultats les plus bas dans toutes leurs aptitudes mentales, capacités motrices, compétences verbales et spatiales, entre autres. Cependant, quand on y regarde de plus près, ces enfants eux aussi montrent toute une gamme de différences individuelles, certains révélant des capacités plus faibles ou plus fortes dans le domaine verbal par rapport au domaine spatial ou moteur, etc. En travaillant avec ces différences, en suscitant les forces personnelles de ces enfants tout en remédiant lentement à leurs faiblesses, nous en avons aidé beaucoup à se développer beaucoup mieux que prévu.

Les différences individuelles et les apprentissages scolaires

Le besoin d'adapter l'expérience aux différences individuelles est particulièrement important pour les débuts de l'éducation scolaire. Prenons un exemple : un certain pourcentage d'enfants a des difficultés pour apprendre à lire et court le risque d'échouer dans les disciplines qui exigent des lectures, comme l'histoire ou les sciences sociales* ; ces enfants peuvent se décourager, manifester des troubles du comportement et refuser de poursuivre leurs études.

Quand on n'obtient pas de résultat avec les méthodes classiques pour l'apprentissage de la lecture, même en insistant et en répétant systématiquement les exercices, c'est souvent parce que les enfants ont des difficultés avec les sons. Ils n'arrivent pas à distinguer les sons subtils et ont donc du mal à établir une relation entre les sons et les lettres qu'ils voient. D'autres enfants ont des difficultés à percevoir les lettres, mais, pour la grande majorité, le problème vient des sons. Ces enfants réagissent bien à une approche orthophonique qui leur apprend d'abord à bien distinguer les sons, puis à faire la relation entre les sons et la perception visuelle des formes et des lettres.

Différentes études ont montré que cette approche avait si bien aidé des enfants qui avaient des difficultés d'apprentissage de la lecture que ceux-ci avaient fini par aimer lire[9]. De même, il y a des enfants qui ont du mal à

* *Social studies* : matière qui comprend un enseignement sociologique, en économie et en politique. *(N. d. T.)*

maîtriser des concepts mathématiques, non par incapacité à mémoriser les maths, mais à cause de difficultés pour interpréter l'espace visuel, et donc pour se représenter le concept de quantité. Là, une approche qui combine un fort intérêt émotionnel pour certains objets, comme les pièces de monnaie ou les biscuits, avec l'aptitude de l'enfant à visualiser les quantités ou les distances (ou éventuellement les quantités de temps), semble donner des bases pour une meilleure compréhension des maths. Pour prendre un dernier exemple, les enfants qui ont des difficultés de programmation motrice séquentielle n'arrivent pas à écrire à la suite quatre ou cinq phrases sur le même sujet. Dès que l'on comprend le véritable problème, on voit dans quelle direction s'orienter et l'on évite d'accabler l'enfant par des exercices de grammaire basés sur la mémoire.

La vogue actuelle pour un retour aux bases et pour l'allongement des journées scolaires est malheureuse, car elle éloigne l'éducation de la reconnaissance des différences individuelles pour revenir à une approche de type égalitaire. Répéter ce qui n'a pas marché ne donnera pas de résultats ; de même qu'on n'apprendra rien à un enfant en lui faisant simplement passer des tests. Et multiplier les statistiques sans innovation pédagogique n'apportera aucun progrès, pas plus (pour reprendre un vieux dicton) que peser quotidiennement une vache ne la fera engraisser. Les évaluations peuvent être d'une grande utilité à condition qu'elles montrent au professeur si sa méthode marche et qu'elles permettent aux élèves et à leurs parents de savoir ce qui est acquis et ce qui ne l'est pas. Dans les meilleurs types d'évaluation, l'enfant apprend, puis il est évalué, cela de façon permanente, parce que c'est la démonstration, pour lui-même et les autres, qu'il maîtrise son sujet.

Lorsque nous nous intéressons aux différences individuelles, nous nous intéressons aux processus fondamentaux : enregistrement et interprétation auditifs, langage, concepts spatio-visuels, programmation motrice séquentielle (souvent dénommée compétence d'exécution) et modulation sensorielle ; ainsi que différents niveaux de pensée abstraite que l'enfant doit maîtriser pour réussir sur le plan tant scolaire qu'émotionnel et social. Nous négligeons souvent les différences individuelles fondamentales ou les capacités de traitement sous-jacentes à tout apprentissage et à tout enseignement, tandis que nous accordons trop de valeur à la mémorisation des faits. À ceux qui disent : « Enfin, ils devraient au moins savoir qui était Grant, ou Lincoln, ou Washington », il faut répondre que c'est la mauvaise approche. Il n'y a pas d'« au moins ». Si les enfants ne retirent de l'école que quelques faits isolés, ils auront eu une mauvaise formation. Bien entendu, il faut qu'ils sachent qui étaient Washington, Lincoln et Grant, mais ils doivent connaître ces noms dans un contexte historique. Pour comprendre les concepts, ils doivent savoir bien lire, bien penser sur le plan spatio-visuel, et bien résoudre les problèmes abstraits complexes. Il n'y a pas de raccourci vers ces capacités fondamentales sur lesquelles repose tout apprentissage. Le retour aux bases doit donc signifier un retour aux processus de base qui sous-tendent les apprentissages.

Pour qu'un système d'éducation ou un enseignant soient en mesure d'assurer la maîtrise de ces processus de base, il faut admettre six postulats.

1. Le caractère unique de chaque enfant

L'expérience de chaque enfant détermine en partie ce qu'il va apprendre. Pour faciliter l'apprentissage et le bon développement mental, les expériences doivent être adaptées au système nerveux central « individuellement différent » de l'enfant. Les enfants diffèrent dans leur degré de maîtrise des capacités de développement initial :

aptitude à concentrer leur attention, à avoir des relations solides et intimes, à se conduire de façon intentionnelle, à résoudre des problèmes complexes, compétence dans l'utilisation des idées symboliques et créatives, de la pensée logique et abstraite. Les schémas familiaux, culturels et sociaux sont également uniques. Quand on comprend ces schémas, on peut construire des programmes pédagogiques basés sur les différences individuelles de l'enfant, de sa famille et de son entourage social.

2. La collaboration des familles et des éducateurs

Une approche fondée sur les différences individuelles ne signifie pas qu'on va tester, étiqueter et ensuite suivre les enfants à la trace. Éducateurs et parents devraient collaborer pour passer en revue le développement de l'enfant, observer son fonctionnement et décrire son profil. L'environnement physique, le programme scolaire et le type de relations qui favorisera l'apprentissage sont ensuite adaptés au profil de chaque enfant. En fonction de quoi les compétences cognitives et sociales sont stimulées et les troubles souvent évités. Cela ne veut pas dire des environnements scolaires différents pour chaque enfant ou chaque groupe d'enfants. Les enfants apprennent ensemble et leur développement s'effectue mutuellement. Les enseignants peuvent utiliser différents endroits de la salle et des modules flexibles pour créer un environnement pédagogique optimal pour chaque enfant. Pour mettre en œuvre ce type d'approche, les parents doivent être partenaires dans l'administration de l'école et l'école complètement intégrée dans la communauté.

3. Apprentissage à travers des interactions émotionnelles dynamiques

Dès que l'enfant commence son éducation scolaire, les interactions émotionnelles dynamiques sont des instruments d'apprentissage. La pensée abstraite qui sert pour lire, pour comprendre l'histoire, l'écriture, les sciences, les sciences sociales et les mathématiques, comporte toujours deux éléments : a) des expériences significatives sur le plan émotionnel avec les autres et avec l'environnement matériel et social et b) la capacité de réfléchir sur ces interactions, de les identifier et de s'en nourrir.

4. Pas de place pour l'échec

Les enfants qui échouent à un test ou à un exercice doivent avoir l'occasion de les refaire, que ce soit pendant les heures de classe, après l'école, pendant le week-end ou l'été, peu importe ; de toute façon, les enfants ne doivent ni passer dans la classe supérieure comme si de rien n'était ni être maintenus dans la même classe pendant dix ans. Aucune de ces approches ne marchera. C'est plutôt l'approche pédagogique qui doit être modifiée, jusqu'à ce qu'on trouve le moyen de permettre à tel ou tel enfant de parvenir à un certain stade de maîtrise dans un domaine particulier. Par exemple, l'enfant qui a des difficultés avec un problème peut avoir besoin de beaucoup de temps pour acquérir le concept fondamental de quantité. Même si l'objectif, pour cet enfant, est simplement savoir faire quatre opérations avant la fin du lycée, du moins cet objectif en vaut la peine. C'est pourquoi l'enfant refait l'exercice jusqu'à ce qu'il le réussisse, mais chaque fois les éducateurs comprennent un peu mieux la source de ses difficultés, ce qui leur donne une meilleure approche de cet enfant. Si l'enfant ne parvient pas à faire ses devoirs à la maison parce qu'il n'a pas d'aide ou qu'il n'est pas motivé, il faut peut-être envisager des activités au cours desquelles l'enfant fera le travail qu'il devrait normalement faire à la maison. Dans ce contexte, la motivation de l'enfant et la structure familiale sont considérées comme des différences individuelles, des variables dans l'équation, et non pas comme des considérations morales qui pourraient justifier qu'on laisse l'enfant échouer. En fait, la motivation de l'enfant et la désorganisation de la famille devraient être prises comme des défis.

D'autres services peuvent être mobilisés pour apporter

un soutien à la famille s'il apparaît que la situation est extrêmement difficile ou chaotique ou si l'enfant a des problèmes émotionnels ou relationnels graves et court le danger d'abandonner l'école ou de tomber dans la délinquance. Différentes méthodes de soutien et d'aide dans le cadre de la communauté sont suggérées au chapitre 6.

Le respect des différences individuelles ne va pas à l'encontre de la responsabilité individuelle. Paradoxalement, dans ce modèle fondé sur ces différences individuelles, la responsabilité individuelle est beaucoup plus grande que dans tout autre modèle. Les enfants n'ont pas le droit de se réfugier dans la passivité, l'impuissance ou les comportements inadaptés. Leur responsabilité individuelle est sollicitée par des structures et des aides supplémentaires. Tout le monde participe : l'enfant, les éducateurs, les familles.

Nous (SIG) avons développé un modèle de développement à partir des différences individuelles, basé sur les relations (que l'on appelle modèle DIR), dans lequel les enfants sont considérés à partir de leurs capacités développementales, de leurs différences individuelles et des relations interactives susceptibles de les aider (mais aussi par rapport à celles qui existent et qui pourraient entraver leur développement[10]).

Ce type d'approche ne récompense pas nécessairement l'écolier doué plus que l'enfant lent. Il les récompense tous deux de leur participation au processus d'apprentissage. Chacun peut parvenir à une haute estime de soi parce qu'il a acquis une relative maîtrise, compte tenu du point de départ et de la tâche accomplie. Dans une telle ambiance, les enfants acceptent l'intervention qui les aide à apprendre. Plus nous individualiserons le processus, plus nous aiderons les enfants à travailler avec des méthodes innovantes jusqu'à ce qu'ils maîtrisent une tâche spécifique, et plus rapidement nous atteindrons pour nos enfants un niveau élevé de réussite scolaire et d'estime de soi.

5. Des petits groupes

Ce modèle basé sur les différences individuelles demande des classes moins nombreuses qu'à présent. Des classes de vingt-cinq ou trente enfants ne sont pas favorables à l'apprentissage. En général, seuls les enfants capables d'apprendre sans l'aide de l'école travaillent bien dans ces classes. Si l'on veut aider les élèves doués à atteindre leur potentiel, les élèves moyens à faire mieux et les enfants à problèmes à devenir compétents, il faut des classes plus réduites pour tous.

6. Des séances quotidiennes d'acquisition des bases

Nous avons déjà dit que chaque enfant a sa propre façon de recevoir et de comprendre les informations, de communiquer et de penser. Ces capacités d'enregistrement et d'interprétation sont les fondements de la lecture, des mathématiques, de l'écriture et de toutes les formes de pensée. Actuellement, on ne s'intéresse pas vraiment à ces fondements, que l'on considère comme faisant partie des processus appliqués aux différents sujets. Cependant, parce que ces processus sont plus implicites qu'explicites, les enseignants et les élèves ne se rendent pas toujours compte que certains viennent facilement et que d'autres exigent un travail supplémentaire et de la pratique.

Les bases fondamentales dont nous parlons comprennent le traitement des sons (la capacité de distinguer et de comprendre ce que l'on entend), le traitement des perceptions spatio-visuelles (la capacité de discerner et de comprendre ce que l'on voit, ainsi que de gérer son environnement physique — ce qui est essentiel pour les maths et les sciences, mais aussi pour la lecture), la modulation sensorielle (la capacité de traiter l'information sans devenir hyperactif ou hypo-réactif dans chacun des cinq sens), et la programmation motrice séquentielle (l'aptitude à organiser et à enchaîner des actions et des pensées — une composante importante de ce qu'on appelle souvent les fonctions exécutives). Parce que ces capacités fondamentales d'enregistrement et d'interprétation sont ce sur quoi repose l'essentiel de l'enseignement, un quart à un tiers de chaque journée scolaire (depuis l'école maternelle jusqu'à la fin du lycée) devrait être consacré à leur amélioration. Beaucoup d'écoles et de bons enseignants s'attachent à développer ces compétences de façon spontanée. Maintenant, il faut rendre ces expériences plus délibérées et plus systématiques.

Les différences individuelles et l'action sociale

Le concept de différences individuelles a également des implications pour notre système d'assistance sociale. Quand on aide les familles, il est important de comprendre comment les personnes avec lesquelles on travaille reçoivent, organisent et interprètent l'information et comment elles programment leurs actions. Grâce à la compréhension des différences individuelles, on peut découvrir des talents naturels et des besoins de formation professionnelle. Grâce, enfin, à la prise en compte des différences individuelles dans la structure familiale, on peut tirer des informations précieuses sur ce qui est nécessaire dans un programme de soutien familial.

Le concept de différences individuelles est suprêmement important quand nous envisageons l'interface entre l'assistance sociale et les systèmes juridiques, d'une part, et nos interventions en direction des enfants et des familles en grande difficulté, de l'autre. Pour établir des programmes de réhabilitation, même quand ils doivent s'inscrire dans des contextes d'incarcération suite à des comportements criminels, il est impératif de comprendre les différences individuelles de l'enfant et de la famille. Le profil de chaque enfant peut fournir des indications pour savoir comment l'aider.

Prenons pour exemple un programme destiné à des jeunes potentiellement délinquants. Dans ce cadre, un éducateur motivé a travaillé avec des enfants d'une façon adaptée à leurs besoins spécifiques : nouvel emploi, problèmes avec des membres de leur famille ou avec la police, apprentissage de la lecture, du calcul ou de l'organisation. L'éducateur était présent sur place avec les enfants, leur témoignant un soutien affectif, leur donnant des instructions dans leurs domaines de vulnérabilité ou de faiblesse, de façon pédagogique et professionnelle. Au bout de deux ans de ce programme, quatre-vingts pour cent de ces jeunes abordaient leur vie d'adulte avec succès, en termes de relations, de famille et de carrière. En revanche, quatre-vingts pour cent des enfants en rupture d'école qui n'avaient pas pu avoir accès à ce genre de programme orienté vers les différences individuelles se retrouvaient aux prises avec les services juridiques ou psychiatriques[11].

Différences individuelles et santé mentale

La méthode fondée sur les différences individuelles est aussi importante pour notre système de santé mentale. Dans nos approches des troubles mentaux et de la santé mentale, nous sommes allés, dans une certaine mesure, au-delà de nos informations. Nous avons attribué des étiquettes à des problèmes et diagnostiqué des syndromes sans avoir la preuve que ces comportements perturbateurs correspondaient effectivement à des syndromes. En traitant différentes sortes de comportements comme un syndrome plutôt que comme un schéma de comportement, nous avons tendance à développer des interventions ou des traitements destinés au syndrome plutôt qu'aux éléments sous-jacents qui peuvent être responsables de chaque cas. L'enfant qui ne parvient pas à fixer son attention en est un bon exemple. Si nous nous intéressons aux différences individuelles, nous pouvons découvrir, par exemple, que cet enfant a des problèmes de programmation motrice séquentielle. Des exercices spécialement destinés à améliorer la programmation et l'enchaînement des actions peuvent se révéler très utiles. D'autre part, un enfant peut également être hyperréactif aux sons et au bruit et être facilement surchargé en cas de frustration ou d'anxiété ; cette réaction peut intensifier une tendance à réagir davantage à d'autres bruits et sons tout comme à poursuivre une activité impulsive. En réduisant le bruit et les sensations tactiles dans son environnement, en lui apprenant à se calmer lui-même et à se réguler, en étant attentif aux circonstances susceptibles de provoquer surcharge et excitation, on peut aider un tel enfant à organiser, à programmer et à moduler son comportement.

En revanche, si l'on ignore ces différences sous-jacentes dans le traitement des informations, si l'on ne travaille que sur les symptômes et les « syndromes » superficiels (par exemple, en supposant que l'enfant a un déficit d'attention à cause de son comportement), on risque de recourir à un médicament destiné au traitement des syndromes, comme la Ritaline. Chez certains enfants, ces médicaments peuvent provoquer un effet de retour de flamme, en raison de leur hyperréactivité à leur environnement et de leur tendance, en cas de surcharge, à partir dans des schémas exagérés d'hypersensibilité et d'impulsivité. Chez ces enfants, nous avons observé qu'à certains moments certains médicaments aggravent l'agitation et l'impulsivité, allant même jusqu'à provoquer parfois des pensées grandioses. (Les enfants qui ont tendance à être hyporéactifs aux sons et au toucher, en revanche, bénéficient souvent de ces traitements, d'après nos observations cliniques.)

Nous voyons bien, par cet exemple, ce que peut nous apporter la connaissance des différences individuelles : elle nous aide à une prise en charge plus efficace de chaque individu ; et, en cas de prescription d'un traitement médicamenteux, à discerner dans le comportement du patient si ce traitement produit des effets indésirables ou si ses effets sont bénéfiques.

Des schémas analogues peuvent être observés chez les enfants qui se sentent tristes et s'en veulent à eux-mêmes. On peut y voir un syndrome, une dépression de l'enfance, ou considérer cet état dans le contexte des différences individuelles. Nous avons noté que certains enfants, très sensibles aux changements depuis leur plus jeune âge, ne deviennent ni actifs ni impulsifs, mais plutôt susceptibles. Certains ont de plus faibles capacités de perception spatio-visuelle, et sont souvent très sensibles aux variations même minimes des sons et des sensations tactiles. Quand on comprend cela, on peut les traiter de façon plus affectueuse et plus apaisante et les aider à verbaliser et à comprendre leurs réactions à leur environnement. Quand on sait travailler ainsi avec ces enfants, leur tendance à la tristesse et à la morosité change souvent, au fur et à mesure qu'ils développent une souplesse de caractère basée sur la compréhension de leurs différences individuelles.

Pendant l'enfance, les interventions fondées sur les différences individuelles ont des avantages, même s'il faut envisager des traitements médicamenteux associés à une psychothérapie. Cette orientation tente d'identifier chez chaque enfant un profil unique dans sa subtilité et ses variations infinies, et essaie d'éviter que l'on fasse entrer des enfants dans un syndrome reconnu, surtout quand, comme nous l'avons indiqué plus haut, les bases du syndrome ne sont pas aussi évidentes qu'on pourrait le penser.

Pour résumer, l'approche fondée sur les différences individuelles destinée à la compréhension du fonctionnement humain a la capacité de changer de façon importante la façon dont nous considérons les enfants et les familles, dans le cadre de l'enseignement comme dans les systèmes d'assistance sociale et de santé mentale.

Discussion

SIG : Actuellement, les attitudes parentales, les approches pédagogiques ainsi que les services d'assistance sociale, de santé et de santé mentale ne s'intéressent que rarement aux différences individuelles. Pourtant, pour toutes sortes de raisons qui ne sont pas vraiment claires, peut-être liées à des environnements initiaux chaotiques ou à l'exposition à des substances nocives pour le système nerveux, de plus en plus d'enfants semblent apporter une preuve manifeste de ces différences individuelles.

TBB : Il faut examiner de plus près ces différences, à la fois en termes d'interactions parent-enfant et par rapport au reste de la société. Le comportement de l'enfant s'adresse à tous : parents, enseignants, amis, personnels de crèche, etc. Chacun a l'occasion d'apprendre à connaître un enfant et de s'intéresser à ses besoins particuliers.

La reconnaissance précoce des différences

SIG : Dans votre méthode Points forts, chaque enfant, dans le contexte d'un programme d'éducation ou de santé infantile, est évalué régulièrement en termes de différences individuelles et de besoins liés au développement. Cette évaluation requiert la collaboration des départements de l'éducation et de la santé, et implique un nouveau concept d'éducation. Partant du principe que tous les enfants étaient scolarisés à partir de cinq ans, nous sommes allés dans les écoles maternelles, puis dans les centres Head Start et Early Head Start*, avec l'aide financière du gouvernement, pour évaluer un certain nombre d'enfants.

* Les programmes Head Start et Early Head Start ont été créés afin d'offrir aux enfants défavorisés entre trois et cinq ans une expérience à la fois scolaire et émotionnelle pour mieux les préparer à l'entrée à l'école. *(N. d. T.)*

L'étape suivante consiste à faire admettre que ces évaluations doivent commencer dès la naissance, peut-être en mandatant les assurances maladie (cette évaluation ferait partie de la surveillance médicale et serait assurée chez le pédiatre par un spécialiste en développement formé spécifiquement). Nous aimerions que l'on reconnaisse que nous avons besoin de comprendre chaque bébé, chaque enfant pour bien faire notre travail. Certains trouveront qu'on empiète sur les droits de la famille ou l'autorité des parents. Il faut voir là une extension des soins de santé.

TBB : Oui, un soutien plutôt qu'une intrusion. Nous devons comprendre suffisamment bien chaque famille pour être en mesure d'aider l'enfant à s'épanouir. Nous devons donner un objectif positif aux familles. Si nous arrivons avec autorité, si nous les regardons de haut, pour annoncer ensuite ce qui ne va pas et prescrire ce dont ils ont besoin, alors là, oui, ils peuvent avoir le sentiment que nous empiétons sur leur territoire. Mais si nous adoptions une approche transactionnelle en disant : « Nous voulons que vous compreniez où vous en êtes, et comment nous pouvons vous aider et collaborer avec vous pour aider votre enfant à être fort, en bonne santé et à bien apprendre », je pense qu'il y aurait moins de résistance. Sauf peut-être de l'extrême droite. Mais je maintiens qu'on aurait un meilleur contact avec la plupart des parents — surtout avec ceux qui sont vulnérables et désespérés. On aurait une meilleure chance de les convaincre avec cette approche.

J'aimerais mettre en place une méthode d'intervention où l'enfant serait l'objectif et le langage, et où l'on rencontrerait régulièrement parents et enfant pour savoir comment ils vont, sur le plan physique et psychologique, et non pas pour les changer ou modifier quoi que ce soit. C'est l'objectif de notre programme Points forts. Nous essayons également de faire évoluer la formation des infirmières, des professionnels de l'enfance et des enseignants.

Nous avons besoin d'une méthode transactionnelle de contact, de compréhension qui, d'après moi, devrait être le contraire de toutes celles qui existent. Nous devons nous demander : « Bon, combien de fois faut-il voir une famille pour savoir si elle est capable d'y arriver seule ou si elle a besoin de l'aide que nous pouvons lui fournir ? » Sur une courbe d'efficacité, est-ce que l'utilité des visites s'oriente à la baisse ? Au cours de ces visites, les professionnels rencontreraient la famille et pourraient évaluer les niveaux de développement ainsi que les besoins individuels. Nous pourrions en tirer de bonnes indications sur ce dont les gens ont besoin et ce dont ils n'ont pas besoin. Tout le monde n'a pas besoin de tous ces contacts, mais un modèle nous aiderait à identifier les différences.

Pour le moment, notre méthode est fondée sur le concept que l'on fourre tout le monde dans le même sac, que les non-conformes apparaissent et peuvent être traités à un niveau symptomatique. Cela ne marchera pas, d'ailleurs, cela n'a jamais marché. Les non-conformes peuvent être identifiés de façon précoce. Ainsi, il ne sera pas nécessaire de mobiliser tous nos moyens pour les prendre en charge. Nous travaillerons avec eux dès le début. Stanley, les programmes que vous avez définis vont dans ce sens. Il y a beaucoup d'informations à tirer des données normatives et des données obtenues sur des enfants exceptionnels. Mais cela ne pourra se faire de façon collective, « taille unique » ; il faut que ce soit individuel dès les débuts. Ce qui signifie que nous devons enseigner aux praticiens — en puériculture et en médecine — à prendre conscience des besoins de chaque famille. Nous devons aussi leur apprendre à établir une relation avec chaque famille, fondée sur la collaboration, chacun travaillant pour le bien de l'enfant.

SIG : Disons que nous n'avons encore rien de ce genre. Comment pourrions-nous monter ce système ? Quelle formation, pour qui, et dispensée par qui ?

TBB : Eh bien, je formerais tout le monde ! Il existe différents niveaux de formation. Nous formons les formateurs et ils s'adressent aux personnes qui s'occupent des enfants. Ils proposent des formations au niveau local. Il y a aussi une formation au niveau des spécialistes. Les kinésithérapeutes et les praticiens en thérapie occupationnelle n'ont besoin que d'un complément d'information qui leur permette de changer l'orientation de leur approche, c'est-à-dire d'adopter une orientation familiale et relationnelle.

Dans notre programme, les infirmières praticiennes, les pédiatres, les assistants médicaux, les médecins de famille, etc., reçoivent une formation universelle. Ils se réunissent pour parler des relations — comment on les établit, comment on les utilise et comment on les recherche à chaque point de vulnérabilité. Ils reçoivent un cours accéléré sur le développement de l'enfant pour leur travail avec les parents.

Au cœur de notre programme, il y a ces circonstances que nous appelons des Points forts. Ce sont, par certains aspects, des moments de vulnérabilité, comme les régressions normales du développement, qui donnent l'occasion de rejoindre le système familial et de coopérer avec les parents pour comprendre le développement de leur enfant.

SIG : Revenons à ce dont nous parlions plus tôt — l'instruction de chaque futur parent, en principe à l'école. Un couple décide de se marier et envisage d'avoir un enfant. Dans notre société idéale, quand faut-il commencer à les former ? Faut-il entamer le processus en leur apprenant ce que signifie avoir un bébé dès l'école élémentaire ? Au moment où ce couple envisage d'avoir un bébé, il devrait déjà avoir en tête une certaine quantité d'informations sur le développement et l'éducation d'un enfant. Nous pourrions alors démarrer le programme Points forts pendant la période prénatale, avec les cours de préparation à l'accouchement et la participation de l'obstétricien, de l'infirmière et de tous les assistants. Il y aurait un protocole établi, qui commencerait par des discussions.

TBB : La visite du septième jour représente un autre moment clef. La dépression post-partum passe souvent inaperçue pendant le court séjour à l'hôpital. Les bébés ne sont pas les seuls à avoir besoin d'un examen le septième jour pour voir s'ils sont anémiques ou déshydratés ou encore affectés par les médicaments donnés à leur mère durant l'accouchement. On doit également s'inquiéter de savoir si la mère est ou n'est pas très déprimée. Et essayer de voir le père.

Je commencerais dès le début avec une méthode semblable à notre programme Points forts, en contactant les gens et en essayant de les faire rentrer dans le système. Nous pourrions alors nous occuper non seulement du développement physique du bébé, mais aussi de son développement émotionnel et cognitif, et apporter des éléments aux interactions familiales.

La première étape serait la prévention. La deuxième, l'évaluation, pour connaître exactement l'enfant. Avec deux ou trois points d'évaluation, on peut avoir ce que j'appelle une courbe de récupération. On obtient ainsi des indications sur ce qui va bien évoluer, quoi qu'on fasse, et aussi sur ce qui ne changera jamais, enfin, sur ce qu'on peut améliorer. Les problèmes d'adaptation entre parent et enfant et les problèmes d'attachement sont ceux qui sont véritablement ouverts à l'intervention. Mais il faut d'abord faire entrer les familles dans le système — un système de prévention. Une partie de ce besoin incontournable d'expérience appropriée repose sur un système de prévention médicale pour l'enfant capable de déceler les défauts d'adaptation ainsi que les problèmes de développement et de caractère restés ignorés.

Les services de prévention

SIG : Nous pouvons établir un projet audacieux, un programme d'intervention au niveau de la communauté, des évaluations périodiques. Par exemple, de quoi avons-nous besoin pour un enfant qui n'arrive pas à nouer une relation émotionnelle avec ses parents ?

TBB : Quelles sont les personnes qui devront adopter de nouvelles façons de faire pour accomplir ce projet ? Est-ce que ce programme doit revenir entièrement à des institutions, comme la crèche ou l'école ? Quelle administration pourrait en être responsable ? Avons-nous besoin d'une nouvelle approche ?

SIG : Pour les enfants d'âge scolaire, il y a déjà des services qui font partie du système scolaire. Devrions-nous demander à l'école d'en faire plus, ou au ministère de la Santé ? Quel genre de services faudrait-il pour empêcher certaines évolutions désastreuses ? Disons que nous avons décelé chez un enfant de dix-huit mois des difficultés de compréhension du langage, une tonicité musculaire faible, tout cela dans un environnement familial chaotique. De quoi avons-nous besoin pour le prendre en charge ?

TBB : Tout le monde doit apprendre à parler le langage de cet enfant et se mobiliser pour lui assurer un développement optimal. Notre méthode Points forts ne concerne pas uniquement les puéricultrices de crèche ou les professionnels de la prévention médicale. Elle concerne les standardistes, les chauffeurs de cars scolaires, tous ceux qui ont affaire à l'enfant. Je dirais que nous devons faire en sorte que toute la communauté se comporte en amie des enfants, qu'elle prenne conscience de leurs besoins et qu'elle soutienne les parents. Nous revenons alors à ce qui nous est déjà familier — les classes de préparation à l'accouchement et, ultérieurement, les groupes de mères comme ceux qu'a formés la Family Resource Coalition*[12].

* Ligue pour le secours aux familles.

J'ai recommandé à nos praticiens Points forts de faire venir ensemble aux visites les mères qui ont des enfants du même âge ; elles se retrouvent ainsi dans la salle d'attente et peuvent parler de leurs expériences. Elles deviennent alors un véritable groupe, uni par leurs conversations sur le développement de l'enfant.

SIG : Faut-il recommander que ces services soient proposés par l'intermédiaire des hôpitaux, comme les séances de préparation à l'accouchement, ou qu'ils dépendent d'autres instances, par exemple, de l'école ?

TBB : Quand les problèmes de développement surgissent ou qu'il faut consulter des services d'intervention précoce, on doit alors associer d'autres spécialités. Encore faut-il y avoir accès. Ces spécialités, comme l'éducation prénatale, devraient probablement être placées sous la tutelle de la santé. Quand il faut examiner les relations, on a besoin de beaucoup plus que d'une information didactique.

SIG : L'éducation idéale pour rendre les parents capables de reconnaître par eux-mêmes le développement de leur enfant et ses besoins individuels doit commencer avec les séances de la période prénatale, et doit se poursuivre pendant l'enfance et l'adolescence, avec des évaluations périodiques. La question est : de quel genre de services a-t-on besoin pour cette tâche ? Disons que vous découvrez qu'une mère est très déprimée parce qu'elle pense que son bébé ne va pas y arriver, et qu'elle-même ne va pas y arriver. Le père en a par-dessus la tête, et il y a beaucoup de problèmes conjugaux. Si on réussit à leur faire dire tout cela, c'est plus que de l'écoute et de la compréhension.

TBB : Dans notre système actuel, la mère peut éventuellement avoir quelques séances avec une assistante sociale à condition qu'elle insiste. Je préférerais un groupe de personnes travaillant ensemble, comme une clinique psychiatrique pour jeunes enfants. On y trouverait une assistante sociale, un spécialiste en néonatalogie, un thérapeute familial et un psychiatre ou un spécialiste du développement de l'enfant, qui pourraient identifier ensemble les problèmes. On doit pouvoir consulter tous ces spécialistes, et utiliser leurs compétences non pas individuellement mais en équipe.

SIG : Si une mère est cliniquement déprimée ou si elle a d'autres problèmes d'ordre psychiatrique, elle a besoin d'un professionnel de la santé mentale pour travailler avec elle et son mari. S'il s'agit seulement des craintes classiques, normales, alors, faire partie d'un groupe, avec d'autres femmes enceintes et leurs maris, peut suffire. Ces groupes dépendraient du système de santé. Mais, là on aborde d'autres questions : qui allons-nous mandater ? Qu'est-ce qui serait pris en charge par les assurances maladie, Medicaid* ou les HMO** ? Si au niveau fédéral on décidait que le concours des HMO était nécessaire pour couvrir ces services, alors, ceux-ci paieraient. Mais, s'ils ne sont pas mandatés, ils ne paieront pas.

TBB : Avant d'en arriver là, il faut changer entièrement nos idées sur le système de santé pour adopter une approche de prévention active. Sinon, on ne trouvera personne, ni HMO, ni qui que ce soit d'autre, pour payer. Actuellement, dès qu'il y a un problème, notre système de santé procède par l'application de bouts de sparadrap qui sont hors de prix. On n'a pas prouvé que la prévention permettrait de réaliser de grosses économies ; ce serait pourtant le seul moyen de faire bouger les choses.

SIG : Il faudrait définir ce dont nous avons besoin. Il est facile de parler de prévention, difficile d'en faire.

TBB : Eh bien ! par exemple, je pense que tous ceux qui s'occupent de la mère et du bébé à l'hôpital, juste

* Système fédéral d'assurance maladie pour les personnes défavorisées. *(N. d. T.)*

** Health Maintenance Organizations, organismes privés de gestion des soins.

après l'accouchement, devraient avoir été formés à mon échelle d'évaluation NBAS et partager les informations avec la mère. Cela ne prendrait que dix à quinze minutes. Nous avons réduit la durée d'utilisation de l'évaluation pour que l'on puisse l'utiliser plus largement.

SIG : Voudriez-vous que cet examen soit fait par une doula ou une infirmière de l'hôpital ? Est-ce que vous voudriez que l'on ajoute au protocole de naissance ce que recommandent Marshall Klaus et John Kennell, contact peau à peau et période d'attachement[13] ?

TBB : Je proposerais des choix. Certaines mères veulent avoir leur bébé tout de suite, d'autres non. C'est la même chose en ce qui concerne la *doula*. Celles-ci peuvent apporter un soutien considérable, mais je ne suis pas un inconditionnel de cette pratique. Je pense que le plus important, c'est de donner le choix aux gens, en leur expliquant bien les options ; pas en se contentant de dire : « Voulez-vous ceci ? » ou : « Voulez-vous cela ? » et : « Si oui, signez là. »

SIG : Je suis d'accord. C'est exactement ainsi qu'il faut procéder. Le concept des différences individuelles s'applique aux choix familiaux aussi bien qu'aux bébés. Si nous utilisons le concept d'adaptation aux besoins individuels et aux différences dès la naissance, par exemple, nous verrons qu'un grand nombre d'expériences apportent de l'aide à beaucoup de mères et de bébés, comme la possibilité de bénéficier d'une assistance pendant l'accouchement ou de pouvoir garder le bébé sur son ventre quelques minutes après la naissance. Tout cela doit être abordé au cours de la période prénatale avec les mères, cela fait partie de l'intervention prénatale Points forts. Les hôpitaux ne devraient pas rendre ces expériences obligatoires, mais, au contraire, être flexibles et les adapter aux différences individuelles.

TBB : Certains de ces choix ne sont pas possibles

financièrement pour toutes les femmes — par exemple, la *doula* — sans prise en charge par une assurance.

SIG : Nous devons identifier les points qui nous paraissent particulièrement bénéfiques et qui devraient faire partie de ces options. Nous pourrions aussi recommander que l'évaluation des différences individuelles commence pendant la période prénatale, par l'examen des niveaux d'activité du bébé. Les mères doivent savoir qu'elles peuvent apprendre beaucoup de choses à partir des états et des cycles du bébé *in utero*. Elles peuvent, le cas échéant, nous dire si le bébé reste très passif, ce qui peut être le signe de certains problèmes potentiels. Il y a certaines choses que l'on peut faire pour rendre le bébé un peu plus actif. Le feed-back de l'expérience utérine n'a pas encore été analysé. Ce serait un beau sujet de recherche : identifier les bébés inactifs *in utero*, essayer certains exercices physiques avec la mère, rechercher un éventuel changement. Enfin, voir, au moment de l'évaluation néonatale, s'il y a une différence entre les bébés qui ont fait l'objet d'interventions prénatales et les autres ; je pense qu'on ouvrirait ainsi de vastes perspectives.

TBB : Il y a beaucoup d'autres besoins. Il nous faut une consultation d'allaitement. Nous avons mentionné la visite à domicile, entre le cinquième et le septième jour, avec une infirmière formée à l'évaluation néonatale, capable de montrer comment s'adapter au niveau de développement du bébé et à son tempérament. Il faudrait la même visite à trois mois.

SIG : Il me semble que nous devrions penser un peu plus aux services nécessaires pour la prise en charge des problèmes. Après avoir identifié les cas particuliers ou extrêmes, nous avons besoin de cette équipe rassemblant plusieurs disciplines, dont nous avons parlé plus haut. Les moyens d'intervention dont nous disposons actuellement ne sont pas adaptés. Imaginons qu'on diagnostique une hypotonie musculaire chez un enfant de six mois, c'est un risque de problèmes pour le développement moteur, cognitif et du langage, ainsi que de difficultés émotionnelles et relationnelles. Si le bébé se trouve dans un programme hospitalier de suivi pour les nourrissons, il bénéficiera peut-être de kinésithérapie ou d'une thérapie occupationnelle dans le contexte de ce programme. Si l'on prescrit une intervention précoce, un programme en trois points, dans beaucoup de cas, cela consistera seulement en une visite à domicile une fois par semaine ou tous les quinze jours. Avec une personne qui n'aura peut-être pas été formée à la kinésithérapie ou à la thérapie occupationnelle et qui se contentera de donner à la mère quelques idées sur la façon de jouer avec le bébé. Ce qui ne sera sans doute pas beaucoup plus que ce que la mère aurait pu lire dans un livre. Dans ce domaine, les choses sont extrêmement variables actuellement, et les chances pour qu'un bébé bénéficie d'un programme complet sont minimes. Un bébé avec une hypotonie musculaire aurait besoin de deux visites par semaine. Il faudrait un spécialiste sachant travailler de façon interactive pour réussir à communiquer avec cet enfant. Actuellement, cela n'existe pas. Nous n'avons pas beaucoup de personnes formées pour ce genre de travail. On ne sait même pas suffisamment que, lorsque l'on diagnostique un problème physique, il s'accompagne de risques de problèmes d'interaction et de retards du développement émotionnel et intellectuel. Si un bébé n'a pas d'interaction, il n'acquiert pas un comportement intentionnel et il n'échange pas de vocalises avec son entourage. Il faut donc examiner le développement cognitif, émotionnel, relationnel et verbal pour voir si, quand cet enfant sera plus grand, il n'aura pas besoin d'autres séances de rééducation. Il peut être nécessaire d'avoir recours à un orthophoniste pour travailler sur les problèmes moteurs liés au langage, si le bébé n'arrive pas à produire des sons malgré une amélioration des interactions.

Nous devons également chercher si la cause du problème ne se trouve pas ailleurs. Peut-être y a-t-il une mère droguée qui n'amène pas l'enfant à sa thérapie physique, ou peut-être l'enfant a-t-il un faible tonus musculaire par suite de privations émotionnelles (et non pour des raisons physiques), ou a-t-il été maltraité parce que l'ami de la mère est violent.

TBB : Normalement, tous ces éléments sont décelés par nos évaluations Points forts. Ces retards dans le développement moteur et l'hypersensibilité ou certains dysfonctionnements dans d'autres domaines apparaîtront si la mère est en confiance avec le praticien.

Nous avons besoin de plus de personnel et de personnels mieux formés sur les lieux d'intervention précoce. Le mandat fédéral 99-457 de 1978[14] a prévu des financements pour les enfants retardés et handicapés. On a estimé qu'une intervention précoce pour ces enfants et leurs parents était un *droit*. Les centres d'intervention précoce qui se trouvent dans la plupart des grandes villes et que l'on peut contacter par l'intermédiaire de tous les hôpitaux pour enfants sont destinés à tous les parents qui ont le sentiment que leur enfant ne progresse pas. Plus tôt on identifie ces enfants, plus ils ont de chances de progresser. L'United Cerebral Palsy Foundation* a beaucoup aidé ces centres. Cette fondation, qui se consacre aux infirmes moteurs cérébraux, a publié une étude mettant en évidence la sensibilité des parents au développement de leur bébé. Les parents qui avaient demandé l'intervention l'avaient fait dès quatre mois. Quand l'initiative venait des praticiens (comme les pédiatres), l'intervention n'avait pas eu lieu avant seize mois. Il arrive trop souvent qu'un médecin bien intentionné dise : « Ne vous inquiétez pas. Cela passera en grandissant. » Les programmes d'intervention précoce nous ont beaucoup appris sur le

* Fondation pour les infirmes moteurs cérébraux.

développement initial et les bénéfices des traitements tant pour les enfants que pour les parents.

SIG : Ce qui est actuellement en place en fait de services, c'est une sorte de fédération sans lien fort. Si, par hasard, on découvre qu'un enfant subit de mauvais traitements de la part de l'ami de sa mère, il arrive que les services sociaux soient avertis et demandent une évaluation pour décider s'il faut ou non confier l'enfant à une famille d'accueil. Un centre local de santé mentale sans expérience avec les bébés peut être saisi et ne pas savoir quoi faire.

TBB : Le bébé que nous voyons à trois semaines ou à six mois pour sa visite de contrôle se trouve en fait à la merci de la personne qui s'en occupe. Dans le meilleur des cas — par exemple ici, à l'hôpital des Enfants de Boston —, la famille a accès à tous les différents services. Cela n'empêche que nous aimerions quand même avoir plus de travail d'équipe, avec des gens qui se connaissent et qui sachent comment travailler avec les familles et les enfants. Leur collaboration leur permettrait de se poser les questions sur le développement de façon précoce, au moment où l'organisme a encore suffisamment de souplesse et où les chances de guérir des dommages causés à la naissance ou pendant l'accouchement sont les meilleures.

SIG : L'hôpital des Enfants de Boston est l'un des meilleurs hôpitaux du pays. Que se passe-t-il dans ce cadre, si l'on amène un bébé de six mois et que le médecin observe une hypotonicité musculaire et un retard pour s'asseoir (pas assez grave pour parler d'infirmité motrice cérébrale) ? La mère est complètement déprimée mais s'efforce d'avoir l'air bien pendant la consultation. Le père est alcoolique. Qu'est-ce qui va se passer dans le meilleur hôpital du pays ?

TBB : Rien tant que le bébé n'a pas de problème plus sérieux. Nous ne parlons pas systématiquement de prévention aux parents, nous ne faisons pas systématiquement une évaluation. Mais il y a quelque chose que nous essayons de faire : persuader les gens d'assister à nos séances de formation pour qu'ils soient attentifs à certains signes à deux mois et à quatre mois et demi. Ils apprennent ce que sont les systèmes moteur, cognitif et affectif et les observent.

SIG : La formation est effectivement essentielle. Si l'on ne parle pas de son mari à une mère, on ne découvrira pas qu'il boit. Si l'on n'observe pas soigneusement l'interaction adulte/enfant, on ne découvrira pas qu'un bébé ne communique pas ou qu'il ne manifeste pas d'intentionnalité. Même quand on fait une bonne évaluation, il y a des chances pour qu'il ne se passe rien s'il n'y a pas d'équipe de thérapeutes pour prendre en charge l'enfant. Et l'assurance maladie peut très bien ne pas rembourser des interventions liées aux problèmes de développement.

TBB : Certains praticiens peuvent même parler de problème génétique et s'arrêter là. L'un des objectifs dans notre programme Points forts est de former les professionnels à détecter ces problèmes. Nous enseignons actuellement l'évaluation des nouveau-nés dans un grand nombre d'écoles d'infirmières et dans deux écoles de médecine. Espérons qu'ainsi on aura plus de recommandations pour des interventions précoces, et non tardives, au moment où les déficits sont installés. Et, si la personne qui fait l'évaluation partage ses observations avec les parents, ceux-ci sauront quoi surveiller dans le comportement de leur bébé et auront une plus grande confiance dans les praticiens.

SIG : Mais, même si ces personnes bien formées détectent des problèmes, actuellement, les enfants ont toutes les chances d'être adressés à des services surchargés. Ils n'auront pas assez de consultations, et la plupart des praticiens ne pourront même pas les aider faute d'être suffisamment formés. Il faut une formation pour ceux qui évaluent les enfants comme pour ceux qui constituent une équipe d'intervention.

TBB : Donc, ce dont nous avons besoin, c'est non seulement d'évaluation, mais aussi de services capables d'aller droit au but et de donner un peu d'espoir aux gens. Même quand il existe des cabinets pluridisciplinaires d'intervention précoce, il arrive que les pédiatres ne les connaissent pas.

SIG : Les cliniciens se sentent plus sûrs d'eux si, quand ils font la première évaluation, ils savent qu'ils ont derrière eux une bonne équipe d'intervention. Ils ont davantage tendance à rechercher des signes légers. Quel est le pourcentage de neurologues de l'enfant, de pédiatres du comportement ou de pédiatres généralistes qui croient que l'on peut remédier un tant soit peu à ces problèmes ? Quel est le pourcentage prêt à déclarer que, même si nous pouvions réaliser des évaluations et disposer d'une bonne équipe d'intervention, nous ne pourrions pas faire grand-chose ? Beaucoup disent : « Attendons de voir. » Ce qui signifie que l'enfant ira droit vers des problèmes de développement comme l'autisme ou bien qu'il s'en sortira en grandissant : ses gènes détermineront ce qui arrivera.

TBB : Un grand nombre de pédiatres ne relèveront même pas certains retards légers. Parmi ceux qui détecteront ces retards, un pour cent croit que l'on peut intervenir efficacement, et quatre-vingt-dix-neuf pour cent qu'il faut attendre de voir si les choses ne s'arrangeront pas d'elles-mêmes. Que, si cela s'aggrave, on saura alors quoi faire.

SIG : C'est un point très important. Il y a là un véritable besoin d'éducation. Car nous savons vraiment comment intervenir sur ces enfants à un stade précoce.

TBB : Mais, je ne vous apprends rien, tout repose encore sur le modèle pathologique, celui de l'école de médecine. Je voudrais changer complètement ce modèle et dire : « Recherchez les forces des individus. » Cette mère qui vous amène un bébé hypotonique, n'a-t-elle pas en elle une force sur laquelle vous appuyer ? Est-elle complètement dépourvue de toute force ? Est-elle si déprimée qu'elle ne peut pas aider son enfant ? Ensuite, vous regardez le bébé, et vous voyez, d'après son expression et ses réactions, que ce bébé a certaines motivations, même si ses muscles ne les manifestent pas. Vous vous dites : « Bien, je peux faire quelque chose, parce que ce bébé est motivé. Maintenant, il faut traduire cette motivation en action. À qui vais-je pouvoir demander cela ? » Vous commencez avec un point de vue dynamique au lieu d'appliquer une étiquette. Si nous changeons le modèle de l'école de médecine pour un modèle plus positif, une approche basée sur les systèmes, je pense que nous serons mieux préparés pour agir. Faute de quoi, je crains que cela ne soit toujours la même chose, nous attendrons que le bébé ait clairement manifesté un déficit avant de faire quoi que ce soit.

SIG : En mettant en place tout un système incluant le niveau de développement de l'enfant et ses différences individuelles, en ayant, si nécessaire, un dispositif de soutien, vous travaillez dès le début avec une compétence stimulante. Vous travaillez avec ce bébé hypotonique, vous aidez sa mère à interagir avec lui et vous déchiffrez les signaux de ce bébé avant que l'on diagnostique un trouble du développement grave.

TBB : Dans les endroits où l'on a essayé d'appliquer les idées de Points forts dans des campagnes d'intervention précoce, on constate que les possibilités sont bien plus ouvertes au cours des trois premières années. Quand vous avez une mère qui souffre parce qu'elle a un enfant retardé ou à problèmes, elle va obligatoirement être sur la défensive. Elle va écouter le praticien qui lui dit : « Ça passera en grandissant », parce qu'elle a encore de l'espoir. Mais si un consultant identifie les forces du bébé avant d'attaquer la mère avec ses déficits, elle sera capable d'entendre ce qu'on lui dit. Notre programme Points forts soutient les capacités des parents, reconnaît que les parents sont des experts en ce qui concerne leur enfant, que tous les parents ont des forces, que tous les parents veulent faire ce qu'il faut pour leur enfant, et que tous les parents peuvent avoir une influence sur chaque étape du développement. Nous insistons également sur le fait que les sentiments ambivalents sont *normaux*. Cette approche favorise la relation entre les intervenants et les parents qui souffrent, et de cette façon les parents restent plus facilement impliqués.

SIG : C'est effectivement une façon de penser très différente. Il faut arriver à ce que les assurances maladie et les HMO prennent tout cela en charge, et que le gouvernement accepte d'ouvrir ces services aux personnes qui ne bénéficient ni des assurances maladie ni des HMO.

SIG : Dans l'idéal, les différents systèmes — services de santé, d'éducation, services sociaux — travailleraient ensemble, porteraient ensemble les responsabilités. J'essaie de penser à la manière de changer rapidement les attitudes. Si vous étiez un responsable de la santé publique, s'il vous fallait vous préoccuper de ce que tel ou tel bébé ferait à l'école à l'âge de sept ou huit ans et payer une pénalité s'il n'arrivait pas à apprendre, je pense que vous seriez quelque peu motivé. Si les responsables de la santé pensaient qu'ils auraient l'obligation de payer des cours de rattrapage dans l'avenir, cela les motiverait pour travailler avec l'enfant sans attendre.

TBB : Je ne pense pas que les établissements de soins puissent penser à long terme. Jusqu'à présent, ils n'envisagent qu'un futur d'une ou deux années, d'après moi.

Les différences individuelles dans le système scolaire

SIG : Lorsque l'enfant est un peu plus grand, quelles devraient être les responsabilités du système d'éducation si l'on veut qu'elles soient complémentaires des responsabilités médicales ?

TBB : Je pense que nous devrions faire intervenir dans le système scolaire nos experts les mieux formés en évaluation (ce que nous avons appris de l'expérience Head Start). Dès la première année d'école primaire, nous devrions disposer d'un grand nombre de spécialistes pour observer les enfants et voir qui marche bien et qui manifeste des difficultés. Il faudrait aussi un organisme auquel ces spécialistes enverraient leurs observations et qui prendrait le relais.

SIG : Quel genre de personne ou quelle espèce d'équipe désirons-nous voir animée de cette philosophie dans les écoles ?

TBB : Quelqu'un qui prenne en compte l'enfant dans sa totalité. Un psychologue de l'enfance avec une formation en développement. La personne pourrait indiquer le stade de développement de l'enfant, son tempérament, ses différences individuelles et donner quelques informations sur le foyer de chaque enfant de la classe.

SIG : Cette personne dépendrait-elle du système de santé ou de celui de l'éducation ?

TBB : Je pense que c'est un travail qui devrait dépendre des deux : au départ, par l'intermédiaire de la surveillance mère/enfant, nous serions dans le cadre du système de santé, et ensuite, dès que l'enfant y entre, dans celui de l'école. S'il entre en classe de Head Start, on commence là. Nous avons prouvé qu'en faisant ce que nous pouvions, ce qui n'était pas beaucoup, ces débuts avaient une influence sur l'évolution ultérieure des enfants.

SIG : La méthode Points forts pourrait se poursuivre tout au long de l'adolescence, de sorte que le responsable scolaire collaborerait avec le responsable de santé Points forts.

TBB : Nous n'avons pas encore touché le système scolaire, mais nous nous sommes imposés au niveau des crèches, et tout a merveilleusement bien marché. Les puéricultrices disent à une mère : « Est-ce que votre petite fille (un an) ne se réveille pas la nuit ? » et la mère répond : « Oui, comment l'avez-vous deviné ? — Parce qu'elle se donne tellement de mal pour apprendre à marcher pendant la journée qu'elle doit se réveiller la nuit, et elle doit être difficile à nourrir. » La mère se dit : « Eh bien ! en voilà une qui connaît mon bébé ! » et elle s'intéresse au travail des puéricultrices comme elle ne l'avait jamais fait auparavant.

SIG : Les écoles publiques doivent changer leur façon de voir à cet égard. Le système d'éducation publique et, dans une certaine mesure, les crèches se considèrent comme investis d'une mission strictement éducative. Il faut qu'ils envisagent différemment leur champ d'activité : comme le système de santé, ils doivent élargir leur horizon, et intégrer à leur domaine le développement émotionnel et social, les relations et les interactions. De même, l'éducation ne peut avoir une définition étroite de l'intelligence. Une fois cette définition élargie, on voit l'importance des relations précoces. Les relations interactives sont la base de l'apprentissage de la pensée.

Nous ne parlons pas de petits groupes d'enfants quand nous parlons d'enfants présentant des différences individuelles particulièrement inquiétantes. Bien qu'on estime que quinze à vingt pour cent d'enfants ont des problèmes cliniquement identifiables, les enfants qui entrent à l'école avec un sentiment de confiance, avec des capacités d'intimité, d'empathie, qui peuvent partager et utiliser des idées dans le jeu d'imagination ou la discussion (plutôt que de manifester leurs besoins par des actes) représentent probablement moins de la moitié des effectifs.

Les perspectives de l'éducation doivent être élargies afin de prendre en considération toutes les différences dont nous avons parlé. Les écoles ne peuvent pas fermer les yeux là-dessus. Elles ne peuvent pas dire : « C'est trop demander à l'enseignement. Notre travail consiste à enseigner le calcul et la lecture. » Car, pour que l'enfant puisse comprendre les relations spatiales impliquées dans les mathématiques, il doit être capable de penser et de raisonner. Pour penser et raisonner, il doit être capable d'interagir et de communiquer avec les autres.

TBB : J'ai eu l'occasion de parler avec des responsables de la National Education Association (NEA)* et ils m'ont dit qu'à l'heure actuelle ils étaient submergés parce qu'ils devaient gérer des problèmes d'assistance sociale, des problèmes d'échec scolaire, qu'ils avaient du travail par-dessus la tête, qu'ils y usaient toute leur énergie. S'ils étaient libérés de ces tâches par des spécialistes qui les déchargeraient du travail avec les enfants et les familles en difficulté, ils seraient prêts à faire tous les diagnostics qu'on leur demanderait. Ils en ont bien évidemment les compétences

SIG : Qu'est-ce qui les empêche de recourir à l'aide de ces spécialistes dès à présent ? Le modèle de prévention dont vous parlez réduirait le nombre d'enfants dans les classes spécialisées. En faisant attention, dès les débuts, aux enfants souffrant de difficultés de motricité, d'attention, de langage, de problèmes relationnels, émotionnels et familiaux, nous pourrions réduire le nombre de ceux qui auront besoin de classes très spécialisées.

Si l'on suivait ce modèle de prévention, on serait en mesure de redéfinir l'éducation spécialisée dans notre pays : elle coûterait moins cher et fonctionnerait de façon plus efficace. Actuellement, le modèle d'éducation spécialisée est juste ce que vous critiquez — un modèle pathologique où l'on évalue les déficits de l'enfant, où l'on applique des étiquettes sans procurer les matériaux nécessaires aux acquisitions. Les remèdes appliqués ne font qu'enfoncer davantage les enfants.

TBB : De nos jours, au moment où on leur apporte de

* Association nationale pour l'éducation.

l'aide, les enfants ont été tellement meurtris qu'ils sont détruits de l'intérieur, qu'ils n'ont plus aucun espoir.

Les effectifs dans les classes et les différences individuelles

SIG : Quand on croit vraiment aux différences individuelles, à une prise en charge personnalisée de chaque enfant, adaptée à son système neurologique, un autre problème se pose à l'école : celui des effectifs.

TBB : Je n'ai pas d'expérience en matière d'enseignement, mais je pense que pour les premières années il faudrait commencer par les chiffres que nous avons avancés pour les crèches.

SIG : Si l'on considère les classes dans les écoles privées, beaucoup ont entre douze et quinze enfants. Ce qui fait une grande, grande différence. Dans les écoles privées, beaucoup des classes tendent à rester dans ces limites de douze à quinze. Il arrive qu'on aille jusqu'à vingt pour une classe particulièrement demandée. C'est valable depuis le primaire jusqu'à la terminale.

Mon avis sur cette question est qu'il existe deux groupes d'enfants. Il y a les enfants qui peuvent apprendre tout seuls. Fondamentalement, ils peuvent apprendre sans école. Vous leur donnez des livres et des feuilles d'exercice et ils apprendront par eux-mêmes. Les enfants qui ont véritablement besoin d'un enseignant pour les aider à apprendre doivent avoir des classes de moins de quinze ou seize élèves. Autrement, on compromet d'emblée leur apprentissage. On parle de mettre plus de technologie dans l'éducation, on parle d'écoles d'été pour les enfants, de journées de classes allongées, et l'on ne se penche pas sur le problème le plus important : les classes sont surchargées, avec vingt-cinq à trente élèves. Dans de telles classes, on ne peut pas adapter le travail aux différences individuelles.

Dans les petites maternelles, pour les enfants de deux ans, je dirais qu'il faudrait un adulte pour quatre enfants. Pour les trois ans, on pourrait aller jusqu'à cinq enfants, et l'année suivante jusqu'à six enfants par adulte. On pourrait avoir une classe de douze enfants avec deux institutrices. Dans la dernière année de maternelle, on pourrait avoir une institutrice pour sept enfants ou deux institutrices pour quatorze enfants maximum.

Dans la première année de primaire (CP), je maintiendrais la classe à quinze élèves ou moins, et je conseillerais la même chose pour toutes les autres années jusqu'à la fin du lycée — plus ou moins. Certaines classes pourraient aller jusqu'à dix-huit élèves, d'autres rester à treize. Pendant les années de primaire, je préférerais qu'il y ait deux institutrices par classe. À ce niveau, l'un des adultes pourrait être une assistante. Cette personne n'aurait pas besoin d'avoir tous les diplômes d'enseignement. À partir du collège, on peut avoir un adulte pour quinze enfants. C'est une transition qui peut s'opérer progressivement dès la fin du primaire.

La plupart des enfants ont besoin de travailler davantage en « tête à tête » avec l'enseignant pour bien assimiler. Si nous voulons aider les esprits à se développer, si nous prenons l'enseignement au sérieux, nous devons effectuer des changements. On ne peut pas sous-estimer le facteur humain. L'apprentissage s'effectue à travers les relations et les interactions. Si, pour enseigner comment résoudre les problèmes, on essaie de remplacer les interactions par de la technologie ou des heures supplémentaires de rabâchage, on n'obtient pas de bons résultats. Le ciment du développement mental, c'est l'interaction humaine. Si l'on tente de substituer la technologie au facteur humain, on finira par déshumaniser notre population. Et elle ne sera pas bien éduquée.

TBB : Certains de ces chiffres peuvent ne pas être réalistes. Je pense que pour les enfants de deux ans, vous pourriez aller jusqu'à six ou huit par adulte, et pour les enfants de trois ans jusqu'à huit ou dix. Pour ceux qui ont quatre ans, il me semble qu'on pourrait avoir dix enfants par adulte, et, dans la grande section de maternelle, douze à quatorze. Je maintiendrais les effectifs entre douze et seize pour l'école primaire et ne dépasserais pas seize jusqu'au bac. Mais nous avons là des désirs quelque peu coûteux.

SIG : Fondamentalement, je pense que nous sommes sur la même longueur d'onde. L'idée, c'est d'avoir des classes moins nombreuses tout au long de la scolarité. Vous essayez d'être plus réaliste en termes de ce qui est possible financièrement, et j'essaie d'être très idéaliste. Pour les années de maternelle, par exemple, j'essaie de penser à ce qui est le mieux pour ces enfants, pour qu'ils ne soient pas privés sur le plan émotionnel et qu'ils aient suffisamment de contacts avec l'adulte. S'il y a un adulte pour quatre ou cinq enfants, qui les aide à jouer, qui puisse aller et venir selon les besoins, ceux-ci auront un sentiment de sécurité, comme des enfants jouant à la maison.

J'essaie de réfléchir à ce qui constitue une expérience idéale pour les enfants. Vous avez quelques enfants du voisinage qui jouent à la maison et la maman qui va et vient. S'il y a quatre enfants, tous ont un accès à l'adulte. S'il y en a dix, l'accès n'est pas tout à fait le même. Ils dépendent plus des interactions d'enfant à enfant : c'est parfait jusqu'à un certain point, mais il y aura des manques.

TBB : Peut-être pensez-vous plus précisément aux enfants qui ont des besoins spécifiques ?

SIG : Sans doute que dans ma pratique je vois plus d'enfants avec des handicaps lourds, mais j'en vois aussi beaucoup qui ont des problèmes mineurs et d'autres qui sont dans la norme. Nos différences d'opinion ont davantage à voir avec la réalité financière. Je pense que si l'on vous proposait d'établir un programme de crèche ou d'école maternelle sans aucune limite financière, quand on vous demanderait le nombre optimal d'enfants par adulte, vous répondriez quatre pour un, plutôt que huit pour un, pour les enfants de deux ans.

TBB : Oui, je dirais quatre pour un.

SIG : Le fait est que, pour adapter les expériences au système nerveux et aux différences individuelles de l'enfant, l'adulte a besoin de temps avec chaque enfant. Après l'affection chaleureuse des relations, la protection physique et la sécurité, nos deux premiers besoins, les enfants doivent recevoir cette attention adaptée.

TBB : L'un des événements les plus tragiques de notre système d'éducation est que les parents ont été marginalisés. Ils ne se sentent plus nécessaires pour l'éducation de leurs enfants. Pour qu'un enfant réussisse à l'école, il est indispensable que les parents participent à son travail et qu'ils comprennent ses besoins. Les familles asiatiques montrent un bon exemple dans ce domaine.

Il est naturel que parents et enseignants entrent en compétition à propos de l'enfant dont ils s'occupent. C'est ce que j'appelle le *phénomène de barrière**. Cela arrive chaque fois que deux adultes ont des sentiments profonds pour le même enfant. Cela arrive entre parents, et entre parents et puéricultrices ou enseignants. Cela arrive fatalement. Mais de nos jours, particulièrement à l'école, les parents ont besoin de se sentir nécessaires et impliqués dans l'éducation de leur enfant. Ils sont souvent tellement débordés par deux métiers à temps plein que nous avons encore davantage le devoir de les impliquer dans les processus de développement comme l'école. Peut-être que les associations de parents d'élèves ne sont plus la réponse et que nous devrions trouver d'autres façons innovantes pour attirer les parents.

* *Gatekeeping* : expression inventée par le docteur Brazelton et qui désigne la compétition entre plusieurs personnes s'occupant d'un même enfant, compétition provenant de la passion suscitée par l'enfant. *(N. d. T.)*

L'école à domicile et les différences individuelles

TBB : Quand on parle d'attention individuelle, beaucoup de gens pensent à l'école à domicile. J'ai été inondé de courrier provenant de personnes qui prônaient les avantages de cette formule, étant donné ce que sont les écoles actuelles. Quand on me demande si l'école à la maison est un bon moyen d'éducation pour les enfants, j'attire l'attention sur certains désavantages, y compris le risque de devenir moins sociable. Les enfants apprennent tellement les uns par les autres que je m'inquiéterais de les voir ainsi isolés sur le plan social. Les lettres que je reçois parlent de retirer un enfant d'une situation scolaire négative, évoquent une grande différence en termes d'image de soi. Beaucoup de ces parents se donnent du mal pour constituer des groupes d'amis, des groupes de sport, etc., pour leurs enfants scolarisés à la maison. Ces parents tiennent à leur philosophie et y appliquent toute leur énergie.

SIG : Nous avons eu certains enfants avec des besoins spécifiques pour lesquels j'ai encouragé cette forme d'éducation, et certains de ces enfants ont remarquablement réussi sous le contrôle de parents très attentionnés. Quelques-uns employaient des professeurs particuliers pour la matinée (certains étaient enseignants eux-mêmes) ; il y avait des groupes de jeu l'après-midi, ainsi que d'autres activités comme la danse, la musique ou le sport.

TBB : On peut le faire. Pourtant, je pense que c'est une échappatoire. Je trouve que nous devons travailler à améliorer les écoles, car les parents qui ont les moyens de s'y substituer ne sont pas nombreux. Ceux qui font la tentative de l'école à la maison sont probablement des parents déçus qui se sentent exclus de notre système actuel.

SIG : Ceux que je connais étaient des parents qui ont été forcés de recourir à cette formule parce que cela ne marchait pas à l'école et qu'ils ne trouvaient aucune alternative convenable. J'ai eu ainsi un petit garçon affligé d'une grave infirmité motrice cérébrale, présentant des difficultés sur le plan cognitif, verbal et social. Quand je l'ai vu pour la première fois, il avait presque quatre ans, ne manifestait aucune capacité de langage ou de programmation motrice, et n'avait que quelques rares îlots cognitifs. Il ne faisait que de tout petits progrès. Il était parvenu à communiquer un peu mieux et à devenir un peu plus intentionnel, mais quand il arrivait, il ne pouvait rien faire de plus que tendre la main vers quelque chose ou solliciter le contact par un geste moteur. Il suivait des séances de kinésithérapie et d'orthophonie et ses parents essayaient de faire avec lui ce que j'appelle des « séances de tapis » à la maison. Mais le programme de son école ne lui apportait rien de bon. En classe, il restait absorbé en lui-même pendant des heures.

Ses parents étaient inquiets, à juste titre. Ils n'avaient pas réussi à obtenir de l'école un programme adapté à ses différences individuelles. Ils me dirent : « Étant donné que cela ne marche pas, pourquoi ne pas essayer à la maison un programme que nous pourrions vraiment adapter à ses besoins ? » Je trouvais moi aussi que cela valait la peine d'essayer. Ils ont alors non seulement organisé un programme à la maison, mais encore intenté un procès qu'ils ont gagné, obtenant de la part de l'enseignement public la prise en charge des professeurs particuliers dont ils avaient besoin chez eux. Dans leur programme, les cinq à six heures que leur enfant perdait à l'école furent consacrées à des interactions d'apprentissage à deux. Ces interactions avaient lieu à trois niveaux. Au premier niveau, l'adulte suivait les directives de l'enfant et l'engageait dans une communication aller et retour. Au deuxième intervenaient des situations d'apprentissage avec des problèmes structurés à résoudre, de façon à motiver de nouvelles acquisitions et de nouvelles capacités. Au troisième niveau, il y avait des activités motrices, sensorielles et un travail sur la perception de l'espace.

Cet enfant est à présent très communicatif et intentionnel, il utilise des mots, construit de courtes phrases, et il est possible de dialoguer avec lui. De tels enfants réussissent mieux que prévu à condition de ne pas rester sans rien faire. Il faut mettre en place un programme. Si on laisse ces enfants se renfermer sur eux-mêmes au milieu de grands groupes ou dans des programmes qui ignorent les différences individuelles, rien ne se passera ou leurs problèmes s'aggraveront.

Recommandations

— À LA NAISSANCE

Pendant le séjour à l'hôpital, le nouveau-né devrait être examiné en présence de ses parents, à l'aide de l'échelle d'évaluation du comportement néonatal. Les différences individuelles et le niveau de développement doivent être expliqués et des dispositions prises si une intervention précoce paraît nécessaire.

— VISITE À DOMICILE

Nous recommandons pour chaque famille une visite à domicile effectuée par une infirmière spécialisée dans le développement qui cherchera des signes de dépression post-partum, observera les relations parents-enfant et la capacité des parents à s'occuper du bébé de façon adaptée à ses différences individuelles. (Voir le modèle Points forts dans les annexes.)

— SUIVI MÉDICAL

À chaque visite, il faudrait surveiller l'état des relations et dépister tout retard moteur ou neurologique qui exigerait une intervention.

— APPROCHE PRÉVENTIVE

Les évaluations précoces, au cours desquelles on montre aux parents les capacités de l'enfant, devraient être utilisées pour détecter les difficultés ou les retards avant que ceux-ci ne mènent à des schémas d'échec. Les recommandations pour une intervention devraient être faites après que le praticien aurait établi une relation de travail avec le parent.

— SERVICES D'ASSISTANCE

Chaque pédiatre ou infirmière soignant des enfants devrait être en relation avec une équipe comprenant tous les spécialistes concernés par le développement précoce. Ces services devraient fonder leur pratique sur la compréhension des différences individuelles à la fois chez l'enfant et dans sa famille.

— ASSURANCES

Dépistage, évaluation précoce et interventions devraient être pris en charge par les HMO et les assurances maladie.

— ÉDUCATION

L'éducation devrait centrer les apprentissages autour d'une compréhension nouvelle des différences individuelles, concernant la manière dont les enfants apprennent et interagissent avec les autres et avec le monde : leur façon de recevoir l'information, de la comprendre, d'y réfléchir et d'y répondre.

Les effectifs des classes de maternelle, de primaire, de collège et de lycée devraient être tels que les enfants puissent apprendre à leur niveau individuel et en accord avec leur façon d'être, tels que les enseignants puissent identifier forces et retards. C'est-à-dire, à deux ans, pas plus de quatre à six enfants par adulte ; à trois ans, cinq à sept enfants par adulte ; à quatre ans, six à huit enfants par adulte et, en grande section de maternelle, six à douze enfants par adulte. Pendant les années d'école primaire, les classes ne devraient pas dépasser douze à quinze enfants, et au lycée, elles devraient compter au maximum douze à seize élèves.

Dans les programmes, les approches orientées vers les capacités devraient remplacer les approches orientées vers l'échec. Des tests devraient être utilisés pour identifier ce que les enfants doivent apprendre et pour adapter les méthodes d'enseignement à tel ou tel enfant, et non pas pour punir l'enfant. Les programmes extrascolaires, les devoirs de vacances, les cours particuliers devraient être utilisés pour aider les enfants à maîtriser le programme selon une progression logique, régulière, équilibrée. L'enfant devrait refaire un exercice jusqu'à ce qu'il soit capable d'obtenir au moins sa moyenne, à condition qu'on l'aide à comprendre l'exercice et à progresser. Certains enfants avancent plus lentement, d'autres plus rapidement.

Il faudrait séparer les matières fondamentales — lecture, écriture et calcul — des sujets qui demandent plus de discussion, qui sont davantage fondés sur le contenu et sur lesquels les enfants peuvent travailler en groupe. Les matières fondamentales devraient être mieux adaptées individuellement afin que les enfants ne quittent pas le système scolaire sans savoir lire et effectuer les opérations mathématiques de base. Cette approche pédagogique exige que les élèves travaillent en petits groupes et que l'enseignant intervienne fréquemment avec chacun en particulier.

En outre, les données fondamentales permettant d'accéder à la réflexion et à la résolution de problèmes devraient constituer l'objectif explicite de l'éducation. Les programmes devraient en conséquence comprendre un travail sur l'audition, la perception de l'espace, la programmation motrice séquentielle et la modulation sensorielle. Ces données fondamentales peuvent être testées dans le contexte de l'enseignement des sujets académiques traditionnels comme les mathématiques, les sciences, la lecture, l'anglais et l'écriture.

Enfin, les QI ou autres tests structurés ne devraient pas être utilisés comme un moyen primaire de catégoriser ou d'étiqueter les enfants. Bien que ces tests reposent sur une longue tradition, ils ne peuvent mesurer que des capacités cognitives données, à un moment donné. De plus, ils ne mesurent pas toutes les capacités essentielles d'enregistrement et d'interprétation, qui sont liées au fonctionnement intellectuel ; les résultats risquent donc d'être moins bons en cas de déficits sélectifs, comme certains problèmes sérieux de programmation motrice séquentielle. Par exemple, nous avons observé cliniquement des enfants présentant ces graves problèmes de programmation motrice séquentielle : leurs résultats aux tests de QI s'étaient améliorés de trente à cinquante pour cent sur une période de cinq ans, au fur et à mesure que leur motricité s'améliorait. Au lieu de tester son QI, il est plus utile d'observer comment un enfant apprend, sur une certaine durée, avec des interactions pédagogiques adaptées à son profil développemental concernant les forces et les faiblesses d'assimilation. En fait, quand on met une étiquette sur un enfant et que l'on agit comme s'il était semblable aux autres de la même catégorie, on écarte l'éventualité d'interactions pédagogiques individualisées. Au contraire, quand on travaille avec un enfant en essayant constamment de trouver de meilleures façons de comprendre ses différences et de créer des interactions pédagogiques individualisées dynamiques, on crée souvent des conditions de développement.

L'éducation doit utiliser des approches pédagogiques interactives dynamiques qui encouragent la compréhension conceptuelle plutôt que la mémorisation mécanique. Les parents et les éducateurs peuvent travailler ensemble pour adapter les expériences pédagogiques aux différences individuelles de chaque enfant. Cette coopération peut aller jusqu'à la participation des parents à l'administration de l'école.

— ÉDUCATION SPÉCIALISÉE, ENFANTS AYANT DES BESOINS SPÉCIFIQUES

Il est nécessaire d'avoir constamment une approche fondée sur les différences individuelles du développement fonctionnel (par exemple, le modèle DIR), une approche dans laquelle on travaille de façon interactive avec chaque enfant, compte tenu de son système nerveux propre et de ses capacités de développement. Il doit y avoir suffisamment d'interactions de personne à personne, surtout pour les enfants renfermés sur eux-mêmes, passifs ou persévératifs*. On ne devrait jamais attendre que l'enfant échoue pour recourir à ces services. Les services de soutien devraient intervenir de façon précoce, et, si les classes étaient moins surchargées, les enfants devraient pouvoir aller dans des écoles normales. L'école à la maison pour les enfants au développement retardé serait une option pour des parents motivés.

Les études les plus récentes recommandent une approche individuelle, travaillant sur le développement fonctionnel[15]. Pourtant, beaucoup de programmes dans les écoles et autres lieux destinés aux enfants autistes sont fondés sur un modèle plus ancien, qui est comportemental. Ce modèle avait instauré un travail intensif de personne à personne avec l'enfant, ce qui était un progrès notoire pour l'époque. Cependant, les approches comportementales tentent de modifier les comportements superficiels sans travailler suffisamment à renforcer les différences individuelles sous-jacentes dans le traitement des stimuli ou les relations familiales. De nouvelles recherches ainsi que des observations cliniques nous permettent d'aller au-delà de ce vieux modèle et nous encouragent à construire des approches individualisées intensives qui renforcent les capacités sous-jacentes dans l'enregistrement et l'interprétation des stimuli.

De plus, la recherche sur les approches comportementales est beaucoup plus limitée que ne le reconnaissent généralement ses partisans. L'étude souvent citée pour soutenir ces approches a été faite par Lovaas et ses collègues[16] sur dix-neuf enfants seulement ; elle ne portait pas sur une population représentative d'enfants autistes

* Atteints de persévération : répétition ou continuation anormale d'une activité après disparition de la cause l'ayant provoquée. *(N. d. T.)*

(car les critères de sélection excluaient les cas modérés à très graves) et ne mesurait pas les capacités les plus atteintes par l'autisme (par exemple, pensée abstraite, déduction, imagination, compréhension et réaction aux signes non verbaux et aux signes émotionnels — réciprocité sociale —, invention de solutions nouvelles pour des problèmes, compréhension de ses propres sentiments et des sentiments d'autrui). En outre, cette étude n'a pas comparé son approche à d'autres approches de même amplitude, ni utilisé une méthodologie expérimentale clinique[17]. Dans des circonstances choisies, les techniques comportementales peuvent représenter un élément d'une approche multiple, fondée sur les recherches en cours et les observations cliniques ; elles ne devraient pas constituer une approche unique.

Nous voilà donc placés face à un problème national (et international) majeur. Afin de procurer des soins adaptés aux enfants souffrant de troubles du développement et de l'apprentissage, y compris l'autisme, nous devons transformer les programmes plus anciens et limités en une approche fondée sur les différences individuelles qui s'adapte au profil de développement unique de chaque enfant, en tenant compte de son fonctionnement mental particulier (plutôt que de vouloir adapter l'enfant à un programmc standard).

Pour aider l'enfant et sa famille le plus tôt possible, nous avons également besoin d'un dépistage systématique des problèmes émotionnels, des difficultés de développement et d'apprentissage, dépistage qui ferait partie de la surveillance du bébé et de l'enfant sur le plan médical et scolaire. La prise en charge de ces problèmes exige un grand effort national pour former les intervenants et développer les programmes nécessaires.

— SERVICE SOCIAL ET SERVICE JUDICIAIRE

En ce qui concerne les comportements à problèmes, la délinquance et la criminalité, les approches devraient combiner sanction et responsabilisation, avec des programmes adaptés aux différences individuelles. Les programmes de réinsertion devraient prendre en compte les capacités mentales particulières de chaque enfant et les caractéristiques de son environnement. Ils ne devraient pas présupposer une tendance globale héréditaire au comportement asocial et délinquant, mais plutôt voir dans ces tendances des dispositions naturelles à des désirs viscéraux irrépressibles ou à l'impulsivité. Il faudrait faire des tentatives pour améliorer les environnements familiaux incapables de procurer des structures, où il est difficile de trouver de l'affection, de l'empathie ou des conseils.

— SANTÉ MENTALE

La thérapie doit, elle aussi, adopter une approche fondée sur les différences individuelles[18]. Il faut éviter la tentation de s'empresser de coller ensemble les différents schémas individuels dans un syndrome plus large avant d'être plus amplement informé. Le profil individuel devrait être ce qui guide un programme d'intervention pour l'enfant ; programme qui devrait inclure les approches individuelles, familiales et pédagogiques nécessaires, ainsi que la discussion d'un traitement médicamenteux. De nos jours, les interventions psychosociales suffisent souvent.

— ÉDUCATION DES PARENTS ET DES FUTURS PARENTS SUR LES DIFFÉRENCES INDIVIDUELLES ET LE DÉVELOPPEMENT INITIAL

Des campagnes d'éducation publique et des formations à l'école sur les besoins des enfants devraient familiariser les parents avec les différences individuelles. De cette façon, les parents seraient préparés pour affronter des problèmes comme l'hypersensibilité au toucher et aux sons ou l'hyporéactivité, entre autres. Ainsi, on éviterait les schémas d'inadaptation et on pourrait aider chaque enfant à maîtriser des modes d'interaction et d'apprentissage positifs et adaptés.

4

Le besoin d'expériences adaptées au développement

Au cours de leur croissance, les enfants franchissent différents stades de développement. Chacun de ces stades fournit les matériaux nécessaires à la construction de l'intelligence, de la moralité, de la santé affective et des compétences académiques. Par exemple, à un stade, les enfants apprennent à communiquer avec les autres dans la compassion et l'empathie, à un autre stade, à déchiffrer les signaux sociaux, à un autre encore, à penser avec logique et imagination.

À chaque stade, certaines expériences sont nécessaires. L'apprentissage de la compassion dans les relations ne peut se faire si l'enfant ne bénéficie pas d'interactions chaleureuses empathiques. L'apprentissage des signaux sociaux ne se fera pas sans des jeux partagés et des négociations. La pensée logique et créative exige un partenaire pour des jeux d'imagination, des discussions et des débats contradictoires.

Quand un enfant arrive à un nouveau stade de développement, il continue à avoir besoin des interactions correspondant aux stades antérieurs. Parce que les nouveaux types d'interactions s'ajoutent aux anciens, quand l'enfant atteint l'âge scolaire, il a besoin de nombreuses expériences diverses pour assurer son développement. Beaucoup de parents savent intuitivement ce que sont ces expériences essentielles. Ils savent aussi quelles sont celles que leur enfant a maîtrisées et celles qui nécessitent plus de pratique ou plus d'efforts. Certains enfants, par exemple, ont besoin de plus de pratique pour apprendre à établir des relations chaleureuses et confiantes. Ils peuvent être indifférents et absorbés en eux-mêmes au cours de leur première année et n'établir de relations intimes que progressivement au cours de la deuxième année. D'autres enfants ont besoin d'un peu plus de temps pour apprendre les jeux d'imagination.

Les enfants maîtrisent ces tâches de développement à des rythmes très différents. Presser un enfant à n'importe quel stade risque, en fait, de le retarder. Ce risque est sérieux. S'établit alors un équilibre précaire, exactement comme pour une maison dont on aurait construit les fondations le plus rapidement possible et qui se révélerait instable à la première tempête.

La plupart des programmes concernant la petite enfance, comme les recommandations de la National Association for the Education of Young Children*, insistent sur la pratique d'activités appropriées au développement. Faire de cet objectif une réalité suppose que l'on trouve le meilleur moyen pour caractériser les capacités de développement de chaque enfant. C'est une question importante, parce que, si nous réussissons à adapter les expériences aux besoins les plus pressants du développement pour chaque enfant, il nous sera possible d'aider tous les enfants à surmonter leurs problèmes et de favoriser une croissance et un développement sains. Étant donné que les compétences motrices, cognitives, verbales, émotionnelles et sociales progressent à des rythmes différents, nous devons également tenir compte du niveau que les enfants ont atteint dans chacun de ces domaines. S'il y a un retard dans certaines compétences, nous pouvons alors comprendre ce que cela coûte à l'enfant.

* Association nationale pour l'éducation des jeunes enfants.

On a décrit de façons variées les stades de développement de l'enfant. L'un de nous (S.I. Greenspan) a distingué six stades primaires ou six capacités de développement fonctionnel, plus trois stades supplémentaires qui caractérisent les années scolaires[1]. Dans ces capacités fondamentales, l'enfant rassemble toutes ses différentes compétences. Ces fonctions montrent la façon dont ses capacités mentales travaillent ensemble, comme en équipe. Les compétences cognitives, motrices, verbales, émotionnelles et sociales agissent de concert, pour aider l'enfant à apprendre à se comporter dans son monde.

Ces stades peuvent être décrits de la façon suivante.

La sécurité et l'aptitude à regarder, à écouter et à garder son calme

Une des premières aptitudes nécessaires à tous les enfants et, évidemment, à ceux qui ont atteint l'âge scolaire, sera de rester calme et régulé, tout en participant à leur environnement ; c'est-à-dire, en étant attentifs aux gens, aux choses, aux sons, aux odeurs, aux mouvements, etc.

Il n'est pas facile pour les enfants d'apprendre à maintenir leur calme tout en s'intéressant à un monde excitant. Normalement, les enfants commencent à le faire au cours des premiers mois de leur vie. Vers trois ou quatre mois, les bébés devraient pouvoir se concentrer sur ce qu'ils touchent, voient ou entendent sans perdre leur contrôle. Certains bébés sourient et gazouillent naturellement, savent regarder et écouter, dorment régulièrement, mangent facilement. D'autres — et ils sont nombreux — ont plus de difficultés. Si, à n'importe quel âge, un enfant ne manifeste pas cette aptitude, il faut alors travailler avec cet enfant. On ne peut pas ignorer cette étape interne vitale.

Relations : l'aptitude à se sentir chaleureux et proche des autres

La sécurité intérieure permet à un enfant d'être attentif ; elle lui donne également la capacité d'être chaleureux, confiant et intime tant avec les adultes qu'avec les enfants de son âge. Normalement, nous constatons une progression précoce de cette aptitude entre quatre et six mois[2]. Le bébé étudie le visage de ses parents, gazouillant et retournant les sourires avec ravissement, au moment où ils se « font la cour » et découvrent ensemble l'amour. Nous voyons cela chez l'écolier de sept ans, qui a travaillé seul à son bureau et qui adresse à son institutrice un sourire épanoui en lui montrant fièrement son cahier. Nous voyons cela chez l'enfant de douze ans, qui se promène avec un groupe d'amis à la récréation et se met à plaisanter et à discuter avec eux, mettant sans façon son bras autour des épaules de l'un d'eux et lui boxant amicalement les côtes.

Les enfants qui ne savent pas avoir des relations chaleureuses, confiantes de ce genre avec les autres — les enfants qui sont timides, renfermés et méfiants ou qui s'attendent à être humiliés —, s'isolent et deviennent même incapables d'entendre ce qu'on leur dit. Ils peuvent décider qu'il vaut mieux être un solitaire et traiter les autres comme des objets, en les blessant parce qu'ils s'attendent à ne pas avoir ce qu'ils désirent. Ils peuvent également décider qu'ils ne peuvent se fier qu'à leurs propres idées ou expériences. Méfiants envers les autres, ils vivent selon leurs propres principes. Perdus dans leurs sensations, sentiments et pensées, ils peuvent devenir — jusqu'à un certain point — aliénés de la réalité externe et du monde de la logique et de l'objectivité.

Ces enfants ont à régler un problème fondamental avant de pouvoir passer au stade de développement suivant. Parce que, dans les premières années de la vie, la plupart des apprentissages — insights*, intuitions et principes — viennent de ce que nous apprenons dans des relations. Tous les concepts abstraits, intellectuels que les enfants maîtriseront à un âge ultérieur sont fondés sur des concepts que leur enseignent les relations précoces.

Communication intentionnelle bilatérale sans mots

La troisième aptitude fondamentale s'appuie sur les deux premières (on doit pouvoir s'intéresser aux gens et établir des relations avec eux avant de pouvoir communiquer). Dès leur plus jeune âge, les enfants apprennent à utiliser et à lire les signaux qui sont exprimés non par les mots, mais par le comportement, les expressions du visage, les postures du corps, etc. La capacité de communication des enfants se développe en une suite d'étapes débutant entre six et dix-huit mois environ.

Au début, les enfants communiquent seulement non verbalement, mais ils peuvent avoir un dialogue riche au moyen de sourires, de mimiques, en pointant le doigt, en se tortillant, en gigotant, en roucoulant et en pleurant. À dix-huit mois, les enfants sont souvent de bons lecteurs de signaux non verbaux (« référencement »).

Les enfants qui comprennent et utilisent la communication non verbale maîtrisent mieux que les autres les bases de l'interaction et de la communication humaine. Ils sont généralement plus attentifs et coopératifs à l'école. Ils sont capables de saisir des signaux muets et de déchiffrer des situations qui pourraient déconcerter les autres.

Les enfants qui ont des difficultés avec la communication non verbale ont tendance à avoir des difficultés à l'école et avec leurs amis parce qu'ils se donnent du mal

* Compréhension soudaine d'une situation déterminée. (*N. d. T.*)

pour déchiffrer les signaux non verbaux et essayer de comprendre ce que veulent dire les autres, au lieu de se sentir suffisamment à l'aise pour se concentrer sur les cours. Il est important de se rappeler que cette aptitude à lire les signaux non verbaux et à y réagir, apprise très tôt dans la vie, joue un rôle durable dans la socialisation et l'apprentissage de l'enfant tout au long des années d'école.

Résoudre les problèmes et acquérir la conscience de soi

Au cours de ce stade, les enfants apprennent comment le monde fonctionne. À l'âge de la marche, ils savent reconnaître des schémas et les utiliser pour résoudre des problèmes. La prise de conscience des actions qui provoquent chez les parents la réponse espérée mène à des séries d'interactions complexes. À présent, capables d'obtenir avec succès ce qu'ils veulent — jus de fruits, jouet, câlin —, les enfants de quatorze à dix-huit mois commencent à développer la conscience de soi. Beaucoup d'aptitudes cognitives et la curiosité émergente qui sous-tend les recherches scientifiques se développent à partir de ces expériences émotionnelles précoces qui consistent à résoudre des problèmes avec le concours d'une autre personne.

Les idées émotionnelles

Ensuite, les enfants commencent à apprendre à former des images ou des représentations mentales — à former des idées sur leurs désirs, leurs besoins et leurs émotions. Un enfant qui dit : « Je veux ce crayon », au lieu de se contenter de le saisir, utilise des symboles. Nous constatons cette capacité quand les enfants disent : « Donne-moi ça », ou : « Je suis heureux », ou : « Je suis triste. » Ils se mettent à substituer une pensée ou une idée (« Je suis furieux ! ») à une action (frapper de la main ou du pied). Non seulement ils font l'expérience de l'émotion, mais ils sont capables de faire l'expérience de l'idée d'émotion, qu'ils peuvent alors traduire en mots ou par des jeux d'imagination. Ils utilisent une idée, exprimée en mots, pour communiquer quelque chose à propos de ce qu'ils veulent, sentent ou sont sur le point de faire.

Cette aptitude ouvre tout un nouveau monde riche en défis : Les enfants peuvent commencer à exercer, en même temps, leur esprit, leur corps et leurs émotions. Il est capital pour eux d'avoir maîtrisé cette communication au moment où ils entrent à l'école primaire, pour pouvoir comprendre les mots qui leurs sont destinés et utiliser les mots et les idées pour s'exprimer eux-mêmes.

Beaucoup d'enfants (et d'adultes) continuent à avoir des difficultés dans ce domaine. Ils font l'amalgame entre sentiments ou pensées et action. Les enfants incapables d'identifier leurs intentions et leurs sentiments, et qui ont une approche de la vie uniquement à travers leurs actes, risquent d'utiliser l'agression comme moyen de régler toutes les situations difficiles.

Les enfants apprennent naturellement ces termes émotionnels dans leur famille, à travers l'expérience quotidienne de la relation entre les mots et ce qui se passe dans les interactions et dans leur corps. Les enfants apprennent en entendant les autres utiliser des mots pour exprimer leurs émotions dans certains contextes, et alors, quand ils font la même expérience ou ressentent la même émotion, ils essaient les mots. Si leurs efforts sont accueillis avec empathie et encouragés, le lien entre le mot — ou le concept — et le sentiment est renforcé.

La pensée émotionnelle

L'aptitude suivante implique d'aller plus loin que d'appliquer un mot à un sentiment — les enfants acquièrent la capacité de penser avec ces images. Entre deux ans et demi et trois ans et demi, les enfants prennent ces idées émotionnelles, qu'ils ont élevées du niveau du comportement au niveau de la pensée, et font des associations entre différentes catégories d'idées et de sentiments : « Je suis furieux aujourd'hui parce tu n'es pas venu jouer avec moi », ou : « Je suis heureux parce que maman a été gentille. » Si l'on y réfléchit, ces associations traduisent un point de vue assez subtil — elles relient deux sentiments dans le temps, et reconnaissent que l'un est la cause de l'autre. Cette capacité à construire des ponts entre les idées sur un niveau émotionnel sous-tend toute la pensée logique à venir. De cette pensée par association dépend le développement de la logique abstraite et de la pensée de cause à effet. En fait, la pensée émotionnelle est la base de toute l'évolution de la pensée.

À ce stade, les enfants relient aussi toutes les idées qui se rapportent à « moi » et toutes celles qui se rapportent à « pas moi ». De cette façon, ils commencent à faire la distinction entre l'imagination (les choses qui sont à l'intérieur de moi) et la réalité (les choses qui sont en dehors de moi). Ils sont également capables d'utiliser des distinctions moi / pas moi pour contrôler leurs impulsions et faire des plans pour le futur : « Si je fais quelque chose de mal à quelqu'un, je pourrais blesser cette personne et je pourrais être puni. »

Afin de réussir à l'école, les enfants ont besoin de comprendre que les actions ont des conséquences — c'est-à-dire, d'imaginer comment leurs actions aujourd'hui les affecteront plus tard — parce qu'une grande partie de l'enseignement est orientée vers le futur. Les devoirs à la maison ne signifient pas grand-chose pour les enfants, à moins qu'ils ne se rendent compte que les résultats amélioreront leurs connaissances, leur vaudront de bonnes notes, des compliments de la part des enseignants et des parents et leur procureront un sentiment de satisfaction. Ils doivent être capables de supporter la frustration, de persévérer dans une tâche et d'anticiper son achèvement.

La pensée triangulaire, l'âge de l'imagination et de la toute-puissance

Au début de leur scolarité, les enfants développent davantage encore leurs capacités de relation, de communication, d'imagination et de pensée. À ce stade, qui va en général de quatre ans et demi jusqu'à environ sept ans, tout est encore possible. Selma Fraiberg la première a décrit le sens de la grandeur et de la magie à cet âge[3]. Les enfants éprouvent de la curiosité à l'égard de la vie, manifestent une expressivité hardie (« Je suis le meilleur ») et un profond sentiment d'émerveillement devant le monde.

Ce stade est couramment appelé stade œdipien : on pense que les garçons éprouvent des sentiments amoureux pour leur mère et les filles pour leur père, et que les enfants développent envers le parent de sexe opposé de forts sentiments de rivalité coexistant avec les sentiments amoureux. Cette phase ouvre un nouveau type de relations : la relation triangulaire. Mère et père ne peuvent plus représenter des substituts l'un pour l'autre, comme lorsque l'enfant était plus jeune, au moment où la sécurité et la confiance représentaient les besoins fondamentaux.

Le fait d'avoir trois personnes dans un système donne à l'enfant une plus grande souplesse émotionnelle. Il n'a plus à considérer la relation avec chaque parent comme une situation de tout ou rien. Le triangle est un système efficace de repères et d'équilibres émotionnels, permettant aux enfants de démêler des sentiments compliqués sans éclats intempestifs. Toutes sortes de rivalités et d'intrigues sont désamorcées.

En même temps, ces années où « le monde est à moi » sont parfois une époque marquée par de grandes frayeurs. Les idées de grandeur des enfants et leur vie imaginaire active constituent une arme à double tranchant. Ils sont facilement effrayés par leur propre puissance. Ils peuvent avoir peur de sorcières sous leur lit, de fantômes et de brigands venant les kidnapper. Ils veulent sauter dans le lit de papa et maman pour être protégés.

Si tout se passe bien, les enfants sortent de ce stade avec certaines capacités : leur sens de la réalité devient plus solide, bien qu'ils continuent à avoir une vie imaginaire active et à ressentir un certain degré de toute-puissance. Ils deviennent capables de comprendre des relations plus compliquées et, de cette façon, se stabilisent sur le plan émotionnel. Ils commencent à ressentir des émotions plus « adultes », comme la culpabilité ou l'empathie (bien que l'empathie disparaisse lorsqu'ils sont jaloux ou en situation de rivalité). Ils expérimentent une plus vaste gamme de situations émotionnelles — autour de la dépendance, de la rivalité, de la colère et de l'amour, par exemple. Toutes ces aptitudes vont permettre à l'enfant de s'éloigner de sa famille pour entrer dans un univers plus vaste.

L'âge des amis et des négociations

Les enfants arrivent à sept, huit ans, et leur horizon s'élargit. Leur monde, ce sont les autres enfants. Ils s'apprêtent à sortir du stade de développement qui était axé sur la famille pour entrer dans le monde aux multiples facettes des amis, et découvrir les négociations du terrain de jeux.

Les enfants se définissent à présent par la façon dont ils s'entendent avec leurs compagnons de classe. Leur image d'eux-mêmes se définit en partie par l'ordre hiérarchisé du terrain de jeux. Dans tous les domaines, que ce soient les talents sportifs, la popularité, l'apparence, l'intelligence et les vêtements, les enfants se comparent les uns aux autres.

Il est très profitable pour les enfants de pouvoir se définir comme membres d'un groupe. Ils acquièrent ainsi des capacités de raisonnement subtiles. Afin de se débrouiller dans la complexité des relations multiples au sein d'un groupe, ils doivent apprendre à raisonner avec finesse. Ils apprennent : « Nora pourrait vouloir jouer avec Emily, non pas parce qu'elle me déteste ou parce que je suis stupide, mais parce que Emily est sa meilleure amie aujourd'hui, et que moi, aujourd'hui, j'arrive après, et que Joey arrive encore après. Mais ça pourrait changer, surtout si j'invite Nora plusieurs fois chez moi et que je la laisse jouer avec les nouveaux jouets que j'ai eus pour mon anniversaire. »

Cette aptitude à discerner les courants qui animent le groupe aide les enfants à développer des compétences cognitives et sociales qui sont très précieuses à l'école — et en dehors de l'école, dans le monde réel. Ils apprennent que la plus grande partie de la vie est faite de tons de gris, et non d'extrêmes ou de tout ou rien. Pour discerner ces tons de gris subtils, il faut comprendre que les sentiments et les relations peuvent exister en termes relatifs. L'enfant commence à apprendre que : « Je peux être un petit peu fâché un jour, très fâché le jour suivant et furieux un autre jour. »

À cet âge, la compétition est parfois très intense. Les jeux sont pris très au sérieux (« Tu as triché, je t'ai vu ! »). Les enfants peuvent se montrer intolérants avec tout le monde (sauf avec eux-mêmes), changer les règles et être mauvais perdants. À ce stade de la vie, l'humiliation, le manque de respect et la désapprobation pourraient bien représenter ce que l'enfant redoute le plus.

La conscience de soi

À partir de dix, douze ans, les enfants se mettent à développer un sentiment plus cohérent de qui ils sont. Ils deviennent peu à peu capables de concevoir une image interne d'eux-mêmes, fondée sur leurs valeurs et leurs objectifs naissants et sur ce qu'ils pensent d'eux en tant que personnes, plus que sur la façon dont les autres les traitent au jour le jour. Cependant, ils peuvent se sentir coincés entre des désirs d'enfance pour l'intimité et la dépendance et leur envie de grandir, de devenir des adolescents et de jeunes adultes. Parfois, ils sont provocateurs : « Tu crois que j'ai besoin de toi ? » ou : « Je sais mieux que toi ! » À d'autres moments, ils ont peur de leur indépendance : « Je ne veux pas aller à l'école. Je veux juste rester à la maison ! »

Ils arrivent maintenant à admettre deux réalités en même temps : la réalité de leur groupe d'amis et la réalité des valeurs et attitudes qui émergent en eux (par exemple : « Un jour, je serai professeur »).

Ces stades ne représentent pas la fin de l'évolution, bien entendu. Ils ne nous font parcourir que les années d'école primaire. Pendant l'adolescence, les enfants poursuivent ce processus d'apprentissage pour affronter des mondes internes et externes encore plus complexes. Mais, une fois ces capacités fondamentales acquises, les enfants possèdent les bases pour surmonter, avec l'aide de la famille, des enseignants et des amis, beaucoup des problèmes et des incidents qui sont propres à l'existence.

Nous avons tendance à insister sur beaucoup de compétences isolées dans les domaines moteur, verbal ou académique. Parce que ces capacités fondamentales représentent les matériaux de construction pour les capacités plus intégrées de l'intelligence et de la santé émotionnelle, nous croyons que les parents, les pédiatres et les enseignants devraient les utiliser pour suivre et comprendre le développement de l'enfant. On peut s'en servir parallèlement avec la méthode Points forts. On peut les représenter sous forme de courbe de croissance si l'on désire une application pratique. (Voir les annexes.)

Mais faire attention aux niveaux de développement et aux expériences correspondant à chaque niveau est une tâche dont la valeur va bien au-delà des considérations académiques. Elle nous aide à comprendre où les enfants en sont et quelles sortes d'expériences leur sont nécessaires. Elle nous dit comment équilibrer la vie de l'enfant et quelles expériences lui proposer pour qu'il grandisse et se développe de façon saine. (Voir le modèle Points forts et la courbe de croissance du développement dans les annexes.)

Par exemple, nos jeunes enfants s'occupent-ils à des jeux d'imagination ou restent-ils assis devant un ordinateur avec des programmes éducatifs pour « prendre de l'avance » avant d'entrer à l'école ? On peut soutenir que les jeux d'imagination sont bons pour le développement émotionnel, mais que jouer avec un ordinateur pour apprendre à épeler et à lire sera meilleur pour le développement intellectuel et la réussite scolaire. Cependant, quand on comprend quelles expériences sont nécessaires aux enfants pour maîtriser les différents niveaux de développement, on sait que ce dernier argument est tout simplement faux. Les jeux d'imagination, accompagnés de longues discussions, de débats, de conversations orientés vers l'expression des opinions (où nous demandons à l'enfant ce qu'il pense et le stimulons par des « pourquoi ? »), sont bien plus importants que les programmes éducatifs informatiques qui travaillent davantage sur les automatismes de la mémoire et sur des capacités académiques très structurées. Cela ne signifie pas que vingt à trente minutes de jeux informatiques pédagogiques n'aient aucun intérêt ; ce que nous voulons dire, c'est que l'essentiel de la journée devrait être consacré à des interactions d'apprentissage dynamiques.

Pour aider l'enfant à traverser ces stades en stimulant ses capacités fondamentales, l'adulte doit lui consacrer beaucoup de temps et d'énergie, beaucoup de moments « sur le tas », à interagir avec lui. Cela ne peut être fait en quinze minutes par jour ou par un parent fatigué qui n'a qu'une envie, s'asseoir dans son fauteuil pour regarder le journal télévisé. Il faut un parent énergique capable de s'amuser vraiment avec l'enfant qui est en train de découvrir la marche ou l'école maternelle, capable d'apprécier ses capacités naissantes.

De même, quand l'enfant passe de l'école maternelle à l'école primaire, nous devons engager de nouveaux types d'interactions impliquant de plus hauts niveaux de création, d'associations logiques et de réflexion. Tant de choses sont en jeu, par exemple, le sentiment d'être aimé et en sécurité ; le développement de la pensée abstraite et comparative, de la réflexion ; l'application de ces capacités aux relations avec les autres enfants et au travail scolaire. Un mélange de télévision et de travail à la maison ne donnera pas de bons résultats, parce que même si l'enfant a, temporairement, un bon niveau scolaire, il ne pourra maîtriser ces compétences fondamentales. Chaque journée doit être équilibrée. Il faudrait au moins trois ou quatre « rendez-vous » de jeu à deux par semaine. Il faut également prévoir des moments où le parent se mette à la disposition de l'enfant pour jouer avec lui. Quand l'enfant commence à avoir des leçons ou des devoirs, les parents ont une nouvelle occasion de participer et de discuter. Même les discussions à propos des tâches ménagères, même la collaboration à ces tâches peuvent susciter des interactions vivantes et des résolutions de problèmes.

Afin de maintenir ce niveau de participation et d'implication, les parents doivent se rendre disponibles pendant la plus grande partie de la soirée, pour les leçons, les repas et les jeux, ainsi que pour des discussions propres à exercer les compétences intellectuelles naissantes de l'enfant (appréciations sur ses amis, compréhension des textes et des livres qu'il lit). Bref, les années d'école primaire demandent un équilibre entre les amis, la famille, les activités et le travail scolaire. Quand un enfant passe un temps indu, par exemple sur ses devoirs, uniquement pour se maintenir à niveau, il n'est pas sûr que ce soit dans son intérêt. Il faut probablement en discuter avec l'institutrice. Si l'enfant a besoin d'aller à un rythme un peu plus lent pour conserver un équilibre de vie et pouvoir maîtriser la pensée fondamentale et les relations avec ses amis, alors les progrès scolaires devront être un peu moins rapides, avec peut-être quelques devoirs de vacances en été.

Cet équilibre entre les expériences quotidiennes comprend des évidences, comme la limitation du temps passé devant le téléviseur ou l'ordinateur qui non seulement ne procurent aucune interaction humaine, mais encore surchargent le système nerveux de l'enfant. Le temps passé avec les amis est une expérience très importante pour le développement, autant pour les jeunes enfants que pour les adolescents. Les jeux avec les pairs aident à découvrir les relations et nécessitent des compétences intellectuelles avancées afin de négocier toute la complexité des relations enfantines. Les expériences appropriées au développement impliquent également des activités familiales. Il peut s'agir de jeux dans lesquels les enfants font équipe avec maman et papa ou de discussions familiales constructives sur les règles, ou encore de la culture d'un potager ou de l'organisation d'un voyage.

Les frères et sœurs sont plus disposés à jouer ensemble quand chacun se sent aimé, protégé et admiré par ses parents et qu'il ne rivalise pas par nécessité. Les enfants peuvent alors rivaliser pour le plaisir de la compétition, c'est-à-dire pour démontrer leurs talents, plutôt que pour rechercher de l'amour ou de l'admiration. Cette compétition enjouée fait naître une saine assurance qui se révélera dans le travail scolaire, les sports ou la vie professionnelle.

Comme nous l'avons dit, toutes les expériences dont nous avons discuté demandent beaucoup de temps aux parents. L'un de nous (TBB) a souvent décrit l'importance de l'heure qui suit le retour des parents à la maison[4]. Les parents ont besoin de garder de l'énergie pour le moment où ils rentrent chez eux. Ils doivent se préparer à être accueillis par un défoulement général. Les enfants gardent pour eux leurs reproches et leurs frustrations jusqu'à ce qu'ils se sentent en sécurité, jusqu'à ce qu'ils puissent s'asseoir tous ensemble dans un grand fauteuil : « Alors, comment ça s'est passé aujourd'hui ? —Hum ! — Moi aussi. Tu m'as manqué toute la journée. » Avant de dîner ou de faire quoi que ce soit, parents et enfants ont besoin d'un moment de tranquillité, juste pour être ensemble et parler de leur journée. Puis, quand tout le monde se sent à nouveau proche, parents et enfants peuvent se mettre ensemble à préparer le repas. Les enfants sont souvent contents de participer.

Pour les enfants d'âge scolaire, les deux parents doivent être disponibles à partir de six heures du soir environ. Dans la plupart des familles, il y a une activité ininterrompue de devoirs, jeux, repas et même d'un peu de télévision ou d'ordinateur. Les parents peuvent garder un œil sur l'équilibre général et s'assurer qu'il est bon.

Ce flux d'activités se produit selon un rythme qui convient aux besoins des membres de la famille. Les enfants vont généralement gérer ce rythme si leurs parents restent disponibles (si maman n'est pas cachée derrière ses recherches sur Internet ou si papa n'est pas trop occupé à répondre aux messages téléphoniques). Être disponible (et les enfants sentent bien si on l'est ou non) permet aux enfants d'aller trouver leurs parents pour jouer, pour un conseil ou pour être aidés dans leurs devoirs.

Cependant, dans les familles où l'un des parents, ou les deux, revient à la maison vers sept heures, sept heures et demie ou huit heures, ou plus tard encore (au lieu de démarrer le temps familial à six heures), l'atmosphère devient plus stressée, plus pressée. Si la mère revient tôt et qu'elle se trouve seule avec les enfants, comme il arrive dans certaines familles (dans d'autres, c'est le père qui revient le premier), elle se sent stressée et dépassée par les besoins des enfants qui passent invariablement leur temps à se chamailler et qui sont surexcités. Quand les deux parents reviennent vite ensemble à la maison, l'atmosphère est toute différente. À deux, ils peuvent faire un très bon travail d'équipe.

Beaucoup de parents estiment qu'un tel horaire n'est pas réaliste. Certains ont l'impression qu'ils ne peuvent assurer le gîte et le couvert à leurs enfants en rentrant à six heures ou à six heures et demie. Dans certains cas, c'est vrai ; dans d'autres, c'est une affaire de priorité. Souvent, les parents pourraient en faire tout autant en travaillant le soir, une fois les enfants couchés, ce qui leur permettrait de sauvegarder la plage six heures/neuf heures et demie pour la famille.

En ce qui concerne les enfants d'école maternelle et de primaire, il leur faut, en fin d'après-midi, une parente ou une garde stable (grand-mère, tante ou jeune fille à domicile, par exemple). Passer toute la journée à l'école, avec parfois des activités jusqu'à six heures, cela ne convient pas à la plupart des enfants de cet âge. Un programme de deux heures, de deux à quatre, ou de trois à cinq heures, permettant aux enfants de jouer entre eux ou de participer à des activités de club ou autres peut être une bonne chose pour les enfants de primaire. À Hawaï, il existe un programme subventionné par l'État qui prend en charge toutes les activités extrascolaires. En début de soirée, cependant, les enfants ont besoin de passer du temps avec leurs parents dans une atmosphère familiale décontractée.

Discussion

SIG : Quelles sont les expériences typiques, quotidiennes dans la vie d'un enfant ? Est-ce que nous substituons des expériences virtuelles aux expériences réelles, est-ce que nous surchargeons les enfants avec des sports d'équipe au lieu de les laisser jouer ensemble au ballon dans le jardin ou dans la cour ?

TBB : C'est surtout vrai pour les enfants appartenant aux milieux les plus favorisés. Il arrive que pour eux chaque heure soit programmée. Une grande partie de la vie de l'enfant doit échapper aux tentatives des adultes d'améliorer ses capacités d'apprentissage. Il a besoin de relations avec les enfants de son âge.

SIG : Quand j'étais enfant, nous allions au terrain de jeux situé de l'autre côté de la rue, nous formions des équipes et inventions nos propres jeux. À présent, vous avez des entraîneurs qui disent quoi faire aux enfants, et tout est programmé. Quand une famille sort dans le jardin pour inventer ses jeux et ses propres règles, c'est tout autre chose. Quand les enfants sont plus petits, c'est plus original et plus amusant que les sports d'équipe. Nous devons nous poser des questions sur ce que les enfants perdent en n'ayant plus l'occasion de flâner ensemble, de tremper leurs pieds dans le ruisseau et d'imaginer leurs propres jeux. Il est si fréquent que la télévision remplace les parties de gendarmes et voleurs derrière la maison.

TBB : Nous devons observer comment un enfant passe réellement ses journées.

SIG : Disons que les enfants sont à l'école jusqu'à deux heures et demie ou trois heures. Quand ils rentrent chez eux, ils prennent leur goûter et les parents insistent pour qu'ils se débarrassent de leurs devoirs. Ils ne sortent pas pour jouer, ils ne vont pas se construire une cabane dans un arbre. À quatre heures et demie ou cinq heures, ils peuvent avoir un entraînement de football ou un cours de danse, souvent loin de la maison, puis c'est le dîner, encore un peu de travail scolaire, et ils vont se coucher. Voilà leurs journées. S'il reste un peu de temps, c'est généralement pour la télévision. Il y a très peu de temps pour flâner avec un ami dans le quartier. Que penser de cela ? Étant donné la nature du système nerveux…

TBB : Tout cela a un prix. L'enfant perd sa spontanéité en n'ayant pas l'occasion de faire l'expérience de ses idées par le jeu. On apprend tellement en imitant ses amis, en testant les limites, en découvrant comment partager.

SIG : Je dis souvent aux familles que je vois : « Quand Johnny et Susie rentrent de l'école, ils ont besoin de sortir jouer pendant au moins une heure. » J'insiste pour que les enfants aient au moins quatre rendez-vous de jeu hebdomadaires. Susie rentre de l'école et retrouve quelques enfants dans le voisinage, ou elle invite une amie, ou elle va chez une amie pour jouer une heure ou deux. Commencez les devoirs à cinq heures. S'il y a entraînement de football, laissez l'enfant aller voir son copain avant, pendant une demi-heure ou quarante-cinq minutes, juste pour flâner avec lui. La plupart des enfants n'ont pas l'occasion de découvrir les relations avec leurs pairs, comme vous l'avez dit. Arriver à s'entendre avec les autres enfants est une compétence qui a son propre processus. Afin de pouvoir affronter la compétition et le rejet, qui font tous deux partie des relations entre pairs, les enfants doivent passer de nombreuses heures ensemble. La personne qui n'a pas eu l'occasion de faire l'expérience de l'humiliation et des moqueries sera handicapée dans ses relations adultes. Si l'on ne dispose pas de suffisamment de temps, on ne peut pas acquérir ces compétences.

TBB : Les enfants ont besoin d'expériences très variées. Ils ont besoin de temps avec leurs amis, avec les ordinateurs, avec la famille et d'autres moments juste pour faire ce dont ils ont envie. Mais je suppose que, si nous voulons qu'ils jouent, il faut que nous programmions des jeux dans leur vie, puisque c'est ainsi que nous agissons actuellement.

Flâner ensemble

SIG : Parents et enfants ont aussi besoin de passer ensemble des moments non structurés, tout particulièrement pendant ces années de formation, où les parents se trouvent soit à leur travail, soit occupés à aider leurs enfants à faire leurs devoirs. Ce besoin concerne aussi les années d'adolescence et même celles qui suivent.

TBB : Nous devons réserver une heure çà et là, quand les enfants n'ont rien de spécial à faire. Je recommande également un rendez-vous avec chaque parent pour un moment à deux. Chaque enfant a besoin de cela. Ellen Galinsky, du Families and Work Institute*, a interrogé des enfants dont les parents exerçaient tous deux un métier. Ceux-ci considéraient tous qu'il était nécessaire que leurs parents travaillent. Ce qui leur manquait le plus (sauf quand ils pouvaient en bénéficier) c'était du temps pour « flâner » avec ces parents débordés. Pas des moments « spéciaux », juste des moments pour « flâner » ensemble, sans rien faire de particulier[5].

SIG : Oui, tous les enfants à l'âge scolaire ont besoin de temps pour appeler un ami et bavarder et aussi pour flâner un peu avec maman ou papa, sans faire quoi que ce soit de particulier. Ce sont des moments dont on se rappelle avec plaisir, parce que ce sont des occasions de communication.

* Institut du travail et de la famille.

TBB : Je recommande aux parents qui travaillent de rentrer chez eux et de s'asseoir avec leurs enfants sans rien faire, pour leur demander : « Comment s'est passée ta journée ? » Au bout d'un moment, les enfants commenceront à s'agiter et à vouloir bouger ; on peut alors les emmener à la cuisine et les laisser aider à préparer le dîner. Les enfants qui aident dans une famille très occupée ont le sentiment de participer et d'être utiles.

Des limites pour la télévision et les jeux vidéo

SIG : Cela nous ramène au sujet précédent sur la protection et la sécurité : il est nécessaire de protéger les enfants d'un usage excessif de la télévision et des jeux vidéo. Il arrive que parents et enfants n'aient pas de temps à passer ensemble parce que le téléviseur est toujours allumé. Quand on s'inquiète de la télévision, c'est généralement à cause des programmes, mais le véritable problème, c'est la passivité. Le grand danger, en ce qui concerne la télévision, est le manque d'interaction réciproque. Les enfants sont privés des échanges « je prends-je donne » qui mobilisent le système nerveux central sur des circuits intégrés et favorisent son développement. Quand cette privation est accompagnée de la violence télévisuelle, l'agression est double. Le résultat : des personnes plongées dans un état quasi hypnotique et qui sont attaquées par un flot d'images négatives. Quand vous avez des enfants qui jouent aux gendarmes et aux voleurs en plein air, c'est bien, parce qu'ils inventent l'histoire et qu'ils réfléchissent sur la justice et l'injustice. Ils travaillent sur les thèmes de la vie, ce qui n'a rien à voir avec ceux qui absorbent passivement les images du téléviseur.

TBB : Nous avons étudié ce qui arrive aux enfants de trois ans lorsqu'ils restent assis devant le téléviseur, et avons découvert à quel point ils sont épuisés sur le plan émotionnel. L'enfant est d'abord stimulé, puis habitué. Une fois le processus d'habituation interrompu, l'enfant « explose » ; il se livre à un défoulement d'activité motrice et autonome. L'habituation est une façon pour le cerveau de protéger l'enfant des excès.

Est-ce que vous vous souvenez des boîtes de Skinner[6] ? Les parents me disaient que, lorsque les enfants s'y trouvaient, ils dormaient comme des marmottes et que, lorsqu'ils en sortaient, ils grimpaient aux murs. À l'époque, j'ai compris que c'était un effet du système homéostatique. Nous constatons la même chose chez les enfants qui restent assis devant le téléviseur en enregistrant leur rythme cardiaque et leur respiration. Ils entrent dans cet état hypnotique, et leur EEG (électroencéphalogramme) devient de plus en plus plat. Quand ils s'éloignent du téléviseur, ils se déchaînent. Pour moi, c'est un exemple du prix de ces situations artificielles.

SIG : Quand on ne les observe pas après leur émission de télévision, mais qu'on mesure simplement leurs fonctions physiologiques pendant qu'ils la regardent, on peut penser qu'ils se trouvent dans un état de repos intermittent. Cela ne ressemble pas à un état de sous-stimulation.

TBB : J'ai toujours considéré que c'était un processus actif, de protection. Le rythme cardiaque ralentit et devient régulier. Il n'y a aucune variabilité. La respiration ralentit et devient elle aussi régulière, sans variabilité, en dépit des flots d'images provenant de l'écran. Puis la courbe de l'EEG se met à ressembler à celle du sommeil.

SIG : L'absence de variabilité est un signe de stress dans le système. Quand je regarde la télévision tard le soir, j'ai du mal à reprendre mon travail. Je me sens fatigué et je n'ai plus aucune énergie. Finalement, je me remets au travail, mais j'ai beaucoup de mal à sortir de ce mode passif. Si j'évitais de faire cette pause télévision, en faisant autre chose pour me relaxer, j'aurais plus de facilité à me remettre au travail. On a l'impression que c'est relaxant de ne rien avoir à faire, mais c'est un état psychologique difficile à quitter et à réintégrer.

TBB : Voulons-nous définir des limites pour la télévision ? Je dirais que, pour les enfants d'âge scolaire, une heure par jour pendant la semaine, et deux heures pendant le week-end sont amplement suffisantes. Vous pouvez laisser l'enfant vous aider à choisir les programmes, mais c'est le parent qui contrôle. Il faut considérer la télévision comme l'un des facteurs les plus éprouvants pour le cœur et l'esprit des enfants. Il faut prendre cela très au sérieux.

SIG : Une heure par jour me paraît réaliste. Mais, dans l'idéal, j'essaierais de réduire à une demi-heure par jour pendant la semaine, et à une heure, peut-être deux le week-end. Ce qui arrive souvent, c'est que les parents allument le téléviseur en rentrant à la maison pour avoir les nouvelles ; et alors toute la famille regarde en même temps. C'est une véritable drogue.

TBB : Il y a d'autres médias qui ont les mêmes effets, comme les jeux vidéo.

SIG : Les enfants, s'ils n'ont rien d'autre à faire, peuvent rester jusqu'à quatre heures d'affilée assis devant leur ordinateur, à jouer à des jeux vidéo. Ce sont des jeux de type répétitif qui ne demandent aucun effort de l'intelligence. Beaucoup d'enfants préféreraient des jeux partagés s'ils en avaient la possibilité. Nous avons filmé des enfants en train de jouer à des jeux vidéo et à des jeux démodés, comme les cartes. Avec les jeux vidéo, il n'y a que peu d'expression émotionnelle ou d'interaction. Avec les jeux de cartes, les enfants s'animent. Ils rient, parlent, résolvent des problèmes. Il se passe bien plus de choses.

TBB : Cela dit, j'ai vu des enfants affligés de problèmes d'apprentissage s'animer incroyablement avec ces jeux vidéo.

SIG : C'est vrai, nous avons des programmes que nous

utilisons avec les enfants souffrant de problèmes de développement, des programmes de langage ou de mathématiques qui comportent des jeux vidéo. Ces jeux sont bien faits. Mais, là aussi, si les enfants les utilisent chaque jour pendant des heures, ils deviennent persévératifs et se renferment sur eux-mêmes. Si les enfants y passent une demi-heure, suivie de beaucoup d'interactions, c'est bien, ça peut être utile.

TBB : Les logiciels éducatifs donnent d'excellents résultats avec certains de ces enfants. Mais, si on dépasse la dose, alors on en perd les bénéfices. En conclusion, il faut tester les effets de chacun de ces loisirs — télévision et jeux vidéo.

Les devoirs et les leçons à la maison

SIG : Nous essayons de trouver du temps pour jouer et flâner, mais il faut aussi penser aux devoirs. Certains enfants y passent des heures. Étant donné que l'enfant ne supporte pas de rester assis pendant aussi longtemps, il se lève toutes les dix minutes, et deux heures de travail à la maison deviennent bientôt quatre heures ; tout l'après-midi, toute la soirée ou tout le samedi se passe alors à forcer l'enfant à rester assis pour étudier. Il ne peut pas jouer avec ses amis ni découvrir la nature, dessiner ou faire des jeux de construction.

TBB : Je n'aime pas dire aux enfants à quoi passer leur temps. C'est quelque chose que je veux éviter. J'aime votre idée de développer différents domaines de la vie de l'enfant. Le travail scolaire à la maison devrait, selon moi, être organisé par l'enfant et par ses parents. Nous avons exclu les parents de notre système d'éducation et je trouve que c'est une grave erreur. S'il y a vraiment des choses que l'enfant doit faire à la maison plutôt qu'à l'école, alors, toute la famille doit y participer.

SIG : J'ai l'impression que c'est ce qui se passe déjà dans beaucoup de familles.

TBB : Oui, mais il serait bien utile que l'objectif des devoirs soit la participation familiale. Nous devrions considérer les devoirs comme une activité à faire ensemble, enfant et famille.

SIG : D'accord, disons que c'est un principe de base, mais pourriez-vous donner des conseils généraux pour les différents âges et les différentes classes ? Est-ce que des enfants de six ans devraient consacrer beaucoup de temps à leurs devoirs ? Ne devraient-ils pas sortir jouer avec leurs amis ? Et quelle quantité de devoirs ?

TBB : Pas beaucoup, selon moi. Je ne connais pas suffisamment la quantité de travail nécessaire dans chaque classe, mais, en CM 1, l'enfant commence à accéder à la pensée symbolique et à lire correctement tout seul. À partir de ce moment, il peut sûrement faire seul des exercices. On pourrait donc lui donner des choses à apprendre à la maison à partir de ce moment. Mais, avant, la participation des parents pourrait être l'objectif.

SIG : En cours préparatoire, les enfants apprennent à lire et à effectuer des opérations simples — additions et soustractions. L'année suivante, ils commencent à faire des additions et des soustractions à deux chiffres et des multiplications simples, et ils lisent des histoires entières. Un peu de pratique à la maison me paraît utile.

TBB : Oui, ce serait amusant pour les enfants de faire participer leur famille à ce genre de choses. Il ne faut pas que ce soit obligatoire, mais cela donnerait aux parents l'occasion de suivre ce que l'enfant apprend, de voir où il en est, et à l'enfant de se faire valoir devant ses parents. Un peu de révision, à peu près une demi-heure, ce serait bien.

SIG : La plupart des écoles ne donnent que très peu de travail à la maison pendant les deux premières années et n'y accordent pas trop d'importance, mais, à l'entrée du cours élémentaire, les choses changent, et à partir du CE 2 le travail à la maison augmente beaucoup et cela ne cesse plus jusqu'à la fin du lycée. En ce qui concerne les classes de CE 2 et de CM — nous parlons maintenant d'enfants de neuf, dix et onze ans —, quelle est la limite ?

TBB : Deux heures. Je pense qu'au lycée l'enfant peut s'absorber dans ce qu'il fait et qu'à ce moment on peut aller jusqu'à trois heures.

SIG : Nous pourrions donc parler de deux heures maximum à partir du CE 2 et jusqu'à la fin du collège, ensuite de trois heures au lycée. Pour moi, cette troisième heure pourrait être consacrée à un sujet qui intéresse particulièrement l'élève, et non pas à un travail qu'on lui imposerait et qui ne lui plairait pas. Deux heures de devoirs à la maison sont bien suffisantes, surtout si l'élève a déjà passé six heures en classe.

TBB : La même quantité de travail ne prendra pas autant de temps à tous les enfants.

SIG : Bien entendu, l'enfant rapide peut en faire beaucoup plus dans ces deux heures, et pour un autre enfant ce sera l'inverse. Mais à partir du moment où l'on a un enfant qui passe quatre à cinq heures sur ses devoirs, la question est : qu'est-ce que cela coûte aux autres domaines du développement ? On apprend à une classe à écrire une dissertation, mais l'enfant lent y consacre tout son après-midi et toute sa soirée. Il ne peut pas jouer avec ses amis, il n'apprend donc rien sur les relations. Il n'acquiert pas l'expérience dont il a éventuellement besoin pour écrire une composition réfléchie ou une histoire inventive.

TBB : Alors, que dire ?

SIG : Eh bien, les enfants avec des besoins scolaires spécifiques ou des déficits d'apprentissage peuvent avoir besoin de travail supplémentaire et de plus de pratique dans certains domaines, mais, si cela signifie une troisième ou une quatrième heure de travail à la maison chaque jour, c'est peut-être leur faire payer un prix qui les prive de trop d'autres choses. Je suggère que les enfants qui ont besoin d'aide la reçoivent à l'école sous forme de cours particuliers, et qu'ils consacrent un peu plus de temps à leurs devoirs pendant le week-end.

TBB : C'est là que la participation des parents pourrait faire la différence. Parents et enfant travaillant ensemble pendant deux heures l'après-midi ou le soir, cela devrait suffire.

SIG : Ce qui serait mieux, ce serait d'éviter de donner à tout le monde ces problèmes de calcul : disons qu'en CM 1 l'institutrice pourrait donner trente problèmes, mais que quinze seraient facultatifs. Certains enfants sont capables de faire ces trente problèmes en une heure, mais peut-être que l'enfant lent n'en fera que quinze. Je fais souvent aux parents la suggestion suivante : « Allez voir l'institutrice et demandez-lui si Johnny peut avoir la permission de ne faire que quinze problèmes, quelques-uns de chaque sorte, pour prendre le coup. S'il a besoin de plus de travail pour assimiler la leçon, et non pas pour la répéter, il pourra le faire pendant le week-end. » Les institutrices sont souvent conciliantes quand les parents vont leur parler. J'ai vu des cas où des enfants passaient une troisième heure pénible, voire une quatrième, où ils n'avaient plus de temps pour leurs amis, se mettaient à détester leur travail, devenaient récalcitrants et négatifs. Ce qui entraîne des conflits familiaux que l'on finit par payer très cher.

TBB : Peut-être faut-il avertir les parents : si l'enfant passe plus de deux heures sur ses devoirs, cela signifie qu'il faut demander une dispense spéciale ou trouver de l'aide. Parents et enseignants devraient y voir un signe, un point sensible : la nécessité d'examiner ce qui arrive à cet enfant.

SIG : Bien des enfants atteints de problèmes de programmation motrice sont très bons en ce qui concerne la compréhension des concepts, mais très lents ; il leur faut cinq minutes pour écrire une phrase, contre deux minutes pour les autres. Pour eux, moins de devoirs à la maison, mais des exercices mieux adaptés. À l'école, pour les enfants qui sont lents, mais intelligents et très à l'aise avec les concepts, des tests sans limite de temps donnent de très bons résultats. Au lieu d'être privés de l'occasion de montrer ce qu'ils savent, on leur en donne le temps. Après tout, la vitesse n'est pas ce qui est testé ; ce que l'on teste, ce sont les connaissances. Les enseignants doivent abandonner l'idée qu'il faut faire la même chose pour tout le monde. Il faut plus d'attention et de flexibilité.

TBB : Cela s'applique de la même façon à la participation des parents. Elle peut être très différente selon les différents âges. À un certain point, elle prend un caractère d'intrusion ou compromet l'initiative. Les enfants doivent avoir l'occasion de faire des expériences, et même d'échouer.

SIG : En ce qui concerne la participation aux devoirs de lycée, certains parents revoient les copies, parfois un peu, parfois beaucoup. D'aucuns vont jusqu'à écrire toute la dissertation pour l'enfant, mais je crois que c'est rare. Selon ma propre expérience avec trois enfants et tous leurs copains, il y a toute une gamme d'aide. Parfois, c'est une aide minimale, du genre : « Oh, tu as oublié une virgule là », ou : « Ma grammaire est un peu déficiente. J'ai besoin que tu relises. » Certains parents peuvent demander : « Qu'est-ce que tu veux dire, là ? Je ne comprends pas ce paragraphe. » Mais il arrive qu'il soit minuit, que l'enfant veuille aller dormir et dise : « Je n'arrive toujours pas à écrire cette introduction. Qu'est-ce que tu mettrais, maman ? » Et maman dit : « Eh bien, si tu veux, tu peux tourner les choses de cette façon. »

TBB : À ce point, l'enfant n'est plus maître de son travail. Comme je l'ai mentionné plus haut, les parents asiatiques nous ont montré ce que signifiait être impliqué dans l'éducation d'un enfant. Ce que nous reprochons à notre système scolaire vient en grande partie de ce que les parents ne sont pas motivés pour s'impliquer. Si nous voulons donner aux enfants la liberté de faire des expériences variées, les parents doivent être impliqués dans les programmes. Il faut soutenir les enfants sans leur retirer l'initiative : c'est bien difficile.

Les notes

TBB : Pour identifier les capacités de développement de chaque enfant ainsi que ses différences individuelles, là aussi, nous avons besoin d'un modèle construit sur les forces plutôt que sur les échecs. Nous avons bien vu l'effet Rosenthal[7]. Lorsqu'on attribue une étiquette aux gens, on obtient ce qu'on attend ; il y a donc toutes les raisons d'adopter une approche plutôt optimiste que résignée, car cette dernière transmet une attente d'échec aux personnes concernées.

SIG : Nous devons commencer par affirmer que tous les enfants sont capables d'apprendre. Il n'y a aucune raison pour qu'un enfant ne puisse pas acquérir les connaissances fondamentales. La clef de la réussite, c'est le concept des expériences appropriées au développement, associé au respect des différences individuelles. « Appropriées au développement » signifie que l'on s'adresse à l'enfant à partir du niveau où il se trouve, et non pas deux stades en arrière ou en avance. Chaque enfant doit construire ses connaissances à partir de son niveau réel. Cependant, nous nous situons souvent en avance par rapport à l'enfant et il n'acquiert pas les connaissances fondamentales. Si l'on franchit un pas supplémentaire, cela ne revient-il pas à dire que la façon dont nous testons les enfants, en terme d'examens scolaires, revient à favoriser un modèle d'échec ? Autrement dit, les enfants sont notés, que l'on ait découvert ou non ce qu'ils savent et ce qu'ils ne savent pas, et cette note leur est attachée. Peut-on utiliser les tests d'une façon différente ? Mettons, par exemple, que vous passiez le test une fois et que vous obtenoez 0. Imaginons que l'enseignant se sente un peu responsable et qu'il ne s'en tienne pas là. Si vous avez 0, vous recommencez le test, encore et encore, jusqu'à ce que vous obteniez un 12 ou mieux. Si vous avez 8, vous ne savez pas vraiment faire le travail. Si vous avez 12 ou mieux, vous pouvez avoir fait une erreur d'inattention, mais vous savez faire le travail. Vous continuez à travailler, mais d'une façon progressive, en commençant au point où vous en êtes et en montant une marche à la fois, et non pas en sautant des marches pour avoir l'air d'être bon.

Il peut y avoir des leçons supplémentaires après l'école, avec un professeur particulier ou toute autre formule. Vous n'allez pas échouer parce que vous avez l'occasion d'assimiler progressivement, avec plus d'aide et de travail.

TBB : Qu'est-ce qui se passe si on arrive au mois d'avril et que Johnny en est toujours au test 1 ?

SIG : Cela signifie que nous n'avons pas trouvé son niveau et que nous n'avons pas travaillé progressivement. Quel est votre but ? Voulez-vous disposer tous ces enfants sur une courbe d'apprentissage et les juger ? Ou voulez-vous que chacun arrive à faire un travail qui vaut 12 ? Ne faudrait-il pas changer entièrement la façon dont on note les enfants ?

TBB : Il est exact que les notes, actuellement, ne sont que des étiquettes, et en grande partie des étiquettes négatives. Si, au contraire, nous faisions ce que vous avez fait avec les enfants autistes — s'intéresser au processus plutôt qu'aux notes —, je pense que nous pourrions alors briser le cycle d'échec.

Avec les jeunes enfants, je trouve qu'il faudrait examiner le processus, le niveau qu'ils ont atteint dans chacun des différents domaines de leurs acquisitions. En lecture, par exemple, où en sont-ils ? Sont-ils seulement sur le point de reconnaître les lettres et les sons ou bien comprennent-ils réellement ce qu'ils lisent ? Sont-ils capables d'analyser leur travail ? Paraissent-ils en avance ou en retard ? etc.

SIG : Prenons une échelle de 10 points : vous avez un enfant de CM 2 qui en est au niveau 8 en lecture, ce qui signifie qu'il sait lire, interpréter et discuter des concepts et autres expériences ; mais il n'est pas au niveau 10, qui suppose une compréhension totale et la capacité d'extrapoler. Un autre enfant est au niveau 5. Est-ce que vous les noteriez en fonction de leur niveau, en mettant 8 à l'un et 5 à l'autre, ou est-ce que vous donneriez simplement une description verbale de ce qu'ils savent ou ne savent pas ?

TBB : C'est ce que font un grand nombre d'écoles élémentaires privées. Le bulletin dit que votre fils ou votre fille se trouve à tel niveau de compréhension et de capacité. Mais un jour vous recevez des notes ou bien votre enfant vous dit : « Je suis le cinquième de ma classe. » Il est intéressant d'ailleurs de demander à un enfant : « Qui est le meilleur ? Qui vient après ? » Tous vous diront où ils se situent.

SIG : Oui, tous les enfants le savent, et souvent mieux que les maîtres.

TBB : Donc, en évitant les notes, on ne cache rien ?

SIG : La façon dont les enfants se classent est différente. Ce qui est intéressant, c'est que les enfants ont en tête une hiérarchie sociale fondée sur les capacités et non pas sur les notes. Les enseignants classent selon les résultats, mais les enfants sont plus malins. Ils savent reconnaître quelqu'un d'intelligent même s'il n'a pas spécialement réussi un test. Les enfants savent toujours qui est le meilleur dans les différents domaines.

TBB : Donc, les notes ne sont pas vraiment nécessaires.

SIG : Mais les enseignants vont dire : « Bien, c'est parfait pour les écoles primaires. On peut se contenter de décrire les enfants sans leur donner de note. Mais, au lycée, les élèves ont besoin de dossiers pour l'université. Que faire quand cela devient aussi sérieux ? Quel système recommandez-vous ? »

TBB : Je persiste à recommander un système d'incitation

de préférence à un système d'étiquetage, mais je ne connais pas le mode d'emploi exact. Si la motivation est suffisante, si l'élève veut aller à l'université et veut maîtriser tous les sujets, peut-être que le système des notes lui est favorable. Je préfère prendre le problème en amont et voir ce qu'on peut faire dès le début. Au début de la scolarité, je pense qu'une approche fondée sur le processus d'apprentissage donne aux enfants, aussi bien qu'aux parents et aux professeurs, une information sur la façon dont les enfants pourraient apprendre. Si l'on exigeait une analyse des capacités et des forces, les professeurs seraient bien obligés de faire attention à leurs élèves. Voilà la véritable valeur de l'approche fondée sur le processus. Par exemple, un maître pourrait dire : « Un tel apprend en réfléchissant sur les choses à un niveau quantitatif plutôt que qualitatif. J'aimerais l'amener à plus de réflexion qualitative, mais actuellement il est tellement absorbé à mesurer le monde que j'en suis incapable. »

SIG : Voilà qui tient plus compte de l'enfant que le système actuel, mais ce n'est pas encore suffisant. Vous concentrez vos interventions et vos objectifs pédagogiques sur le niveau où se trouvent les enfants dans chaque domaine, sur le niveau de compréhension du phénomène que vous essayez d'enseigner. Cela donne un enseignement orienté sur le niveau de développement et les différences individuelles, mais pas centré sur l'enfant, dans la mesure où il peut avoir envie de filer au terrain de jeux ou au coin de la rue au moment où vous voudriez lui faire travailler sa lecture.

L'enseignement peut être fondé sur le développement si les intérêts de l'enfant sont pris en compte, sans que l'on soit strictement dirigé par l'enfant au sens où l'on suivrait ses décisions.

TBB : Dès que vous commencez à comprendre un enfant, celui-ci le sent et recherche votre aide pour les difficultés qu'il a conscience de traverser.

SIG : Je pense qu'il nous faut faire davantage de recherches pour définir cette orientation fondée sur les processus d'apprentissage, ainsi que vous l'avez suggéré. La compréhension des notions de base sur lesquelles repose chaque compétence particulière doit faire partie de la formation des maîtres. En mathématiques, on progresse suivant un certain ordre. Beaucoup d'éducateurs comprennent les notions de base en termes de progression vers des acquisitions en maths et en sciences. Je pense qu'enseigner, c'est toujours aller dans cette direction, de sorte que s'intéresser à l'histoire, c'est apprendre à penser à partir d'un cadre de références historiques.

On peut partir de ce que l'on attend d'un élève de terminale en histoire pour revenir à ce que signifie véritablement comprendre l'histoire. Quelles sont les étapes, les notions de base depuis le CP jusqu'à la terminale ? Une fois ces étapes définies, vous pouvez dire où en est l'enfant. Même chose pour les maths. Que signifie penser en mathématiques, comprendre l'addition, la soustraction, la division et la multiplication ? Où est l'enfant dans tout cela ? Quand les enseignants travailleront de cette façon, ils comprendront mieux les enfants et sauront mieux ce dont chacun a besoin.

TBB : Ces notions de base sont un peu en dehors de mes compétences. Mais, d'après moi, il faudrait suivre deux pistes : 1. l'approche individualisée : l'enseignant essaie de se rendre compte de l'effort nécessaire à l'enfant pour acquérir les notions fondamentales et de ce que cela lui coûte ; 2. la volonté de travailler avec le tempérament personnel de chaque enfant. Si les enseignants voulaient bien prendre en considération ces deux propositions, ils auraient une meilleure chance d'assurer des pronostics positifs et de ne pas s'enliser dans l'échec. En fait, je serais surpris que beaucoup d'enseignants ne soient pas désireux d'appliquer cette méthode.

Le modèle de maîtrise

SIG : Le concept de processus d'apprentissage et de notions fondamentales est donc un modèle positif.

TBB : Oui, je pense que cette approche peut s'appliquer de façon très large. Quand les enfants se heurtent à un obstacle dans un cours — disons en géométrie —, au lieu d'y voir un échec, vous pourriez y voir un défi lancé à toutes les énergies de l'enfant. Comme dans notre méthode Points forts, quand il y a une régression ou une difficulté, nous pouvons considérer cela comme le moment d'effectuer une mise au point : « Bon, cet enfant a des difficultés avec la géométrie. En quoi est-ce que cela compromet ses autres domaines cognitifs ? En quoi est-ce que cela compromet ses relations avec les autres enfants ? »

L'enseignant peut utiliser chacun de ces moments de vulnérabilité comme une occasion pour réévaluer les pressions subies par l'enfant et pour communiquer avec la fille ou le garçon et ses parents. Cette approche peut aussi faire gagner du temps. Elle n'est pas nécessaire tout au long de l'année : il suffit de choisir les moments où l'enfant paraît en difficulté. Ce qui ne signifie pas nécessairement aide spéciale, ou thérapie, ou quoi que ce soit de la sorte. Quand un enfant a des difficultés avec une matière, c'est le moment de rencontrer sa famille. Avec la formation dont nous avons parlé plus tôt, l'enseignant pourra identifier des problèmes qu'il n'aurait pas remarqués avant, et aider l'enfant avant que celui-ci ne soit bloqué dans l'échec.

SIG : Exactement. Pour conserver notre exemple, une difficulté en géométrie peut révéler une difficulté avec une notion de base, peut-être la pensée abstraite ou spatiale. Très souvent, on a la révélation d'une difficulté qui n'est pas limitée à la géométrie, mais qui est plus importante. Peut-être la pratique de certains exercices aidera-t-elle l'enfant. J'ai vu bien des enfants manipuler des « bûchettes » pour calculer en CP. Ils paraissent souvent manquer d'un sens très élémentaire de la quantité. En travaillant avec eux, nous repartons en arrière, et nous les faisons partager des biscuits, des pièces de monnaie ou des morceaux de pizza. Nous leur disons : « Combien en veux-tu ? » et ils sont incapables de le montrer. Le sens de la quantité leur manque.

Nous revenons donc sur la formation des concepts de quantité sur le plan visuel, moteur et spatial. Nous commençons avec de petits nombres. Nous partageons la pizza en six : « Alors lui, il a deux morceaux et elle trois. Tous les deux ensemble, ils en mangeront combien ? » L'enfant a la pizza en face de lui et il n'arrive pas à voir deux plus trois. Il doit compter parce qu'il n'y arrive pas autrement. Alors on lui fait fermer les yeux : « Bien, maintenant tu vas fermer les yeux et te représenter les morceaux de pizza. Elle en a trois et lui deux. Ça fait combien ensemble ? Trouve avec les yeux fermés, imagine la pizza. Ne la touche pas. » Quand il arrive à fermer les yeux et à se représenter les morceaux de pizza, nous savons qu'il a assimilé le concept.

Nous travaillons sur les additions, les soustractions, les multiplications et les divisions, puis les fractions, toujours au-dessous de six pour que les nombres restent petits. Nous ne demandons pas à l'enfant de les mémoriser, mais de se représenter les quantités. Nous utilisons des stimuli significatifs sur le plan émotionnel, comme des pizzas, des bonbons ou des pièces de monnaie. Quand ces enfants retournent en cours de maths, ils se sentent plus sûrs d'eux et souvent ils obtiennent de très bons résultats.

TBB : Voilà donc la thérapie qu'il faut !

SIG : Ces enfants ne comprenaient pas les maths parce qu'ils n'avaient pas assimilé le sens fondamental de la quantité. En identifiant ce problème et en y apportant la solution, vous remettez l'enfant sur les rails. Que l'enfant ait manqué cette notion de base pour des raisons de système nerveux central, ou par manque d'expérience, ou pour les deux, ce manque allait fatalement causer des problèmes. C'est une approche très différente : il ne s'agit plus d'essayer d'enseigner certaines notions à un certain niveau scolaire et de laisser échouer un enfant.

TBB : C'est exactement ce que nous faisons dans notre méthode d'intervention précoce Points forts ; nous nous mettons au niveau de l'enfant et des parents et travaillons à partir de là.

SIG : Oui, le travail d'approche fonctionne à chaque niveau. Quand un enseignant teste un enfant pour voir s'il connaît dix dates, c'est un modèle d'échec. Mais, si l'enseignant cherche à savoir si l'enfant a la capacité de penser de façon historique, il utilise un modèle de maîtrise. Avec ce modèle, les choses seraient profondément différentes. L'éducation va dans cette direction, mais les seules écoles qui travaillent dans ce sens actuellement sont les écoles privées et, en général, des écoles destinées aux enfants très brillants. L'ironie, c'est que tous les enfants ont besoin de cette approche, et pas seulement ceux qui sont doués dans certaines matières. Beaucoup d'enfants réussissent à chaque niveau, même si leur école n'est pas parfaite. Mais les autres ont besoin de cette approche orientée vers les processus d'apprentissage. L'élève qui a des problèmes spécifiques en a particulièrement besoin. La réalité de notre système va à l'encontre de ce besoin. Les enfants doués qui se trouvent dans les classes à faible effectif des écoles privées ou dans les classes d'excellence reçoivent souvent une instruction adaptée à leur niveau de compréhension, tandis que les enfants en difficulté, y compris pour des raisons liées à la pauvreté, ont des cours plus systématiques dans des classes très nombreuses. Et, là, la plupart des tests et des appréciations sont fondés sur l'échec.

Recommandations

La famille

Les expériences familiales devraient procurer toute la gamme des expériences adaptées au développement de l'enfant en fonction de son âge. Ce qui sous-entend se mettre au niveau de l'enfant et l'aider à gravir les échelons du développement. À tous les âges, il ne faudrait pas consacrer plus d'un tiers du temps libre à des activités indépendantes (activités extrascolaires — jeux ou autres activités programmées) ; deux tiers de ce temps étant réservés pour la famille. Ces deux tiers devraient se partager entre aide à l'enfant pour comprendre et maîtriser son univers, jeux et conversations. En ce qui concerne les bébés et les jeunes enfants, au moins quatre séances de vingt minutes (ou plus) devraient être réservées aux jeux partagés, aux activités et aux conversations ; pour les enfants d'école maternelle, au moins trois séances ; à l'âge de l'école primaire, au moins deux. Les enfants bénéficient de la participation de chaque parent, chaque jour, pour ce type d'interaction. Voici quelques-uns des principes impliqués dans cette approche développementale.

— Chaque enfant a besoin de passer chaque jour du temps avec ses parents dans des activités qui lui plaisent, adaptées à son niveau : jeux d'imagination pour un enfant plus jeune, activités et jeux de société pour un enfant plus grand ; simplement une bonne conversation à l'âge scolaire ou à l'adolescence. Ces moments chaleureux, riches, qui suivent les envies de l'enfant, procurent une base de sécurité stable dont tous les enfants ont besoin et maintiennent également la confiance nécessaire lorsque les relations deviennent difficiles.

— À partir de trois ans et demi, quatre ans, et durant l'enfance et l'adolescence, tous les enfants ont besoin de moments pour parler avec leurs parents de l'école, de leurs amis et de leurs problèmes, ainsi que pour envisager les difficultés à venir. Prévoir une solution pour les problèmes à venir implique des discussions au cours desquelles parents et enfants essaient ensemble de concevoir et même de visualiser les défis à venir, d'imaginer ce qu'ils ressentiront dans ces situations, de définir le comportement habituel face à ces difficultés et quelles alternatives peuvent être envisagées.

— Dans les conversations avec les enfants, il est important de manifester de l'empathie vis à vis du point de vue de l'enfant, même quand on ne l'approuve pas. Que ce soit à l'occasion d'un jeu où l'enfant exprime sa colère, d'une discussion où l'enfant refuse avec véhémence d'aller se coucher ou de faire ses devoirs, le parent devrait faire savoir à l'enfant qu'il le comprend, et trouver des moyens de manifester sa compréhension avant qu'ensemble ils ne cherchent une meilleure façon de régler le problème.

— Que ce soit en lui apprenant à faire ses maths, à aider à la maison ou à partager ses jouets, les parents qui aident un enfant à surmonter une difficulté doivent le faire de façon très progressive, à petits pas, en s'assurant que chaque pas est bien maîtrisé. Les enfants sont généralement prêts à travailler dur lorsqu'ils en ressentent de la satisfaction.

— Tout ce qui précède suppose des moments en famille caractérisés par une grande disponibilité de la part des parents. Ceux-ci doivent être disponibles pour aider, pour les devoirs ou les activités, doivent s'impliquer dans des conversations ou des jeux en tête à tête avec leurs enfants. Nous avons proposé des conseils pour les bébés et les jeunes enfants au chapitre 1. Les enfants plus grands doivent trouver un adulte à la maison quand ils reviennent de l'école. Pendant les années de lycée, il est nécessaire que parents et enfants passent régulièrement du temps ensemble au cours de la soirée.

Les jeux entre amis

Les enfants ont besoin de temps pour jouer avec leurs amis en dehors de l'école ou des activités programmées, au moins quatre fois par semaine, pour bénéficier de ce processus complexe de réflexion et de socialisation que seuls ces jeux peuvent procurer. Chaque enfant a également besoin de moments de liberté pour explorer son univers, jouer avec ses frères et sœurs ou ses parents, et aussi pour s'amuser tout seul sans être dirigé par un adulte.

Les devoirs et les leçons

Le travail donné par l'école doit être simplement considéré comme l'une des expériences qui favorisent le développement intellectuel et social. Les conversations avec les parents et les efforts pour s'entendre avec les autres enfants sont importants pour l'évolution intellectuelle, au même titre que l'apprentissage des mathématiques ou la lecture d'un livre. Voici quelques conseils pour les enseignants et les parents.

— La participation des parents aux devoirs, sous forme d'encouragements et d'aide, devrait recevoir un accueil favorable.

— Pour les enfants de maternelle, il ne devrait pas y avoir de travail à la maison.

— Pour les enfants de CP et de CE 1, pas plus d'une heure par jour.

— Pour les enfants de CE 2 et de CM 1, pas plus d'une heure à une heure et demie par jour.

— Pour les CM 2 et les élèves de sixième pas plus d'une heure et demie par jour.

— Pour les élèves de cinquième et de quatrième pas plus de deux heures par jour.

— À partir de la troisième jusqu'à la terminale, en moyenne, pas plus de deux heures par jour, excepté pour certaines dissertations ou certains dossiers ou, encore avant les examens.

Comment comprendre et suivre l'évolution des besoins des enfants en matière de développement

Tout comme nous surveillons la croissance physique des enfants (par exemple, en taille et en poids), les parents, les pédiatres et les éducateurs devraient mesurer les stades de croissance intellectuelle et émotionnelle pour identifier les forces et les besoins en expériences supplémentaires adaptées au développement. (Voir dans les annexes les conseils Points forts et la courbe de croissance du développement fonctionnel.)

L'école

Procurer aux enfants des expériences adaptées à leur développement a des implications profondes pour leur éducation scolaire. L'intelligence et les compétences cognitives se développent à partir de ces expériences, qui procurent les notions de base pour la pensée et l'apprentissage. Suivre un enseignement fondé sur les faits et sur la mémoire n'a rien à voir avec apprendre comment réfléchir sur le monde et comment le comprendre. Les approches pédagogiques vraiment adaptées au développement sont favorisées par les conditions suivantes.

— Classes à effectifs réduits (pour le nombre d'élèves recommandé, voir chapitre 3).

— Un programme dynamique, cherchant à surmonter les difficultés de façon interactive, axé sur le profil de développement individuel de l'enfant.

— Des programmes extrascolaires et des programmes innovants à l'école pour les enfants ayant besoin d'une aide particulière, d'une figure adulte chaleureuse (par exemple, des programmes de conseils et d'orientation après les cours, le même maître pendant les six premières années de la vie) ou d'une aide pédagogique dans les matières à problèmes.

— Possibilité de cours extrascolaires pour les enfants intéressés par les sports, les débats et les concours inter-écoles, le théâtre, l'art, la musique, etc. Ces activités devraient avoir des niveaux variés et être ouvertes à tous les enfants.

— Les notes devraient être remplacées, au moins dans les écoles élémentaires, et dans l'idéal au lycée, par des bulletins qui indiqueraient le niveau de compréhension de chaque enfant et les notions de base assimilées pour chaque matière.

— Le classement ne devrait être effectué que notion par notion ou matière par matière. Les classements généraux et les regroupements par niveau devraient être bannis.

— La formation des maîtres devrait accorder plus d'importance à l'identification des compétences ou des modes de pensée requis dans chaque matière qu'à l'enseignement des faits.

— Il faudrait mettre l'accent sur la maîtrise. L'incapacité à acquérir une notion ne devrait pas avoir pour résultat une note ou une observation permanentes, mais, au contraire, devrait être utilisée comme une fenêtre pour identifier le niveau atteint par l'enfant et les niveaux à franchir, ainsi que les difficultés (dans le processus auditif ou visuel) pouvant être surmontées grâce à une aide personnalisée.

La télévision et l'ordinateur

Des expériences adaptées au développement, cela signifie également la limitation des expériences inappropriées, comme un excès de télévision et d'ordinateur. Les parents doivent fixer des limites à ces activités. C'est pourquoi le temps passé devant l'ordinateur — s'il n'est pas utilisé pour les devoirs — et devant le téléviseur devrait être limité à un total d'une heure par jour en semaine et de deux heures pendant le week-end. Télévision et ordinateur ne devraient être autorisés que s'il reste du temps après les devoirs, les jeux entre amis et le temps consacré à la famille.

— De un à trois ans : pas plus d'une demi-heure par jour.

— De trois à cinq ans : pas plus d'une demi-heure par jour.

— De six à neuf ans : pas plus d'une heure par jour.

— De dix à seize ans : pas plus de deux heures par jour.

Les services sociaux et le système judiciaire

Le concept des expériences adaptées au développement devrait guider les efforts de réadaptation, en termes de compensation pour les expériences manquantes, comme :

— des adultes stables, chaleureux pour les enfants qui grandissent dans des familles instables ;

— une structure et des limites adaptées pour les enfants qui grandissent sans surveillance ;

— des occasions de parvenir à maîtriser les différents stades de développement définis plus haut pour les enfants ayant des problèmes de comportement ;

— l'utilisation par le système judiciaire d'un modèle fondé sur le développement des capacités fonctionnelles des enfants pour plus d'efficacité ;

— l'utilisation par le système judiciaire d'un modèle fondé sur le développement pour la réadaptation. Un profil de l'enfant qui montrerait quelles expériences, adaptées à son développement, il maîtrise ou ne maîtrise pas pourrait indiquer le genre d'expériences qui lui seraient utiles.

La santé mentale

Dans ce domaine, les interventions doivent également prendre en compte le concept d'expériences adaptées au développement. Il n'est pas suffisant de traiter les symptômes ou même les vulnérabilités biologiques sous-jacentes. Les programmes de traitement doivent inclure un soutien familial et psychosocial approprié afin que des expériences adaptées au développement soient offertes aux enfants qui souffrent de problèmes mentaux.

Ce point est de la plus haute importance, parce que la plupart des problèmes de santé mentale sont associés à un manque d'expériences adaptées au développement. Par exemple, les enfants qui ont des problèmes relationnels n'ont en général pas maîtrisé la lecture des signaux sociaux. Et, souvent, les enfants qui ont des réactions émotionnelles extrêmes n'ont pas maîtrisé la pensée abstraite relative, particulièrement quand elle s'applique aux sentiments. Chaque ensemble de problèmes, quand on les regarde du point de vue du profil de développement de l'enfant, peut mener à l'identification d'expériences spécifiques qu'il est nécessaire de renforcer dans le programme d'intervention et dans la vie de cet enfant.

Ainsi, la santé mentale requiert la participation de la famille et de l'école, ainsi que des autres cadres où l'enfant peut se trouver engagé dans des expériences quotidiennes[8].

5

Le besoin de limites, de structures et d'attentes

Bien que tous s'accordent sur le fait qu'un enfant a besoin de limites, de structures et de directives, les professionnels n'ont pas du tout la même opinion sur la façon de satisfaire ces besoins. Certains croient en des interventions plus pédagogiques, voudraient que l'on explique à l'enfant le « pourquoi » des choses, tandis que d'autres recommandent une discipline ferme, même pour les jeunes enfants, en insistant sur la structure et le respect. Ces débats n'ont pas cessé depuis les années quarante et cinquante, époque où l'on est passé d'une approche très stricte et rigide de l'alimentation et de l'apprentissage de la propreté aux approches plus personnelles recommandées par le docteur Benjamin Spock et d'autres spécialistes de sa génération. Il est intéressant d'observer le flux et le reflux de ces approches tantôt plus structurées, tantôt plus souples à travers les générations. Ces thèmes fondamentaux font toujours l'objet de discussions de nos jours, quelque cinquante à soixante ans plus tard.

Pour essayer de clarifier ces problèmes, il est important de comprendre comment les bébés et les jeunes enfants apprennent. Tous les apprentissages, même celui des limites et des structures, commencent avec les soins chaleureux, qui font connaître aux enfants la confiance, l'affection, l'intimité, l'empathie et l'attachement à leur entourage. Les limites et les structures se mettent en place avec le maternage et l'affection ; en effet, quand on veut apprendre aux enfants à se contrôler, quatre-vingt-dix pour cent de la tâche repose sur le désir de faire plaisir à l'entourage. Les enfants veulent faire plaisir pour différentes raisons : parce qu'ils aiment les personnes qui s'occupent d'eux et qu'ils veulent leur approbation et leur respect, ou parce qu'ils en ont peur. De toute évidence, il y a souvent un mélange de crainte et de désir d'approbation. Les enfants apprennent également en imitant ceux qui les entourent. Le sens moral se développe quand on essaie de ressembler à un adulte que l'on admire.

Le fait que les enfants respectent les règles et les limites pour faire plaisir est important : en effet, certaines théories doutent de l'aptitude des enfants à « généraliser », à appliquer ce qu'ils apprennent chez eux aux autres environnements, comme l'école et les lieux où ils rencontrent leurs amis ou, plus tard, les endroits qui présentent de plus grandes tentations. Les enfants qui limitent leur « mauvaise conduite » et leurs agressions uniquement par peur ont tendance à bien se comporter dans les situations où ils se trouvent en présence d'une figure d'autorité, parce que c'est cette dernière qui donnera la punition. La peur tend à être spécifique aux situations. Si la peur est excessive, l'enfant peut devenir angoissé et inhibé dans la plupart des situations, même au point de s'interdire certaines manifestations d'assurance tout à fait saines, ce qui n'est pas souhaitable.

Beaucoup d'enfants ne généralisent pas bien à partir de la peur. Par exemple, un enfant qui apprend à avoir peur de frapper un petit frère peut ne pas le faire quand ses parents sont présents, mais peut frapper d'autres enfants à l'école parce qu'il n'a pas été puni pour avoir frappé d'autres enfants à l'école. Quand les enfants grandissent, ceux qui ont été éduqués par la peur sont plus vulnérables devant l'alcool, la drogue et la délinquance.

Quand la discipline est perçue comme un enseignement, quand elle est transmise avec beaucoup d'affection et d'empathie, les enfants se sentent bien après avoir obéi. On éprouve un sentiment chaleureux, bienfaisant, quand on voit une lueur de satisfaction dans les yeux de quelqu'un. Quand l'enfant reçoit un regard déçu parce qu'il a frappé sa sœur, il a un sentiment de perte : il regrette le regard approbateur obtenu quand il s'est comporté convenablement. S'il ne ressentait jamais de sentiments positifs, il n'y aurait pas ce manque, cette déception pour le motiver *de l'intérieur* à changer de comportement.

L'autorité physique, donner la fessée ou frapper un enfant, n'est plus une alternative acceptable à la discipline. Discipline signifie enseignement, et non punition. Les châtiments physiques ne respectent pas l'enfant et ne peuvent que miner l'image qu'il a de lui-même. Il risque de garder en lui une colère qui ne se manifestera que plus tard. En outre, nous vivons dans une société violente, et résoudre un problème par la violence revient à dire à un enfant : « Voilà la façon de régler les choses. La violence est la solution à la frustration et à la colère. » Nous ne pouvons plus nous permettre de transmettre un tel message.

Au lieu de punitions, les parents doivent saisir toutes les occasions pour s'asseoir avec l'enfant et lui dire : « Chaque fois que tu feras cela, je devrai t'arrêter, jusqu'à ce que tu sois capable de t'arrêter tout seul. » Donc, quand il faut recourir à l'autorité, le premier geste, c'est d'adopter une mesure pour briser rapidement le cycle (prendre l'enfant, l'isoler, observer une pause). Ensuite, on s'assied pour lui donner des explications. La discipline est affaire de long terme. L'objectif est d'enseigner à l'enfant le contrôle de ses impulsions.

Est-ce que les enfants ont quand même besoin d'aide quand les tentations sont fortes, quand ils sont furieux ou pressés d'aller quelque part ? Bien entendu ; dans ces occasions, les parents doivent combiner une attitude chaleureuse, empathique avec l'autorité : « Désolé, bonhomme. Nous ne partirons pas avant que tu aies ramassé ces jouets. Nous allons tous avoir quelques minutes de retard. » Il y a donc des sanctions avec des discussions et des tentatives pour comprendre la nature du comportement. Plus tard, les enfants élevés de cette façon désirent le respect de leurs enseignants, parce que ceux-ci sont des adultes qui peuvent aussi se montrer chaleureux et bienveillants, manifester admiration et approbation.

Ainsi, le sentiment d'être reconnu, compris et aimé construit les bases du sentiment d'être respecté et admiré, qui à son tour sert de fondation à un sens intérieur de respect et d'admiration, modèles intériorisés qui peuvent guider le comportement.

Les modèles intériorisés ont plusieurs niveaux. Ils naissent avec le sentiment d'être soigné et materné par les autres. Ils évoluent ensuite en sentiment d'être soigné et materné par les autres *tout en se sentant respecté*. Le respect fait naître des objectifs intérieurs et même des valeurs internes, et, quand il atteint ces objectifs et ces valeurs, l'enfant ressent un bien-être et une plénitude internes, même en l'absence de figures d'autorité. De toute évidence, quand un tel système est en place et que les enfants ou les adolescents sont guidés par des objectifs et des valeurs internes, ils sont capables, dans toutes sortes de situations, de juger sagement ce qu'il convient de faire, parce que, désormais, ils ne font pas seulement plaisir à leurs parents ou à leurs enseignants, ils ne suivent pas simplement les normes sociales, mais ils satisfont leur propre sens des valeurs. Contrairement aux limites bâties sur la peur, qui ont tendance à être pratiques, spécifiques à des situations données, les limites intériorisées mènent d'emblée à l'intériorisation de principes plus larges et mieux réfléchis qui sont si nécessaires pour vivre dans notre société complexe et multiforme.

Comment un enfant développe-t-il cet ensemble de principes intériorisés ? Par un certain nombre d'étapes à différents stades de son développement[1]. Avant que l'enfant ne soit en mesure de raisonner avec des mots, les limites sont enseignées par communication non verbale, au moyen de gestes. Il est fréquent de voir un petit enfant de quatorze mois se déplacer vers l'endroit où se trouve une prise électrique, et sa maman faire « non » de la tête, « non » en montrant la prise du doigt : l'enfant la regarde avec un petit sourire affecté, s'arrête une seconde et se remet en marche vers son but. Cette communication réciproque par gestes peut continuer à cinq ou six reprises, avant que la mère n'ait à intervenir physiquement pour l'empêcher d'accéder à la prise ou qu'elle ne le prenne dans ses bras avec un grand sourire : « Tu ne dois pas faire ça. Je dois t'en empêcher. Tu ne dois pas toucher ça. »

D'autres négociations par gestes n'ont pas un caractère aussi sérieux : par exemple, l'enfant va entrer en trottinant dans le salon, alors que sa mère désire qu'il reste dans sa chambre ; elle va vers lui et fait « non » de la tête, mais il y a une intonation joueuse dans sa voix, et c'est seulement quand il tend la main vers un vase que sa voix redevient un peu plus grave. Il découvre les différents degrés de l'interdiction. Il apprend également que parfois on le prend pour le poser ailleurs, et que parfois il entre dans une négociation finement accordée qui implique une régulation alternée (en va-et-vient) de son comportement.

Une fois cette compréhension en place, on peut accéder à un deuxième niveau de limites. Vers un an et demi, deux ans et demi, l'enfant est habituellement capable de former une idée, un symbole ou une image. Les enfants savent désormais dire : « Non » ou se dire à eux-mêmes : « Ne fais pas ça. » Ils peuvent se représenter papa hochant la tête en disant « non » et se le dire à eux-mêmes comme une résolution intérieure.

En grandissant, entre deux ans et demi et quatre ans, l'enfant apprend à relier des idées ; il devient capable d'un débat intérieur (« Je ne devrais pas faire ça, mais je veux le faire ») et peut anticiper sur ce qui risque d'arriver (« Si je le fais, je vais être privé de télévision ou on va m'envoyer dans ma chambre » ou « Si je fais ce qu'il faut, maman ou papa sera fier de moi »). L'enfant n'utilise pas encore tous ces mots ; à quatre ans, il en sera capable. Mais il combine d'ores et déjà des idées pour imaginer les conséquences et peser le pour et le contre. À ce stade, le parent peut dire à l'enfant : « Chaque fois que tu feras ça, je vais t'arrêter, jusqu'à ce que tu sois capable de t'arrêter toi-même. »

La base de chacun de ces niveaux est constituée par le désir de plaire de l'enfant, son désir pour le respect des adultes qui s'occupent de lui et, enfin, sa capacité à intérioriser ce sens du respect et de l'admiration en un ensemble d'objectifs et de principes. Une fois cet ensemble mis en place, les enfants peuvent constamment l'alimenter en s'efforçant d'atteindre ces objectifs. L'amour, les soins dont on entoure l'enfant sont donc les bases de tout sens durable de la discipline et de la moralité[2].

Au cœur de cette approche pédagogique de la discipline se trouvent les *attentes.* Les parents attendent des enfants qu'ils apprennent à l'école, qu'ils s'intègrent dans la société, qu'ils soient attentifs aux autres et capables d'empathie. En même temps, on veut que les enfants s'efforcent d'atteindre des objectifs qui seront leurs propres objectifs. On espère qu'ils éprouveront de la satisfaction en atteignant les objectifs qui leur importent à eux, plutôt que ceux qui ne refléteraient que les attentes de leurs parents.

Au cours de nos discussions, nous avons déterminé quelques principes susceptibles de guider les enfants. Le principe fondamental est de comprendre que les enfants apprennent à partir de leurs relations avec nous et qu'ils développent des attentes à partir de ces relations. Cependant, ils n'apprennent pas seulement à partir de ce que nous leur disons, mais à partir de notre manière de le dire.

C'est pourquoi l'empathie, par exemple, n'est pas enseignée en disant aux enfants d'être gentils avec les autres ou d'essayer de les comprendre, mais quand les parents ont la patience d'écouter leurs enfants et quand les enfants se sentent compris. Une fois qu'ils ont compris comment on se sent avec une personne manifestant de l'empathie, ils peuvent créer ce sentiment dans leurs propres relations. De même l'amour peut être décrit sous toutes ses coutures, mais, si l'on ne s'est pas senti aimé, on n'aura aucune point de référence pour comprendre ce que cela signifie. Nous devons faire nous-mêmes l'expérience de ces choses complexes pour les comprendre et apprendre comment les utiliser avec les autres.

En ce qui concerne les attentes, il y a un deuxième point important : procurer à l'enfant des objectifs généraux à travers la façon dont nous menons notre vie et ce que nous encourageons. Les objectifs sont meilleurs quand ils sont généraux plutôt que ciblés, concrets. Par exemple, découvrir et apprendre des choses sur le monde, avec l'excitation de satisfaire sa curiosité, c'est un objectif général, parce qu'il ne dit pas à l'enfant à quoi il doit s'intéresser — biologie ou littérature — et qu'il est porteur d'enthousiasme pour le processus d'apprentissage si nécessaire dans une société complexe. Fixer des objectifs généraux ne revient pas à faire un sermon sur l'importance d'être « gentil ». Cela veut dire que l'enfant ressent notre excitation, qu'il imite notre curiosité quand nous nous promenons en forêt ou quand nous lui lisons un livre, quand nous discutons politique ou même quand nous jouons d'une façon originale. Autre exemple d'attente : la santé — par le sport, la course, la danse ou un régime équilibré. Les enfants apprécient de partager ces activités avec leurs parents, qu'il s'agisse d'un jeu, d'un repas ou d'un tour en canoë.

L'étape suivante, dans ce processus de création d'attentes saines, c'est de donner à l'enfant le sentiment d'être respecté parce qu'il est unique. Cela permet aux enfants de façonner leur empreinte particulière qui leur permet de s'accomplir de façon personnelle. La capacité de l'enfant à choisir ce qu'il désire faire est fondée, cependant, sur le sentiment que l'on respecte tout ce qui est unique et particulier en lui. Nous revenons ici à quelque chose dont nous avons discuté plus haut — le respect des différences individuelles. Les enfants qui se sentent uniques et particuliers ont plus de chances de développer un ensemble d'attentes pour eux-mêmes — pour leurs relations, leurs études, leur carrière — qui sera constructif et épanouissant ; ils auront moins tendance à suivre le programme de quelqu'un d'autre — ce qui risquerait de les mener à la rébellion, à un sentiment de soumission ou simplement à la passivité.

Cependant, il faut encore autre chose pour développer les attentes qui permettront aux enfants de poursuivre des objectifs constructifs, choisis par eux-mêmes. Les enfants doivent ressentir le plaisir de maîtriser leur vie dans des domaines importants ou destinés à être importants pour eux. Ce sentiment de maîtrise n'attend pas qu'une personne soit devenue un athlète professionnel ou un scientifique couronné par un prix Nobel ; il débute avec les petits progrès inhérents aux processus d'apprentissage.

Prenons quelqu'un de doué dans un domaine comme la danse : il pourra rapidement aborder des pas plus compliqués qui sembleront naturels, satisfaisants et gratifiants. Quand on n'est pas doué pour la danse, ces pas compliqués ne seront pas naturels ; ils se traduiront par de la maladresse et de l'insatisfaction. Cependant, il suffirait peut-être d'apprendre un pas plus simple pour y trouver du plaisir. Un enfant de trois ans, incapable de copier un cercle ou un triangle, peut éprouver une grande satisfaction à réaliser un simple gribouillage. Si l'adulte et l'enfant prennent chacun un crayon et font à tour de rôle des gribouillages, l'enfant peut être fier des siens. Si ce gribouillage évolue progressivement, en quelques semaines, pour devenir une ligne, que cette ligne se transforme ensuite en cercle, l'enfant peut apprendre à aimer dessiner des formes. Un autre enfant commencera avec des cercles et, en trois ou quatre semaines, tracera plusieurs lettres différentes. Il faut, pour chaque enfant, des cadences différentes ; si nous respectons ses besoins pour développer ses compétences à sa façon, à son rythme, nous pouvons l'aider à construire en lui un sentiment de maîtrise et de plaisir plutôt que de frustration.

Les enfants qui se révoltent contre les attentes des adultes n'ont souvent ni les compétences ni les capacités de les réaliser. Il nous revient donc, à nous, parents et éducateurs, de créer des occasions de réussite, chaque petit progrès étant associé avec un sentiment de plaisir et de compétence. Ce qui ne signifie pas qu'il faille éviter tout travail difficile. Bien au contraire. Les enfants sont prêts à travailler bien plus durement quand ils ont ce sentiment de plaisir et de compétence. Aucun enfant ne se tourne vers les choses qui sont naturellement difficiles pour lui. Un bon lecteur ou un élève doué en maths n'est pas intrinsèquement plus motivé ou plus consciencieux qu'un enfant qui évite ces sujets. C'est simplement un enfant qui trouve que la lecture ou les maths ne lui demandent pas d'effort et lui procurent donc des satisfactions. Au contraire, l'enfant qui a des difficultés dans ces domaines se sent maladroit et incapable.

En découvrant les étapes qui mènent aux différentes capacités, nous parviendrons à adapter des approches pour chaque enfant, de sorte que de plus en plus d'enfants puissent développer un sentiment de maîtrise[3]. En travaillant sur les compétences réelles des enfants et sur les étapes du développement, nous pouvons les aider à associer les attentes avec une attitude assurée, orientée vers la réussite. Dès les débuts de la vie, tout au long de notre existence, il y a des occasions d'apprentissage positif ou d'expériences passives. Le nouveau-né incité à regarder autour de lui, à chercher d'où viennent ces sons intéressants tout en suivant la voix animée et le visage de papa, de gauche à droite, et de haut en bas, se livre à une découverte positive du monde. Il est très différent du bébé dont les parents se contentent de rester assis en lui parlant ou en le berçant pour le calmer. Quand un enfant de seize mois veut son jouet préféré et qu'on le lui apporte, on encourage sa passivité ; si, au contraire, on lui donne la main en lui proposant de le chercher ensemble, on lui procure l'occasion de résoudre un problème et de faire preuve de maîtrise. Le parent qui pose un jeune enfant devant le téléviseur encourage sa passivité, contrairement à celui qui s'assied par terre pour participer à un jeu d'imagination en laissant l'enfant en choisir les modalités. Les jeux d'imagination, les échanges d'opinions qui accordent de l'importance aux idées de l'enfant et les discussions actives, tout cela donne de l'assurance non seulement au comportement, mais aussi à la pensée. Utiliser la méthode socratique pour l'élaboration d'une solution ou éventuellement se faire l'avocat du diable face à l'enfant sont des approches très positives.

C'est ainsi que l'on enseigne aux enfants à supporter la frustration, à gérer les pertes et les déceptions. En donnant aux enfants l'occasion de maîtriser les outils de l'apprentissage dans tous les domaines de l'existence, nous les aidons à acquérir de l'assurance et à être à la hauteur des attentes. Quand ces encouragements sont accompagnés de structures et des limites appropriées, ainsi que d'affection et d'une véritable admiration pour ce que l'enfant a d'unique, nous aidons celui-ci à construire des attentes et des limites qui lui sont propres.

Discussion

SIG : Beaucoup de gens croient que, lorsque vous respectez les différences individuelles et que vous travaillez à partir des niveaux de développement des enfants, vous les maternez au point de les gâter. Mais, en réalité, le respect pour les niveaux de développement a une grande importance dans l'établissement des limites. Les niveaux de développement et les différences doivent vraiment être pris en compte. Quand les familles réfléchissent ensemble sur les conséquences qu'entraînerait la violation des règles, chacun devient un acteur dans l'établissement de ces règles. Une ambiance faite d'attentes, de structures et de limites est nécessaire pour la sécurité de base dont nous avons parlé plus haut.

TBB : Je dirai qu'après l'amour la discipline est la chose la plus importante pour un enfant. L'amour vient en premier, mais la discipline arrive tout de suite après. L'objectif c'est d'enseigner, non de punir. Peut-être le mot *limites* est-il trop fort ? L'objectif à long terme est l'autodiscipline. Cela demande des années d'enseignement, cela n'arrive pas du jour au lendemain, par magie, en un clin d'œil. Quand un enfant se conduit mal, il faut d'abord l'arrêter avec les moyens qui vous conviennent, pauses ou quoi que ce soit d'autre. Une fois que vous avez obtenu l'attention de l'enfant, vous vous asseyez avec lui en disant : « Maintenant, on va parler de ça. C'est quelque chose que tu ne dois pas faire. Donc, chaque fois que tu le feras, je serai obligé de t'arrêter. Comment dois-je faire pour t'arrêter ? Peux-tu m'aider ? Dis-moi ce que je dois faire, parce que c'est ton problème et pas le mien. J'aimerais que tu deviennes un peu responsable. » Vers quatre ou cinq ans, l'enfant est en mesure de dire ce qui l'aiderait et peut déjà être impliqué dans le processus. On peut obtenir de bons résultats de cette manière. Voilà la façon dont je vois les limites. Chaque écart de conduite devient l'occasion d'apprendre les limites — un objectif à long terme.

Les châtiments physiques

SIG : Que dire des châtiments physiques ? Je serais d'accord avec vous pour dire : aucun châtiment physique. Il y a hélas, de nos jours, trop de familles que cela peut conduire à la maltraitance.

TBB : Mais si je m'adresse à une mère dont je sais qu'elle frappe son enfant, je dois voir les choses de son côté. Je pourrais essayer de dire : « Ca doit être dur d'avoir un enfant que vous aimez tellement et qui vous énerve tellement. Puis-je vous aider ? Comment est-ce qu'on pourrait diminuer un petit peu la pression ? » Nous devons trouver des manières de ne pas agresser une personne qui vient d'agresser un enfant, qui est elle-même hors de contrôle. Il faut lui rendre le sens du contrôle.

SIG : Nous devons obtenir l'attention de l'enfant avec des sanctions proportionnées à son niveau de développement, par exemple, pour un enfant d'âge scolaire, supprimer ses jeux vidéo. Mais l'essentiel est d'obtenir son attention, puis de lui parler franchement et de l'aider à comprendre les pourquoi et les comment, et à adopter une autre approche des choses.

TBB : La discipline commence dès huit ou neuf mois, quand l'enfant rampe vers le téléviseur en regardant autour de lui pour s'assurer que vous êtes là. Jusqu'à dix-huit mois, distraire l'enfant ou le prendre dans les bras sont des interventions appropriées.

De un an et demi à trois ans, le besoin de limites fermes, bienveillantes est très important. Quand les parents réagissent aux provocations des enfants à propos des limites, on peut voir que ces derniers sont soulagés. Certaines interventions calmes, respectueuses, comme prendre l'enfant ou lui imposer une pause, sont une bonne façon de commencer. Mais, immédiatement après, l'enfant a besoin d'une explication : « Chaque fois que tu feras ça, je serai obligé de t'arrêter, jusqu'à ce que tu saches t'arrêter tout seul. »

De trois ans et demi à six ans, la discussion peut devenir plus élaborée : « Chaque fois que tu fais ça, je suis fâchée. Je n'aime pas être fâchée avec toi. Peux-tu suggérer quelque chose qui pourrait m'aider à t'aider, toi, avant que nous ayons ce problème ? » Ensuite, rappel des limites fermes et explication de la raison pour laquelle vous devez maintenir la discipline tant que l'enfant demeure incapable de se contrôler. Les châtiments physiques ne mènent pas à ce résultat.

Compenser la discipline par l'affection

SIG : Quand on fixe des limites, je recommande que parents et enfant passent quotidiennement un moment de détente en tête à tête. C'est ce que j'appelle la « séance de tapis ». Souvent, en laissant l'initiative à l'enfant, on peut discuter des problèmes et réfléchir ensemble sur les limites. On peut également anticiper les situations à venir en manifestant toujours de l'empathie envers le point de vue de l'enfant, même si on n'est pas d'accord avec lui. On essaie toujours d'encourager des changements par petites étapes. On s'assure que l'enfant réussit généralement ce qu'il entreprend et qu'il n'est pas constamment en situation d'échec.

Si vous devez fixer un grand nombre de limites, il faut allonger proportionnellement la durée des moments de « flânerie » chaleureuse. Si vous vous sentez poussé à fixer davantage de limites à l'enfant, ne laissez pas votre relation se détériorer. Il peut arriver que vous commenciez par vous mettre en colère contre l'enfant ; l'enfant devient agressif, et vous vous éloignez de lui et cessez de jouer parce que, la plupart du temps, vous êtes l'un et l'autre trop furieux. La vie devient alors une lutte de pouvoir dans tous les domaines. Il n'y a plus ni chaleur ni plaisir. Donc, si vous augmentez les limites, augmentez également votre affection. *En donnant plus, vous pouvez espérer recevoir plus.*

TBB : Il est profitable de faire une remarque chaque fois que l'enfant se sert de ses propres limites intériorisées. Les parents peuvent aussi lui proposer de modèles de contrôle. Parfois, on peut les exprimer : « J'étais si en colère contre cette femme qui m'a pris mon tour que j'aurais pu lui sauter dessus. Mais je savais bien qu'il ne fallait pas le faire. »

SIG : J'aime qu'un enfant puisse parler à l'avance de ce qui risque de lui attirer des problèmes, par exemple frapper un frère ou une sœur ; en disant ce qu'il ressent, ce que l'autre ressent et ce qui a mené à cette situation. Vous pouvez demander à l'enfant ce qu'il a l'habitude de faire quand le bébé le mord et quelle alternative il a, ce qu'il pourrait faire d'autre pour ne pas avoir de problème. L'enfant visualise et anticipe avant tout ce qu'il ressent, et il participe. Vous devenez alors le bon policier. S'il recommence à frapper, il a une contravention, il doit payer une « amende » — faire ce qui a été prévu ; de cette façon, vous travaillez avec l'enfant pour qu'il se représente ce qui arrivera demain s'il recommence à s'attirer des ennuis. À travers ce genre d'expérience, les enfants apprennent d'importantes leçons : ils apprennent à gérer leur égoïsme, leur colère et leurs droits. Le plus important pour accéder à une véritable maturité est de supporter la déception. C'est une chose primordiale. En manifestant de l'empathie à l'enfant, vous l'aidez à exprimer ses frustrations quand il ne peut pas avoir ce qu'il veut ou quand il pense que quelque chose est injuste. De plus, par les limites et les conversations, vous lui transmettez des aspirations, des objectifs et des attentes, ce qui lui procure un sentiment de sécurité.

La discipline et les parents qui travaillent

TBB : Il y a autre chose dont j'ai souvent été témoin : les parents qui travaillent ont de grosses difficultés à envisager les limites. La génération actuelle a beaucoup moins de capacités dans ce domaine. Les parents me disent : « Pour moi, c'est insupportable d'être absent toute la journée et de revenir pour faire la discipline. » Ils ont besoin de beaucoup de renforcement pour se rendre compte que la discipline est importante pour l'enfant. Une des raisons pour lesquelles les enfants font des colères et se mettent hors d'eux à la fin de la journée, c'est qu'ils retrouvent leurs parents et leur demandent la sécurité qui accompagne les limites. Nous devons faire attention au fait qu'il est très difficile, de nos jours, pour les adultes, d'aborder le chapitre de la discipline. Ils refusent de faire la discipline pendant les courts moments qu'ils passent avec leurs enfants[4].

SIG : Vous avez raison de soulever ce problème. Si le parent n'a pas vu son enfant de toute la journée et que l'enfant se met en colère, le parent a des scrupules à lui sauter dessus, à peine rentré, parce qu'il se sent coupable de n'avoir pas été présent pendant la journée. Le problème est double : les parents se sentent coupables ; ils ont le sentiment qu'ils n'ont pas mérité le droit de fixer des limites ; l'enfant qui pleure semble leur dire : attention, il y a là quelque chose de plus compliqué.

Pour fixer des limites avec succès, les parents doivent d'abord passer un peu de temps avec l'enfant, ensuite ils auront le sentiment d'avoir gagné le droit de fixer des limites. S'ils participent, s'ils se lèvent la nuit pour le bébé, s'ils sont « présents » avec l'enfant, ils ne se sentiront pas coupables de fixer des limites. À ce moment, on se sent vraiment le droit, en tant que parent, de fixer ces limites. Mais, si on a le sentiment de ne pas être assez présent pour son enfant, on peut avoir scrupule à le faire tenir tranquille pour avoir une conversation importante entre adultes.

TBB : Comme nous en avons discuté plus haut, un rituel de retrouvailles à la fin de la journée peut aider les parents qui travaillent à retrouver le sentiment d'avoir le droit de fixer des limites. Je recommande fortement aux parents qui travaillent de fixer un rituel de retour à la maison au cours duquel tout le monde se rapproche. Après, ils sont prêts à jouer leur rôle d'autorité. Mais pas avant.

SIG : Et si le rituel tend à disparaître, si les deux parents se mettent à rentrer à dix-neuf heures trente chaque soir (à cause d'une carrière très prenante), alors il leur faut se rendre compte qu'une soirée bousculée n'est pas une bonne chose.

TBB : Les limites ont trop d'importance pour l'enfant. Elles doivent venir d'abord des parents, ensuite des autres personnes. Les parents doivent en être convaincus.

SIG : À ce propos, disons qu'une famille typique, une famille avec de jeunes enfants, vient à notre consultation. Les parents nous disent : « Alors, combien de temps devons-nous passer avec nos enfants à notre retour à la maison ? Nous voulons faire ce qu'il faut. Combien de temps faut-il chaque jour pour rester proches et pour fixer des limites ? » Que recommanderiez-vous ?

TBB : Je répondrais dans ces termes : « Vous êtes absents toute la journée. Votre enfant a droit à quelques heures quand vous rentrez à la maison. D'abord une heure pour cimenter votre relation, et, alors, si tout va bien, vous pouvez utiliser l'heure suivante pour organiser le travail, la discipline et le reste. Mais au moins une heure d'attention exclusive, chaleureuse doit être consacrée à l'enfant : vous pouvez lui chanter des chansons, lui lire des histoires, le bercer. En tout, il faut absolument un minimum de deux heures. »

SIG : Vous dites donc aux parents qui travaillent : deux heures de relations directes avec l'enfant. Une heure plus spécialement consacrée à ce qui intéresse l'enfant, l'autre pouvant se passer dans le partage des tâches ménagères. Ainsi que nous l'avons analysé dans les chapitres précédents, environ deux tiers du temps disponible (en dehors de l'école et des jeux entre amis) devraient comprendre différents types d'interactions avec les parents ; l'un des parents doit se trouver à la maison dans l'après-midi, et les deux parents (dans une famille biparentale) à six heures. Grâce à cette disponibilité des parents, le fait de donner des directives et de fixer des limites deviendra un élément naturel de la journée.

TBB : Mais la première heure est la clef de tout. Si les parents parviennent à se rapprocher de l'enfant au cours de cette première heure et que l'enfant se met ensuite à s'agiter, ils peuvent alors procéder à leurs activités en restant disponibles, qu'ils soient occupés à cuisiner, à nettoyer ou à faire quoi que ce soit d'autre.

SIG : Je pense que tout cela est important parce que c'est en rapport avec les limites. Les besoins de limites et de relations stables sont très étroitement associés.

TBB : Cela ne signifie pas pour autant que des parents poursuivant chacun une carrière ne réussiront pas en matière de discipline. J'ai pu constater que le travail avait un côté positif pour beaucoup de femmes appartenant aux deux dernières générations. Certaines me disent qu'en quittant le foyer pendant au moins une partie de la journée elles ont de meilleures relations à l'intérieur de la famille. Les parents qui ont le sentiment de suivre leurs objectifs gagnent un meilleur point de vue sur ce qui importe en matière de discipline.

Fixer ensemble les limites

SIG : Un dernier aspect de cette question de limites, c'est que la mère et le père doivent travailler ensemble, en équipe. Mais ils ne pourront pas faire un bon travail d'équipe s'ils ne prennent pas soin l'un de l'autre, s'ils ne se donnent pas un peu de « bon temps », je parle d'intimité sexuelle, mais aussi d'affection et de compassion — ce qui exige de la disponibilité. Pour certains parents stressés, il n'y a pas un moment de répit. Ils ne sortent pas le samedi soir pour dîner ou voir un film, ils ne passent jamais un moment à flâner ensemble. Ce manque d'intimité peut finir par les pousser à frapper leur enfant, parce qu'ils sont frustrés. Ils ne prennent pas bien soin de lui parce qu'ils ne prennent pas soin l'un de l'autre.

Quand on parle de discipline, cela implique de reconnaître les besoins des parents. Cela ne veut pas dire qu'il faille nécessairement réserver du temps pour ceci ou cela. Les choses devraient se faire naturellement, à la façon dont un enfant sort pour jouer. Mais, pendant les premières années de leurs enfants, il faudrait peut-être donner aux parents des ordonnances prescrivant qu'ils passent du temps ensemble.

Passer un peu de temps ensemble au lit le matin au réveil est une prescription de la religion juive. C'est un sujet de discussion sérieux pour les rabbins. Pour les « accros » du travail qui n'ont qu'une envie, se lever et aller au bureau, cela reviendrait à accorder un peu d'attention à son conjoint. Peut-être est-il nécessaire de souligner ces choses dans notre société. Passer un peu de temps ensemble chaque soir et sortir ensemble pendant le week-end, cela me paraît essentiel. Les parents seuls, qui ne vivent pas en couple, doivent prendre conscience de leur propre besoin d'affection et de soutien, besoin qui risque d'être facilement occulté dans leur lutte pour s'occuper de leurs enfants et assurer leur vie matérielle.

Recommandations

Fixer les limites dans les familles

— DONNER PLUS ET ATTENDRE PLUS

Cela signifie associer limites et attentes à des soins chaleureux : nous stimulons nos enfants tout en prenant soin d'eux. Cette association vitale est ce qui assure le succès des membres les plus productifs de notre société. Quand on perd cet équilibre, quand on attend sans donner ou quand on donne sans rien attendre, les enfants deviennent ou coléreux et récalcitrants, ou gâtés et passifs.

— LA DISCIPLINE COMME ENSEIGNEMENT

La discipline devrait être verbale et comprendre : respecter des limites, résoudre des problèmes, apprendre à anticiper les situations difficiles et à gérer la déception, les sentiments de perte et d'humiliation.

— LES CHÂTIMENTS CORPORELS

Ils ne sont plus acceptables dans un monde de violence continuelle.

— JAMAIS D'HUMILIATION

L'humiliation a pour conséquence la rancune, la colère et un surcroît de révolte, bien plus que l'intériorisation des valeurs et des objectifs importants sur le plan sociétal.

— ANCRER LES ATTENTES DANS LES RELATIONS

Les enfants doivent voir les adultes faire pour eux ce qu'on attend qu'ils fassent pour eux-mêmes et pour les autres plus tard. Ce n'est pas simplement l'observation qui enseigne, c'est le partage d'une relation où attitudes, valeurs et idéaux ou objectifs animent des interactions solidaires adulte-enfant.

— ADAPTER LES ATTENTES À L'ÂGE DE L'ENFANT

On ne peut pas attendre des enfants qu'ils intériorisent les limites et profitent des apprentissages si on ne leur procure pas les instruments qui leur permettront d'apprendre à maîtriser et à comprendre leur univers. Il faut pour cela reconnaître les stades du développement et utiliser des approches pédagogiques qui conviennent à tous les enfants. (Voir chapitre 4.)

— L'AUTODISCIPLINE

L'objectif, pour les parents, quand ils fixent des limites, devrait être de confier progressivement cette tâche à l'enfant. Quand on aide les enfants à choisir leurs propres sanctions et à trouver la façon de gérer des sentiments forts, on les encourage à prendre des responsabilités.

— LA DISCIPLINE À LA FIN D'UNE JOURNÉE DE TRAVAIL

Quand les parents rentrent à la maison, la première heure, grosso modo, devrait être consacrée aux besoins de l'enfant, à redevenir proche de lui. Ensuite, les parents se sentiront plus en droit de fixer les limites nécessaires.

— LES PARENTS EN TANT QU'ÉQUIPE

La discipline fonctionne mieux quand les parents ont du temps pour eux, qu'ils peuvent fixer les limites et les faire respecter en collaboration. La façon dont les parents pratiquent l'autodiscipline est un moyen efficace d'enseigner cette autodiscipline à l'enfant. Les parents seuls, qui ne vivent pas en couple, doivent reconnaître leur besoin d'affection et de soutien.

Fixer des limites dans les institutions

— Les institutions de première utilité (dépendant des services éducatifs, judiciaires et sociaux) devraient encourager les expériences adaptées au développement et le respect pour les différences individuelles. La morale du « donne plus et attends plus » ne doit pas concerner seulement la vie en famille, mais aussi les systèmes juridiques et sociaux, les institutions pédagogiques et autres organismes publics.

Seuls les enfants qui font des progrès peuvent apprendre à intérioriser les limites et à développer des idéaux constructifs. C'est souvent entre neuf et douze ans, dans notre neuvième stade de développement, que l'enfant acquiert la capacité de former et d'intérioriser plus complètement valeurs et attentes. Ce stade repose sur les huit années précédentes. Il dépend de relations chaleureuses, empathiques, d'environnements régulateurs et de la capacité à communiquer et à penser de façon logique et créative. On y parvient après avoir franchi les stades de la pensée triangulaire, des relations avec les autres enfants et de la pensée relative. C'est le résultat d'un long parcours de développement. Nous ne pouvons espérer que nos enfants franchissent ce pas si nous ne leur en procurons pas les moyens.

— Dans les écoles ou les institutions gérées par le système judiciaire de protection des mineurs, les enfants et les adolescents doivent avoir le sentiment d'être protégés, de se trouver dans des structures stables, de bénéficier de relations durables. Dans ces environnements, les attentes issues d'interactions avec les adultes et le développement de véritables compétences sont deux facteurs essentiels pour l'évolution et les progrès commenceront par l'autodiscipline.

— Dans les environnements contraignants des centres de santé mentale (quand le traitement impose un séjour parfois court, parfois long, en dehors de la famille), les relations chaleureuses et régulatrices doivent être l'élément essentiel. Quand ces relations sont associées avec une discipline douce et des attentes raisonnables, adaptées à leurs progrès intellectuels et émotionnels, les enfants et les adolescents apprennent à intérioriser des limites et des attentes constructives. Des approches excessivement rigides, punitives ou excessivement permissives ne portent pas en elles cette association de facteurs essentiels.

6

Le besoin d'une communauté stable et de son soutien, de sa culture

Les communautés* et les cultures procurent un contexte ou un cadre pour des besoins incontournables différents de ceux dont nous avons déjà parlé. On oublie facilement cette composante vitale. Les efforts entrepris en faveur des enfants ne seront efficaces que si les familles, les communautés et les environnements culturels dans lesquels l'enfant se développe sont forts. D'importants débats portent sur la façon de respecter les schémas culturels tout en permettant aux familles de s'adapter à une société complexe, d'interagir avec d'autres groupes culturels et de satisfaire aux exigences de l'école et plus tard du monde du travail.

Ces débats se sont enflammés à propos des approches éducatives pour les jeunes enfants. Par exemple : dans quelles limites devrait-on utiliser la langue maternelle à l'école ? Dans quelles limites les enfants devraient-ils être poussés à apprendre dans la langue du pays où ils vivent ? À quel point faut-il orienter les études sur la civilisation occidentale ? Quelle place réserver aux autres civilisations ? Au fur et à mesure qu'on soulève ces

* Le mot « communauté » doit être compris dans son sens américain : il s'agit d'un groupe de personnes liées à la fois par leur lieu de résidence, leur statut socioprofessionnel et en général leur appartenance religieuse. *(N. d. T.).*

questions, on s'aperçoit que le problème de la continuité culturelle n'est pas simple au niveau de la pratique.

Alors que chacun est prêt à s'accorder sur l'importance de communautés stables, indépendantes, capables de conserver un sens de leur identité et de leur cohésion, d'autres débats se font jour. Jusqu'à quel point l'État devrait-il financer des communautés particulières qui vont choisir, par le biais de groupements citoyens, d'églises, de synagogues et d'autres organismes, les priorités pour ces subventions, leur affectation et leur évaluation ? Jusqu'à quel point ces priorités devraient-elles être déterminées par l'État, les régions ou les municipalités ? Là aussi les problèmes de perspective et de contrôle sont importants.

Ces problèmes de contrôle, on les rencontre, entre autres lieux significatifs, dans les écoles. Les familles ont-elles un droit de surveillance et de décision en matière d'éducation publique ? L'éducation publique doit-elle être contrôlée par l'État, la municipalité, les organismes locaux et les comités pédagogiques qui, bien qu'élus, paraissent plutôt éloignés des préoccupations des familles qui fréquentent une école élémentaire de quartier ? Les écoles sous contrat et le financement public des écoles paroissiales ou religieuses font l'objet de débats passionnés.

Quand les habitants d'un quartier ou un particulier soutenu par un groupe de familles fondent une école, quand une école est dirigée par un organisme religieux doté de fortes racines locales et exerçant une véritable tutelle, la direction et la réglementation de l'établissement paraissent plus proches aux familles. Pourtant, beaucoup de gens se déclarent en faveur de l'égalité nationale, d'une éducation publique identique et gratuite pour tous. Bien que tout le monde soit d'accord sur l'importance de la participation des familles, celle-ci se situe à des degrés variables : cela va de la surveillance à distance exercée par les comités d'éducation et les instances municipales ou nationales jusqu'à la prise en charge de l'administration d'écoles de quartier par des familles qui vivent sous les yeux les unes des autres.

Comment pouvons-nous communiquer aux enfants le respect de leur propre unicité culturelle et en même temps les aider à maîtriser les outils — langues, mathématiques, histoire et autres notions — nécessaires pour évoluer dans la société au sens large ? En fait, le dilemme est plus apparent que réel. Tous les enfants ont besoin de maîtriser certaines formes de langue écrite qui caractérisent la société dans laquelle ils vivent. La question est la suivante : le langage parlé à la maison est-il considéré comme un atout qui les aide à comprendre de nouveaux concepts ou est-il ignoré, pris comme un obstacle aux nouveaux apprentissages ?

Si un langage particulier ou un dialecte contiennent des termes singuliers pour exprimer certaines idées ou certains sentiments, la question devient : existe-t-il des termes comparables utilisés par d'autres langages, un vocabulaire commun pour communiquer ces sentiments et ces attitudes ? Quand on se trouve aux prises avec de nouveaux concepts, comme les concepts de justice, de dévouement, de responsabilité, on devrait rechercher leur équivalent dans la langue utilisée par les différents groupes culturels qui participent à la discussion ; le concept sera mieux compris, et souvent renforcé. Par exemple, les cultures asiatiques peuvent avoir un ensemble de concepts plus développés pour définir la responsabilité et la loyauté familiale que les cultures américaines ou européennes.

Opérer des allers et retours entre la subtilité de sa propre langue et la subtilité d'une nouvelle langue aide à maîtriser de nouveaux termes et de nouveaux concepts. Mais les références aux significations émotionnelles subtiles sont toujours plus fortes dans la langue maternelle. Pour cette raison, nous encourageons les parents à interagir avec leurs propres enfants dans leur langue maternelle, au moins pendant une partie de la journée[1].

Cela devrait être le cas, que la langue maternelle soit une simple variante de la langue courante, provenant de l'environnement ou de certaines particularités culturelles, ou qu'elle soit une langue complètement différente.

De même, l'enseignement de l'histoire n'exige pas de faire un choix entre l'histoire de groupes culturels spécifiques et la forme occidentalisée de l'histoire (par exemple, l'histoire des continents européen et américain). L'accent ne devrait pas être mis sur le type ou le contenu de l'histoire, mais plutôt sur les processus de compréhension de l'histoire, sur les mécanismes au moyen desquels le passé nous informe. Les histoires asiatique, africaine, américaine et européenne peuvent toutes être étudiées en mettant l'accent sur l'analyse historique plutôt que sur le contenu régional. Devenir un « historien », c'est autre chose que maîtriser les faits concernant la Guerre civile. L'étude d'une guerre peut être utilisée comme un moyen de comprendre les conflits et la guerre en général. Approchés de cette façon, ni l'histoire ni l'usage de la langue ne seront conflictuels. Différentes histoires et différents langages peuvent s'enrichir mutuellement si l'objectif demeure le processus d'apprentissage et non la mémorisation mécanique de faits particuliers.

Quand nous considérons les thèmes de la continuité culturelle par rapport à la façon dont les langues, la littérature et l'histoire sont enseignées ou quand nous observons les structures administratives des écoles, nous voyons que le débat entre assimilation et diversité ne peut être résolu par de grandes déclarations générales. Bien qu'il soit vital de souscrire à une philosophie globale de respect envers les différences sociales et culturelles, ces problèmes doivent être discutés et résolus dans la pratique avant que l'on puisse trouver un équilibre.

La question est d'autant plus complexe qu'il y a une grande diversité de population dans beaucoup de villes et de quartiers, avec un grand nombre de groupes culturels provenant d'horizons différents ; ce qui ajoute à la complexité de la tâche de celui qui voudrait à la fois respecter chaque aspect de la diversité et rapprocher les familles pour renforcer une vie de quartier. Nos efforts pour favoriser la constitution de communautés stables et intégrées, capables d'épouser la diversité, tout en procurant soutien et structures pour les familles et les enfants, sont encore loin d'avoir abouti. Pourtant, si nous voulons que les besoins incontournables des enfants décrits dans ce livre soient pris en compte, de telles communautés doivent devenir la norme.

Afin de comprendre comment fonctionnent les communautés, l'un de nous (S. I. Greenspan) a comparé les différents niveaux d'organisation de la société avec les niveaux de développement des individus[2].

Le premier niveau représente l'aptitude d'un groupe à procurer à ses membres la protection et la sécurité physiques, ainsi qu'un sentiment de régulation interne. Nous savons que beaucoup de communautés sont liées par la peur et le danger et ne peuvent assurer leur sécurité. D'autres communautés procurent des bases sécurisantes.

Au deuxième niveau, les communautés se caractérisent par leur capacité à procurer à leurs différents membres un sentiment de cohésion, d'appartenance. Est-ce que la communauté est éclatée, composée de familles isolées, de petits groupes, ou bénéficie-t-elle d'activités qui rassemblent beaucoup de personnes (mouvements religieux, associations civiques, sportives, comités de quartier, associations de parents d'élèves ou artistiques) ? La communauté peut-elle se mobiliser de façon à transcender les différences culturelles individuelles, pour des raisons économiques, de santé ou d'éducation ? Est-ce que le bien-être des enfants de la communauté constitue un principe d'action ?

À un autre niveau, les communautés se caractérisent par la façon dont leurs membres communiquent entre eux pour atteindre des objectifs déterminés et dont ils se comprennent les uns les autres sur le plan des attentes et des schémas culturels.

À un niveau encore supérieur, les communautés sont caractérisées par le partage de certains symboles, idéaux et valeurs qui sont plus élevés que les croyances et attitudes individuelles. Par exemple, les mouvements en faveur de valeurs comme l'égalité, les droits des individus, la justice ou la protection de l'environnement. Au contraire, certaines communautés se rassemblent autour de convictions plus égoïstes, allant jusqu'à créer des mentalités de « nous » contre « eux » qui conduisent à la peur, à la suspicion et à l'agression.

Enfin, au niveau le plus élevé, les communautés sont caractérisées par leur capacité de réflexion sur leur action et de prévisions actives pour le futur. Les communautés en pleine maturité peuvent analyser leurs besoins et prendre des mesures pour amener des changements ou des améliorations fondés sur l'évolution des circonstances.

Les communautés qui se débattent dans les problèmes de cohésion, de sécurité, de manque de communication entre leurs membres ou d'étroitesse de vues n'ont généralement ni l'énergie ni les moyens pour des actions réfléchies. Il y a de nombreux exemples de communautés chaotiques et dangereuses, constituées de familles isolées, lasses, d'individus ou de fractions armés, unis par des convictions fanatiques. Il y a aussi beaucoup de communautés qui ont établi des liens forts par-dessus les divisions culturelles et qui sont parvenues à des actions réfléchies, organisées en matière d'éducation, de santé, d'espaces verts et autres besoins pour les enfants.

Pour tous ceux d'entre nous qui sommes concernés par le bien-être des enfants, l'important est de savoir quelles mesures favorisent la cohésion, la sécurité et la réflexion dans les communautés, par rapport à l'insécurité, au fanatisme, à l'éclatement et/ou à la suspicion qui caractérisent certains groupes.

Tout d'abord, les groupes dont l'identité culturelle spécifique est reconnue (qui ont pour cette raison un sens fort de leur identité culturelle), ces groupes bénéficient de ce fait d'une sécurité qui les rend plus à même de comprendre les différences des autres. En même temps, les sentiments de sécurité, d'identité et de valeur procurés par le soutien aux origines personnelles doivent être compensés par les outils et les savoirs de la société environnante. C'est ainsi que chacun parviendra à la maîtrise de l'environnement dans lequel il vit. Dans la société, un groupe culturel qui n'aurait pas les compétences nécessaires sur le plan éducatif, politique et économique risque de se sentir isolé, angoissé et d'être moins disposé à participer de façon réfléchie à l'existence collective.

Quels sont les moyens pratiques de renforcer et d'intégrer une communauté ? Nous avons déjà mentionné la tutelle communautaire et le bon niveau de contrôle des programmes, y compris des programmes pédagogiques, par cette communauté. Des organismes existants, comme les églises, synagogues, associations de quartier peuvent représenter un point de départ. Les programmes associés à ces organismes locaux procurent aux différents éléments de la communauté des occasions de rassemblement et d'élaboration de structures cohésives.

Quand on travaille avec des communautés divisées, il est souvent difficile de savoir par où commencer. Celles qui sont organisées et qui fonctionnent bien bénéficient souvent de soutiens plus importants parce qu'elles sont capables de se battre auprès des organismes dispensateurs. Il faut donc que certains organismes se donnent pour mission d'aider les communautés à s'organiser.

Les communautés réussissent souvent à se rassembler autour des écoles. Celles-ci procurent un modèle utile parce qu'elles existent déjà dans toute communauté de taille moyenne. Dans certaines écoles, les parents participent déjà de façon active, à travers les associations de parents d'élèves, le comité scolaire local et d'autres initiatives plus informelles (réunions avec les enseignants, etc.). Dans d'autres écoles, les parents restent quelque peu à l'écart et, bien que certains assistent à des réunions avec les professeurs, ils ne sont pas fondamentalement impliqués dans l'administration ou les choix pédagogiques. Si l'on veut des écoles au service des enfants et des familles, ces écoles doivent accepter un contrôle local : elles doivent permettre aux parents d'exercer une certaine surveillance (ainsi que cela se passe dans la plupart des écoles privées). Une fois ce type de structure en place, parents et représentants de la communauté seront en mesure de renforcer le rôle des écoles.

Quel genre d'activités extrascolaires ou d'activités du soir peuvent entrer dans cette importante structure financée par le contribuable ? L'école serait-elle en mesure d'assurer certains des besoins dont nous avons discuté, sous forme d'activités de fin de journée, particulièrement pour les enfants à risque ? Pourrait-elle être l'endroit où les services sanitaires et sociaux deviendraient plus accessibles à une communauté ? En d'autres mots, les écoles ont la possibilité de devenir beaucoup plus qu'elles ne sont.

Il est également important que les parents rencontrent régulièrement les professeurs et que les responsables scolaires aient des contacts avec les parents débordés, ceux qui sont aux prises avec des problèmes familiaux et ceux qui ne s'intéressent pas à l'éducation de leurs enfants.

Dans beaucoup de communautés, il y a des problèmes graves ; des enfants font les quatre cents coups après l'école par manque de surveillance familiale ou d'activités adaptées. Au lieu de pratiquer un sport, la musique, la danse, des activités scientifiques qui seraient plus constructives et auraient une plus grande valeur à long terme, ils traînent et font des bêtises.

Dans les communautés et les quartiers à risque, les

écoles devraient peut-être devenir des institutions fonctionnant vingt-quatre heures sur vingt-quatre pour soutenir le développement des enfants et des familles. Ce qui signifie des programmes extrascolaires beaucoup plus ambitieux, avec toutes sortes d'activités différentes, depuis les cours de soutien pour les enfants qui ont besoin d'améliorer leur niveau en sciences, en mathématiques, en art, en littérature, jusqu'aux activités sportives, artistiques, musicales, théâtrales de toutes sortes. Les enfants qui ont une vie familiale active, qui sont surveillés et qui souhaitent simplement jouer avec leurs amis, peuvent ne pas avoir besoin de ces programmes, mais ces options resteraient ouvertes, non pas dans un environnement de garderie ou de surveillance, mais au sein d'un ambitieux programme d'apprentissages extrascolaires.

Au niveau du lycée, nous voyons souvent certains enfants qui participent à beaucoup d'activités extrascolaires, pratiquent un, deux ou trois sports, font du théâtre ; mais, bien que ces activités paraissent bonnes sur le papier, elles n'ont pas un effet positif sur une grande majorité d'enfants. Par exemple, seuls quinze pour cent des enfants parviennent à intégrer une équipe universitaire de basket-ball, alors que cent d'entre eux peut-être y aspirent. L'importance que nous donnons aux sports universitaires représente-t-elle un bon usage des financements publics et des ressources communautaires, vu tous les privilèges qui y sont liés ? En effet, quand on a la chance de faire partie de l'équipe, on en tire des avantages non seulement sur le plan physique (bonne dépense d'énergie, développement des qualités athlétiques), mais aussi sur le plan social (esprit d'équipe, sens du partage) et, pour peu que l'entraîneur fasse bien son travail, on y acquiert aussi des valeurs positives. Plutôt qu'une seule équipe avec trois entraîneurs, bénéficiant de toutes les subventions, ne vaudrait-il pas mieux avoir, au niveau scolaire, plusieurs équipes ? On pourrait imaginer trois ou quatre niveaux, pour que tous les enfants souhaitant pratiquer un sport de compétition aient la possibilité d'entrer dans une équipe et de jouer contre d'autres écoles, dans une ambiance de joyeuse émulation. L'école devrait probablement recruter des entraîneurs supplémentaires ou recourir à l'aide de bénévoles de la communauté ; néanmoins, entre les équipes de filles et de garçons et les deux ou trois niveaux de jeu, la plupart des enfants intéressés par un sport trouveraient une place. Les enfants désirant progresser pourraient passer d'un niveau à l'autre. Ainsi personne ne serait écarté, il y aurait du sport pour tout le monde.

Les activités théâtrales sont également très recherchées dans la plupart des écoles et seule une poignée d'enfants réussit à avoir un rôle et à jouer dans une pièce. N'y a-t-il pas là encore une utilisation injuste et malheureuse de l'argent des contribuables, si seuls les enfants doués ont l'occasion d'exercer leur talent, tandis que les autres n'ont d'autre choix que d'observer les rares élus ? Il n'y a aucune raison pour que l'école ne monte pas deux ou trois pièces en même temps, avec l'aide de bénévoles de la communauté. Chaque pièce serait peut être moins élaborée en termes de production, mais plus d'enfants auraient la chance d'y participer. En d'autres termes, le principe est : activités extrascolaires pour tous les enfants. La façon dont se passent les choses actuellement est la suivante : seuls les étudiants les plus doués, sur le plan sportif, musical, théâtral ou académique sont acceptés dans les activités extrascolaires, et les autres, ceux qui sont moins doués ou plus timides, ceux qui ont d'autant plus besoin de pratique, finissent par traîner à ne rien faire, à s'attirer des ennuis ou simplement deviennent plus passifs et plus égocentriques.

Les activités extrascolaires ne sont qu'un élément du type de programmes que les écoles pourraient promouvoir afin de favoriser la cohésion, le dialogue, les valeurs et les objectifs communs dans une communauté. Les membres de cette communauté pourraient également avoir accès aux écoles pour des programmes du soir. Il pourrait s'agir de classes de formation pour les parents, de services sociaux ou sanitaires pour les familles, d'activités pour les enfants plus âgés et les adolescents, de réunions entre membres et chefs de la communauté sur les questions de principes. En d'autres termes, la communauté devrait avoir la possibilité d'utiliser un bâtiment payé par les impôts (c'est-à-dire l'école), pour de nombreux usages en rapport avec ses priorités. L'intérêt commun concernant l'éducation et les principes d'éducation pourrait constituer le point de départ d'un processus de collaboration qui s'étendrait éventuellement aux autres besoins de la communauté — services sociaux, de santé, de formation pour les adultes, et programmes de prévention à l'intention des enfants et des adolescents contre la drogue, la délinquance et les pratiques contraires à la santé. Des programmes d'orientation peuvent également faire partie des activités scolaires et extrascolaires.

Dans la plupart des communautés, cependant, on trouve aussi des familles qui ont besoin de beaucoup plus que des services de soutien mis en place par les écoles et autres institutions. Si un hôpital n'avait pas de salle d'urgence pour prendre soin des patients gravement atteints, tout l'établissement douterait de sa capacité à assurer sa fonction première, qui est de maintenir et d'améliorer la santé des patients. De même, les communautés doivent avoir la possibilité de prendre soin de ceux qui se trouvent dans le plus grand besoin. Il existe des familles à problèmes ou à risques multiples, dépression, maladies mentales, drogue, graves difficultés conjugales, et, en conséquence, sérieuses difficultés pour élever des enfants[3].

Après des années d'impuissance, de passivité, de méfiance, de refus enracinés, souvent sur plusieurs générations, beaucoup de ces familles sont devenues incapables d'utiliser les services traditionnels de santé ou d'assistance sociale ou encore les organismes d'assistance pour la santé mentale. Au lieu de chercher de l'aide, elles se laissent aller à davantage de pratiques autodestructrices, comme la consommation de drogues ou l'isolement de la société. Beaucoup de programmes travaillant sur ces problèmes ont fait la preuve de leur efficacité[4]. Pour qu'un programme de ce genre soit lancé avec succès dans une communauté, pour qu'il touche les familles les plus démunies, qu'il les fasse participer à son travail, il faut qu'il s'adresse à tous et qu'il soit accessible à tous.

La création de ces programmes peut passer, par exemple, par la réalisation de ce qui a été décrit (S. I. Greenspan) comme le Village vertical. Un grand immeuble peut servir de cadre. Ce Village vertical accueille différents résidents : certaines familles en grand dysfonctionnement ; d'autres familles vivant de leur travail, mais aussi d'aides diverses, qui gèrent leur existence avec plus de compétence ; d'autres personnes, plus âgées, éventuellement des retraités vivant seuls ou avec des parents ; des adultes sans enfant.

Des services destinés aux enfants et à leurs parents sont disponibles sur place, dans l'immeuble. Un centre pour bébés et enfants bien équipé, doté d'un personnel compétent, accueille les jeunes dès la naissance. Enfants et adultes y ont accès quotidiennement, les jeunes passant leur temps en jeux et en activités pédagogiques, les parents recevant une formation et des conseils adaptés à leurs besoins. Un personnel bien informé travaille à établir des liens personnels durables avec chaque membre, aidant les adultes à développer des compétences parentales, tout en procurant aux enfants les soins courants de façon fiable pour soulager leurs parents souvent trop stressés. Pour chaque famille à risque, un professionnel fait office de « parent » adoptif, un peu comme une grand-mère ou une tante sympathiques et compétentes. Cette personne formée établit un lien permanent avec la famille, s'assure que les parents surmontent les problèmes personnels qui les empêchent de prendre soin de leurs bébés et que les besoins des enfants sont satisfaits à chaque stade de développement, que les parents soient capables ou non de s'en charger personnellement.

La formation Points forts est un exemple de soutien établi autour des relations. C'est un modèle d'approche conçu pour créer des relations de travail entre les professionnels de la santé, les professionnels de l'enfance (puéricultrices de crèches), les spécialistes de l'intervention précoce et les parents. La théorie est la suivante : si l'on réussit à changer un programme d'intervention, en abandonnant le diagnostic de déficit ou d'échec pour adopter un modèle qui valorise les forces des parents, qui utilise le développement de l'enfant comme langage de communication, les parents vont davantage s'impliquer dans ces programmes. L'équipe qui entoure le responsable du programme est aussi formée pour entrer en contact avec les parents vulnérables. Chaque « point fort », chaque régression dans le développement de l'enfant devient une occasion de partage qui renforce la relation parent-soignant. Les connaissances sont partagées, non pas « enseignées », et les parents deviennent très ouverts.

L'approbation des parents augmente miraculeusement quand ceux-ci sentent qu'ils jouent un rôle de premier plan dans les progrès de l'enfant. Ils se sentent soutenus et compris. Le modèle négatif, centré sur la maladie, n'a jamais réussi à cimenter des relations. Si nous voulons engager les parents, nous devons former des équipes qui sachent les encourager dans chacun de ces systèmes d'intervention. Les parents sont disponibles et demandeurs. (Voir les conseils Points forts dans les annexes.)

En recevant l'aide de la même personne de confiance pendant quatre ou cinq ans, l'enfant bénéficierait d'un centre de stabilité qui subsisterait quels que soient les bouleversements susceptibles de se produire chez lui. Ainsi, même si sa mère était trop déprimée pour répondre correctement à ses demandes, le bébé ne serait pas totalement privé du soutien et des interactions dont il a besoin pour établir des relations ou maîtriser la communication. Les mères alcooliques ou toxicomanes pourraient même redevenir disponibles si l'objet de notre intervention était l'avenir de leur enfant. Une crise de toxicomanie ou un traitement de désintoxication à l'hôpital ne mettraient pas l'univers de l'enfant sens dessus dessous et ne livreraient pas celui-ci aux impondérables du placement. Avec un personnel vingt-quatre heures sur vingt-quatre, le centre constituerait un havre de sécurité à tout moment et aussi longtemps que nécessaire, et réduirait de façon tangible le chaos dans l'existence des jeunes.

Un refuge si stable et si proche apporterait également de l'ordre dans la vie des parents, il leur donnerait le sens des responsabilités, en plus d'une formation aux compétences parentales, de la possibilité de recevoir des conseils, des traitements de désintoxication, une instruction en matière de santé et de planning familial, des cours pour atteindre le niveau de fin d'études secondaires, une formation professionnelle ou une aide dans la recherche d'un travail.

L'équipe de nuit serait également constituée de personnes familières et fiables qui allégeraient le stress des parents en prenant en charge les enfants dans les moments où les parents n'en sont pas capables. Un parent en crise aurait toujours le moyen de trouver de l'aide, et, en retour, le personnel du centre exigerait du parent un minimum de maturité avant qu'il puisse reprendre la vie familiale, ce qui contribuerait à renforcer ainsi son objectif de responsabilité.

Pour rendre ce système efficace, chaque famille en difficulté ferait partie d'une communauté soudée, communauté dont la majorité des membres aurait une existence tout à fait normale. Les autres familles habitant l'immeuble — certaines assistées, d'autres non — feraient également partie du centre ; leurs enfants iraient à la garderie, et les adultes participeraient aux cours, aux groupes et aux activités qui leur conviendraient. Les adultes à la recherche d'un emploi, par exemple, pourraient recevoir une formation de puériculture dans le but de prendre un poste rémunéré dans le centre. D'autres adultes, particulièrement les personnes plus âgées ou retraitées, qui auraient des compétences en puériculture ou en enseignement, pourraient travailler dans le centre comme bénévoles ou en tant que salariés. Différents avantages financiers — bas loyers, crèches à prix réduit, possibilités de formation — attireraient des résidents vers ce « voisinage mélangé », mais équilibré.

Le village urbain dont nous parlons s'appuierait sur la culture et les institutions de la communauté environnante. Les églises, les centres locaux, les groupes civiques et les associations charitables, de préférence celles qui partageraient la culture ou l'héritage ethnique des résidents, pourraient apporter leur contribution dans les domaines sociaux, spirituels, éducatifs et récréatifs. Au lieu de constituer un ghetto pour les plus démunis, comme les centres d'hébergement actuels, la communauté offrirait des avantages non seulement aux personnes très pauvres, mais aussi aux ménages qui auraient fait le choix de ce lieu de résidence.

Dans l'idéal, une mère et un enfant à risque appartiendraient au système du village avant même la naissance. Au lieu d'attendre qu'un enfant ait des problèmes pour intervenir, l'équipe pourrait proposer son aide dès le début de la grossesse pour donner les meilleures chances de développement au bébé.

Bien que rentable à long terme, un programme tel que celui-là est loin d'être bon marché. Dans le passé, l'impossibilité de disposer de personnel vingt-quatre heures sur vingt-quatre a entraîné l'échec de tels projets. Quand une crise survient dans une famille, il faut un personnel qualifié, en nombre suffisant, pour prendre le relais et assurer le bon développement des enfants. Des programmes d'aide aux familles les plus défavorisées sont difficiles à mettre en place, mais ce sont ces programmes qui montrent jusqu'où une communauté est prête à s'engager.

Discussion

Le phénomène de barrière

TBB : Les besoins fondamentaux des parents autant que ceux des enfants, voilà ce dont nous parlons. Nous disions plus haut que les mères avaient besoin d'être maternées : les parents ont, quant à eux, besoin d'être bien implantés au sein de la communauté. Au lieu de cela, nous constatons que les crèches ou les services sociaux affaiblissent l'attachement entre parents et enfants. Je considère que c'est une sorte de phénomène de barrière.

SIG : Ce qui signifie…

TBB : Eh bien, chaque personne qui s'occupe d'un petit enfant se met immédiatement dans une position de compétition pour cet enfant et va inconsciemment essayer d'exclure les autres de la relation. Elle va reprocher aux autres tout ce qui va mal chez cet enfant. Et cela concerne non seulement les parents et les puéricultrices, mais également les familles d'accueil et toutes sortes d'autres situations. Si l'on ne prend pas conscience de ce phénomène de barrière, les parents se replient sur eux-mêmes et éprouvent de la rancœur.

SIG : Oui, quand on ne les soutient pas, quand on ne les aide pas en tenant compte de leurs besoins, les parents risquent de souffrir et de devenir furieux. La situation se radicalise. Parents et enseignants ou puéricultrices sont bloqués dans la compétition et les rivalités mesquines. Cela arrive constamment dans les institutions. Quand les fonds et les subventions abondent, tout le monde est heureux. Mais, quand les ressources viennent à manquer, il y a comme une régression, on en arrive à la médisance, aux luttes de clans, à de nombreux conflits. C'est le moment où apparaît ce que vous appelez le phénomène de barrière. Il est à son plus bas niveau quand personne ne manque de rien, quand les parents ont envie de travailler en équipe avec les enseignants et les puéricultrices.

TBB : Cela dit, l'attachement à l'enfant qui crée ce phénomène peut aussi être considéré comme une force. On peut en faire quelque chose de positif. Il suffit de l'amener à la surface. C'est pourquoi il est essentiel que, dans les crèches, parents et personnels puissent parler constamment de ce que les uns et les autres pensent, de la façon dont ils envisagent de gérer telle ou telle situation. Il n'est pas nécessaire qu'ils tombent d'accord, mais il faut qu'ils soient avertis de leurs sentiments respectifs : « Quand vous faites cela, je suis très jalouse », ou : « Quand je viens la chercher en fin de journée et qu'elle crie en m'apercevant, je me sens rejetée. »

SIG : La puéricultrice qui ne reçoit pas d'affection dans sa vie personnelle aura davantage tendance à se comporter de façon compétitive avec les parents et à se montrer critique. Il n'est pas toujours facile de partager un enfant. Les parents devraient être alertés si la personne qui s'occupe de leur enfant leur paraît très malheureuse ou si elle manque de soutien. Imaginons que le personnel d'une crèche soit mal payé et que le directeur soit excessivement critique, les puéricultrices dans cette situation auront tendance à blâmer la mère qui amène un enfant enrhumé, par exemple : « Si vous vous occupiez de cet enfant, il n'aurait pas constamment des rhumes. » Des choses de ce genre. Cette relation hostile est plus fréquente quand les puéricultrices ont une situation familiale stressée ou quand leurs conditions de travail sont difficiles et peu satisfaisantes sur le plan financier. Si elles ont des maris qui les aiment et un directeur chaleureux et solidaire, elles se montreront plus facilement compréhensives : « Est-ce qu'il se sent mieux ? Il y a beaucoup de rhumes en ce moment. »

Rien de tout cela n'est si mystérieux. Dans une institution ou une communauté dotées d'un fort soutien social, nous voyons que les gens prennent conscience de leurs besoins et trouvent des solutions. Dans des environnements chaotiques ou démunis, on voit des gens qui passent à l'acte et deviennent égoïstes, dans une atmosphère de critiques et de rivalités. Les besoins des enfants sont donc tributaires de l'épanouissement et de l'intégration des familles, celles de leurs parents, mais aussi celles des personnes qui s'occupent d'eux.

Peut-on faire en sorte que les familles prennent bien soin d'elles-mêmes et que la société prenne soin des familles ? On a tendance à penser que cela va de soi. Mais, souvent, ce n'est pas le cas, et que faisons-nous ? Heureusement, il y a quelques groupes qui sont passés à l'action à travers le pays pour redonner des forces aux familles.

TBB : Family Support America, à Chicago, est un exemple de ce qu'on peut faire en réunissant des parents pour qu'ils se soutiennent mutuellement. Les organismes qui font se rencontrer les parents d'enfants à problèmes montrent aussi l'importance vitale de ce genre d'initiative. Le Child Care Action Campaign*, à New York, est encore un autre exemple d'association pour l'amélioration de la puériculture dans tout le pays et pour le soutien aux parents qui doivent travailler à l'extérieur de leur foyer. Nos programmes Points forts, qui sont appliqués dans trente centres différents de notre pays, travaillent à renforcer les soins de puériculture, la prévention médicale et les interventions précoces pour les parents au sein de leur

* Campagne d'action pour la puériculture.

communauté. Ces programmes fonctionnent bien et donnent aux parents le sentiment qu'on s'occupe d'eux.

Les forces culturelles

SIG : Il y a un autre aspect à tout cela : l'aspect culturel des programmes d'intervention comme Points forts, quand ils s'appliquent à certaines communautés. Ils réussissent ou échouent selon qu'ils sont sensibles aux besoins culturels des communautés culturelles spécifiques et selon la capacité de ces communautés à les adapter ; démarche opposée à celle d'un programme gouvernemental qui est appliqué par l'intermédiaire de toutes sortes de décrets. Avec un programme paternaliste appliqué de l'extérieur, on fabrique de la dépendance et de l'impuissance. Mais, si les participants prennent eux-mêmes l'initiative, c'est une force qui se crée : les gens ont le sentiment d'agir par eux-mêmes et de diriger leurs efforts vers leurs véritables besoins.

TBB : Nous n'avons plus de grandes familles, au sens large, ni de soutien culturel. Nous avons dévalorisé tout ce qui est ethnique. Il faut repenser tout cela. Je suis toujours horrifié de voir que nous avons fait du facteur ethnique quelque chose de négatif, moi qui ai travaillé avec des nouveau-nés appartenant à différents groupes ethniques ou religieux, et qui ai vu tout ce que la diversité apporte à notre culture par l'intermédiaire de ces nouveau-nés. Je voudrais avoir un jour l'occasion d'étudier non seulement les origines des personnes déracinées et tout ce que ces origines leur apportent, mais aussi tout ce que ces personnes doivent abandonner pour vivre dans notre culture. J'aimerais également observer les situations où ces différences ethniques font l'objet d'une discussion. Imaginons qu'un enfant de quatre ans revienne chez lui et dise qu'on s'est moqué de lui à cause de ses cheveux crépus ou parce que : « Ma peau est trop foncée. »

Si nous connaissions mieux ces expériences, nous pourrions aider les parents à ne pas tomber dans le piège mais à être prêts à répondre. Le parent pourrait dire : « Bien sûr qu'ils te taquinent. C'est parce qu'ils t'aiment. On taquine toujours les gens qu'on aime. Ils essaient de comprendre pourquoi tu es différent d'eux. Tu comprends pourquoi tu es différent ? » Puis, en partant de ce que comprend l'enfant, il pourrait parler de toutes les sortes de différences : langue, croyances, couleur de peau, etc. Si nous étions tous préparés à ces moments critiques, nous cesserions de renforcer, de génération en génération, l'idée que la différence est quelque chose de négatif.

SIG : On peut aussi passer en revue différents groupes culturels ou religieux, différentes origines ethniques pour se demander : « De quelles façons les différences culturelles, religieuses ou ethniques peuvent-elles être un soutien pour les familles ? » D'abord, comme vous le disiez, d'où viennent les forces ? Certaines croyances religieuses peuvent aider à satisfaire les besoins d'un enfant. Par exemple, si une religion recommande d'avoir des relations étroites avec les enfants, il devient plus facile de se rendre disponible pour son enfant, de passer plus de temps avec lui et d'être présent. Vous suivez un précepte religieux et, ce faisant, vous vous sentez bien. Il y a souvent plus de soutien qu'on ne le pense dans l'esprit ou la philosophie d'une religion, mais beaucoup ne s'en servent pas de cette façon. Presque toutes les religions prêchent pour une véritable participation à la vie familiale. On peut leur emboîter le pas.

Malheureusement, il y a aussi des traditions regrettables, par exemple, la recommandation des châtiments corporels.

TBB : Les gens utilisent la religion pour donner des conseils plutôt sévères. Pour le bien de son âme, laissez votre enfant pleurer, ne le nourrissez que toutes les quatre heures, ne ménagez pas les punitions.

SIG : Laisser l'enfant pleurer ?

TBB : Oui. J'ai entendu cela dans la bouche de parents appartenant à certaines communautés.

SIG : Mais il vaut mieux se concentrer sur ce qui apporte force et soutien. On peut faire ressortir la participation et la responsabilité qu'enseigne une religion.

TBB : Vous savez, nous constatons tous un certain vide dans les systèmes de valeurs de ce pays. Beaucoup des valeurs que nous avons adoptées en tant que nation ne fonctionnent plus. Nous en recherchons de meilleures. Quand vous vous penchez sur le problème, vous vous rendez compte qu'il y a des valeurs que nous avons laissées derrière nous. Beaucoup des cultures qui se sont fondues dans la nôtre ont dû abandonner leurs valeurs. Nous ferions tous bien de regarder en arrière et de nous demander : « Qu'ai-je perdu et qu'ai-je gagné en échange ? » Nous avons renoncé à beaucoup de valeurs religieuses et à nos croyances ethniques, et nous n'avons pas retrouvé grand-chose en compensation. En fait, nous voyons tout autour de nous des gens revenir à leurs origines culturelles, ethniques et religieuses.

Les valeurs communes

SIG : Quand je travaille avec un groupe de personnes appartenant à différentes cultures, j'essaie d'insister sur ce qui, dans leur culture, renforce leurs qualités de parents. Par exemple, prenons un parent avec un enfant hypersensible qui a des accès de panique parce qu'on le traite durement, mais qui est l'héritier d'une culture favorable aux châtiments. Pour l'aider, je lui dis : « Bon, vous savez que le petit Johnny a la peau sensible. Pour vous, une petite fessée, ce n'est rien du tout, mais pour lui c'est un coup violent. C'est quelque chose qui lui fait vraiment peur. Je ne pense pas que vous ayez envie de lui faire peur. Dans vos croyances, on ne vous demande pas de faire peur aux enfants, mais de les discipliner. Il y a d'autres façons d'apprendre le respect et l'obéissance à votre fils sans lui faire peur. »

Les objectifs supérieurs des religions ou des cultures sont généralement tout à fait constructifs. Il est très intéressant de confronter les croyances religieuses à nos concepts psychologiques quant à la façon d'assurer la santé et la maturité d'un être humain.

Toutes les religions et cultures aident à survivre, d'une certaine façon, ou alors elles auraient disparu. Mais il est important que les individus comprennent ce qui, dans leur culture, peut les aider à résoudre un problème particulier concernant leur enfant. Notre objectif, qui est de favoriser le développement d'une personne en bonne santé, dotée de créativité et de sensibilité, capable de respect, est, de par sa nature, un objectif commun à la grande majorité des religions et des cultures. Dans la plupart des circonstances, chaque culture a ses propres façons originales d'assurer les besoins fondamentaux dont nous nous faisons les avocats. En général, les cultures recommandent des liens familiaux forts, des relations actives, des limites et un équilibre entre autonomie et compassion.

TBB : Pourtant, beaucoup de cultures minoritaires ont renoncé à des valeurs positives pour mieux s'intégrer à notre société dominante. Je pense que nous devons faire prendre conscience de cela aux parents et leur permettre de chercher un soutien dans leurs propres traditions. Mais cela implique une volonté d'ouverture et de compréhension de la part de chacun. Par exemple, dans la vieille culture traditionnelle de la Grèce, les bébés ne reçoivent pas de nom à la naissance. La mère refuse même que quelqu'un d'extérieur regarde son bébé de peur qu'il ne le lui enlève. Si un pédiatre ou une infirmière d'un de nos services obstétricaux se trouvaient devant une telle pratique, sans en connaître les raisons, il ou elle pourraient croire que : « L'attachement ne se fait pas. »

Les parents d'origine hispanique doivent souvent renoncer aux traditions d'intimité familiale qu'ils apportent avec eux lorsqu'ils s'établissent dans notre société. En conséquence, ils ne se sentent pas soutenus. Ils ont laissé derrière eux beaucoup de liens familiaux forts avec lesquels ils auraient été mieux armés au moment où ils se sont trouvés confrontés à la dure tâche de s'intégrer à notre société.

Recommandations

Un voisinage familial stable et des organismes issus de la communauté sont des bases nécessaires pour assurer les besoins incontournables des enfants. Les soutiens aux familles et aux forces culturelles peuvent provenir de plusieurs sources.

Des voisinages solidaires

— Un soutien communautaire au niveau du voisinage suppose de bien connaître ses voisins, de surveiller ce qui se passe autour de soi, d'organiser des rencontres, comme des soirées entre voisins. Les familles tirent un sens de leur identité personnelle de leur voisinage et des relations qui les soutiennent.

— Églises, écoles, associations civiques, groupes parentaux et agences de services tissent les liens d'une communauté. En retour, ils sont renforcés par la collaboration au bien commun — nettoyage des rues, création d'un parc, mise en place de gardes d'enfant après l'école, de centres d'activités, etc. L'environnement de la communauté est également renforcé par des organismes financés à un niveau supérieur : police, pompiers, services médicaux, bibliothèques, coopératives. Beaucoup de ces infrastructures, qui peuvent apporter un soutien aux familles, manquent dans de nombreuses communautés (par exemple, les programmes de visites médicales, les églises, les bibliothèques).

Les programmes locaux et nationaux

— Ils doivent être établis, et beaucoup le sont progressivement, pour travailler autant que possible en équipe avec les services locaux. Les tentatives de contrôle sur les écoles, sur les organismes et les pratiques au niveau local (comme la paperasserie administrative) ont souvent pour résultat de démotiver les bonnes volontés locales. Programmes locaux et nationaux devraient profiter davantage de l'existence des réseaux culturels et communautaires. Les nouveaux programmes devraient être évalués par une question simple : « Est-ce qu'ils favorisent ou est-ce qu'ils sapent le fonctionnement familial et l'infrastructure sociale au niveau de la communauté ? » (Les initiatives pédagogiques ne font pas grand-chose pour soutenir le fonctionnement familial.) Ce test nous aiderait à éviter les erreurs que des initiatives isolées peuvent commettre en voulant remplacer des institutions fondamentales manquantes ou vulnérables. De nouvelles recherches renforcent sans cesse notre capacité d'évaluation des programmes[5].

Les familles à problèmes

— Les programmes pour les familles à problèmes doivent organiser des services de conseils vingt-quatre heures sur vingt-quatre pour les bébés et les enfants, les parents et la famille ; des services d'écoute et des services de crise ; des structures de diagnostic et d'intervention précoces, des possibilités de formation générale et professionnelle, tout cela intégré dans ce que [S. I. Greenspan] a appelé le Village vertical. Ce village doit être caractérisé par un respect immuable pour les familles à risque et à problèmes et le maintien d'une attitude de chaleureuse compassion en dépit de difficultés considérables. Ces relations font partie du programme Points forts. (Voir annexes.)

Les crèches et les écoles

— Si l'on veut obtenir le concours des parents et rendre les écoles plus responsables vis-à-vis de leur communauté, il faut tout d'abord faire participer la communauté et les parents aux décisions concernant la vie des établissements. Parents et représentants de la communauté, en étroite collaboration avec les enseignants, établiraient une structure propre à chaque école publique (semblable à celle des écoles privées) avec un comité local de conseillers et des commissions de travail dans tous les domaines importants (programmes, activités spéciales, théâtre, danse, musique et activités extrascolaires).

— Familles et quartiers gagneraient en force si les écoles allaient au-delà de l'enseignement académique pour jouer un rôle plus important dans la communauté. Ce serait particulièrement bienvenu dans les communautés et les quartiers à haut risque. Cela signifie : un programme extrascolaire beaucoup plus ambitieux, qui comprendrait différentes activités, allant de cours de rattrapage (sciences, mathématiques, littérature) destinés à améliorer les connaissances des enfants en difficulté, jusqu'à des ateliers d'art et des activités sportives, musicales ou théâtrales pour les enfants intéressés.

Tous les enfants doivent avoir la possibilité de participer aux activités très recherchées comme le sport et le théâtre ; il faut pour cela multiplier le nombre d'équipes, de tournois et de représentations. Les services de santé pourraient être dispensés dans les écoles. Les bâtiments scolaires pourraient accueillir le soir les réunions des membres de la communauté.

— Pour les familles à risques ou à problèmes, les écoles pourraient devenir des institutions disponibles vingt-quatre heures sur vingt-quatre.

— Les personnes qui travaillent avec de jeunes enfants — dans les crèches, services médicaux, écoles, services sociaux — devraient faire leur possible pour travailler en équipe avec les parents plutôt que de rivaliser avec eux (phénomène de barrière). Quand on prend conscience de la rivalité et qu'on en parle ensemble, on peut franchir un grand pas en direction de la coopération.

— S'ils ne sont pas correctement payés, si l'on n'accorde pas d'importance à leur travail, on ne peut pas attendre des personnels de crèches et des enseignants qu'ils soutiennent les parents anxieux ou stressés. L'amélioration du statut et des salaires de ces professionnels de l'enfance doit devenir une priorité nationale. Si on les formait convenablement, si on les encadrait par la suite, on préviendrait en grande partie les démotivations.

— Ceux qui travaillent avec des familles doivent constamment s'informer des traditions et des enseignements qui ont influencé les parents. Les valeurs et les objectifs à long terme communs à diverses religions et cultures l'emportent sur les conflits à propos de la façon d'élever les enfants. Les églises qui prennent en compte ces besoins fondamentaux contribuent grandement à alléger les stress des parents modernes.

7

La protection de notre avenir

Aucun débat sur les besoins fondamentaux des enfants ne serait complet sans une interrogation sur l'engagement des pays riches envers les enfants qui vivent dans des parties du monde moins développées ou troublées par des conflits.

Certains d'entre nous, habitants des pays développés, dénoncent les conditions qui causent ou entretiennent les famines, les épidémies et les démembrements familiaux. Nous faisons des tentatives par l'intermédiaire de diverses organisations d'assistance et d'associations internationales pour améliorer ces conditions. Néanmoins, nous n'avons pas pris, au niveau international, des engagements en faveur des enfants, alors que nous en avons pris pour des objectifs politiques ou économiques. Nous n'avons pas fait des problèmes de famine et de maladie chez les enfants une priorité internationale. Nous invoquons les obstacles politiques (et parfois culturels) propres à entraver toute action en faveur de la protection des enfants, mais nous savons tous que nous pourrions être beaucoup plus efficaces si cet objectif était prioritaire sur notre agenda international.

Quand nous considérons notre politique générale à l'égard des enfants, nous devons nous rappeler que le manque d'affection peut causer des ravages aussi importants que les privations alimentaires. À certains égards, le dépérissement causé par une carence affective est encore plus destructeur à cause de la douleur émotionnelle et de la désorganisation qu'il entraîne. Cette privation mine l'esprit et compromet la capacité de l'être humain à élever les générations futures. Quand on s'occupe d'enfants, on ne doit pas laisser séparer les besoins physiques et les besoins affectifs.

En fait, notre motivation pour ce travail sur les besoins incontournables des bébés et des enfants vient en partie de notre désir de réunir tous les besoins fondamentaux des enfants dans un même programme : l'épanouissement physique, social, émotionnel et intellectuel serait, chacun, considéré comme essentiel pour perpétuer la vie humaine telle que nous la connaissons et, sans aucun doute, pour maintenir le progrès social, politique et économique au niveau mondial. Ce programme permettrait d'établir des rapports sur chaque nation, à partir de son engagement dans la satisfaction de ces besoins fondamentaux.

Avec de tels rapports, nous pourrions aller au-delà des indicateurs habituels sur l'état de santé des enfants, comme la mortalité infantile, la morbidité et la pauvreté, et nous pourrions examiner les indicateurs clefs pour chacun des besoins, à partir des recommandations exprimées plus haut dans cet ouvrage. Par exemple, en se fondant sur les besoins incontournables de soins chaleureux et stables, on pourrait envisager une politique de congés parentaux pour les parents qui travaillent, des lois sur le travail des enfants, des règlements sur la qualité des soins aux bébés abandonnés et des programmes de soutien aux familles.

Lorsque nous considérons l'avenir de nos enfants, que ce soit dans les nations développées ou en voie de développement, les problèmes écologiques et biologiques, les menaces nucléaires viennent à l'esprit. En ce qui concerne la prolifération des armes nucléaires, nous n'avons apparemment qu'une capacité de ralentissement, et non pas de véritable limitation. Les problèmes écologiques tels que le réchauffement de la planète ou la pollution des cours d'eau, des mers et de la flore par les rejets industriels toxiques deviennent de plus en plus inquiétants. Les nouvelles maladies comme le sida, qui franchissent rapidement les frontières nationales, représentent une menace supplémentaire pour notre avenir, comme les armes biologiques de destruction massive, qui sont de plus en plus facilement disponibles, ainsi que les armes nucléaires, d'ailleurs.

Ce sont là les menaces évidentes pour notre futur. Elles entraînent deux réactions. L'une, de peur et d'impuissance, souvent accompagnée de déni et d'évitement. La deuxième est la volonté de renforcer la collaboration internationale pour ralentir ou combattre ces menaces. La peur, le déni et l'évitement, cependant, ralentissent la collaboration internationale.

Tout cela semblerait très éloigné des besoins incontournables des enfants, si ce n'est que tous les besoins s'effacent devant le besoin de survivre et de donner naissance à de nouvelles générations. Chaque génération possède, actuellement, le pouvoir de miner la vie sur terre au point de mettre en danger l'habitat et la survie des générations futures. La plus incontournable de nos responsabilités est de léguer à nos enfants une planète où règne la sécurité et où l'on puisse maintenir et favoriser le développement des êtres humains. Sans aucun doute, ce besoin essentiel devrait venir en premier, et non en dernier, mais, parce qu'il est de nature effrayante (et notre tendance à le nier constitue un problème majeur), le mieux est de le considérer comme un besoin qui coiffe tous les autres, et qui, bien évidemment, est étroitement lié à tous les autres.

Afin de protéger le futur, toutes les nations de la terre devront travailler en collaboration et avec une efficacité bien plus grande que jusqu'à présent. La coopération internationale sans précédent qui est nécessaire met cependant au jour un niveau plus profond de ce septième besoin incontournable.

Nous nous trouvons à présent devant un nouveau type d'interdépendance, un nouveau type de problème psychologique que l'humanité n'avait encore jamais rencontré. Un certain nombre de facteurs nous ont fait passer de l'état de groupes relativement petits, protégés par des frontières, à celui d'un grand groupe mondial. Les États-Unis ne peuvent plus se cacher derrière leurs frontières, le Canada derrière les siennes, l'Inde derrière les siennes, etc. Les liens, en termes de valeurs nationales, d'idéaux, de systèmes politiques ou de caractéristiques culturelles, ces liens qui aident les groupes relativement définis à établir des relations de cohésion, à maintenir des communauté et des sociétés, sont brisés par des influences et des préoccupations plus globales.

Tout d'abord, les menaces déjà mentionnées — armes nucléaires, désastres écologiques et problèmes biologiques — nous amènent à une interdépendance dans la peur. Quand on brûle du pétrole au Moyen-Orient, on produit des nuages qui cachent le soleil dans d'autres parties du monde. Un virus créé en laboratoire dans une partie du monde peut contaminer des citoyens n'importe où. En dépit de tentatives, on n'a pas réussi à mettre en place un parapluie protecteur contre une attaque nucléaire. L'interdépendance biologique, écologique et nucléaire provoque donc des peurs auxquelles nous sommes tous associés. Seules des solutions communes peuvent réduire ces peurs.

Deuxièmement, nous sommes de plus en plus liés sur le plan économique. Les marchés qui s'effondrent en Indonésie ou en Amérique du Sud affectent les résultats des marchés aux États-Unis et en Europe. Ces événements ne sont devenus que trop évidents au cours des dernières années, quand les pays occidentaux se sont mobilisés dans la panique pour soutenir les économies asiatiques et sud-américaines. Cette interdépendance économique apparaît aussi dans la façon dont les grandes compagnies et les grosses sociétés créent de nouveaux organismes qui se situent au-dessus des frontières internationales. Certains s'inquiètent parce que ces grandes compagnies sont en mesure de fonctionner comme des gouvernements, et cela sans règle ni contrôle. Les accords commerciaux mondiaux d'après lesquels elles opèrent passent avant les règlements sur l'environnement et la santé de chaque pays en particulier. Quels que soient les risques, ces organismes créent une nouvelle forme d'interdépendance.

Troisième facteur : l'interdépendance due à la communication. La télévision est partout, elle rassemble toutes les parties de la communauté mondiale. Bientôt, l'Internet va lier chaque individu de chaque coin éloigné du monde à toutes les autres personnes. Il est intéressant de remarquer qu'une communauté d'intérêts et de schémas culturels, que ce soit sur le plan musical, vestimentaire ou cinématographique, rassemble les peuples du monde plus rapidement que ne peuvent se rapprocher leurs gouvernements. Nous voyons aussi des dirigeants politiques plus jeunes qui partagent des valeurs avec d'autres nouveaux dirigeants politiques plus jeunes dans beaucoup de pays du monde. Ces valeurs partagées proviennent ou d'expériences formatrices communes ou de l'interdépendance de la communication.

Nous sommes donc tous liés ensemble, que ce soit par la peur, par l'économie ou par la communication. Comment fonctionnons-nous dans ce véritable contexte global de village ou de famille ?

Dans le passé, nous gérions les conflits internationaux par la coopération ou par l'intimidation. Si la coopération échouait, il restait toujours l'intimidation. Les pays dotés d'une force militaire supérieure pouvaient réussir en adoptant la mentalité de la « survie du plus apte » ou de « la force prime le droit ». Les exemples des États-Unis au

Vietnam et de l'Union soviétique en Afghanistan nous ont montré que de telles stratégies ne donnent souvent aucun résultat, même en cas de supériorité militaire. De toute façon, les pays moins puissants auront bientôt suffisamment d'armes nucléaires et biologiques pour créer des dommages inadmissibles soit dans leur propre cour, soit ailleurs. En d'autres termes, maintenant que la plupart des nations ont le pouvoir de détruire la planète, il y a trop de risques pour recourir à l'intimidation.

Normalement, quand les groupes deviennent trop grands, les individus ont des difficultés à s'organiser. Ils reviennent aux mécanismes psychologiques primitifs que nous observons souvent dans les relations internationales, comme l'idée fixe du « nous contre eux », la non-reconnaissance et le retrait, la suspicion et les tentatives de manipulation et d'intimidation. Cependant, ces tactiques primaires, utilisées par des individus ou entre nations, n'ont réussi que partiellement à maintenir l'organisation des groupes dans le monde du passé. Dans le monde du futur, à cause d'une plus grande interdépendance, ces mécanismes primaires ne seront plus capables d'assurer la coopération nécessaire pour protéger l'avenir des générations ultérieures.

Donc, le futur ne peut être protégé que par le développement d'une nouvelle psychologie capable de prendre en compte notre interdépendance. La famille mondiale a besoin de méthodes et de schémas de communications qui ne sombrent pas dans les mensonges, les fanatismes ou les schémas de retrait, d'évitement et de suspicion.

Comment développer cette nouvelle psychologie de coopération ? Comment mobiliser notre interdépendance sans précédent pour embrasser la diversité, généraliser un sentiment commun d'humanité et travailler dans une coopération mutuelle ?

Si nous voulons essayer de faciliter les relations de grands groupes afin qu'ils soient en mesure de travailler en collaboration dans le futur, il nous faut examiner les facteurs responsables du fanatisme, de la méfiance, de l'agression ou de l'isolement.

Et c'est là que le cercle se referme : les facteurs susceptibles d'élargir un sentiment d'humanité commun sont les bases dont nous avons discuté. Nous avons besoin de ces bases plus profondément et plus constamment que jamais au cours de notre histoire. Nous devons donc changer d'orientation, combattre la tendance à l'impersonnalité et à la division, et embrasser les quelques principes fondamentaux sur le développement humain qui peuvent favoriser la collaboration parmi les peuples du futur.

La sécurité procurée par la satisfaction des besoins matériels

Les groupes inquiets pour leur survie vont se rassembler autour de besoins très concrets et ne s'offriront pas le luxe de réfléchir aux objectifs mondiaux à long terme. S'assurer que la population mondiale a amplement de quoi se nourrir, de quoi se loger et de quoi se soigner est un principe essentiel, comme il l'est pour chaque enfant. Les bénéfices économiques ne peuvent plus être un enjeu personnel, ils doivent devenir une grande préoccupation internationale. Les stratégies qui favorisent le développement économique de chaque pays aideront à assurer un environnement sûr et sans risque pour tous.

Une éthique et une philosophie au plan mondial qui encouragent les relations humaines stables, capables d'assurer le maintien et le soutien des familles et des communautés

Seuls les individus vivant dans de bonnes conditions de sécurité et d'alimentation sont capables de se rassembler pour adopter une éthique humaine commune. Les individus défavorisés, par exemple ceux qui sont victimes de malnutrition ou de stress, ont un point de vue étroit et terre à terre, issu de leurs craintes et de leurs angoisses personnelles. Le manque du nécessaire réduit de beaucoup la capacité d'étendre ses préoccupations aux autres membres de la race humaine.

Nous nous sommes concentrés sur la « survie du plus apte », le thème compétitif des évaluations, mais nous avons occulté l'importance d'un comportement fondamental : prendre soin des autres, voilà ce qui permet aux êtres humains de former et de maintenir des relations et des familles, de collaborer en groupe et en communauté, et de travailler ensemble pour des objectifs politiques, économiques et militaires. Dans une société complexe, prendre soin des autres est le fondement de la collaboration nécessaire à la survie. Dans un monde interdépendant qui exige que tous prennent en compte un nombre de personnes plus élevé que jamais auparavant, et qui se projettent dans un futur plus éloigné que le leur ou celui de leurs enfants pour protéger la planète, nous ne pouvons plus sous-estimer l'importance des relations chaleureuses dans l'évolution humaine. Il faut avant tout des familles stables, qui prennent soin de façon permanente et affectueuse de leurs enfants, si l'on veut des individus responsables et bons gestionnaires.

Des familles, des cadres pédagogiques et des communautés qui aident les enfants à devenir des membres de la société communicatifs et intelligents

Comme nous l'avons montré dans les chapitres précédents, il est nécessaire de construire sur cette base chaleureuse des interactions adaptées au développement et aux différences individuelles. Il est donc nécessaire que, partout dans le monde, des individus puissent accéder à une éducation avancée et fondée sur la résolution des problèmes. Il faut aussi encourager des communautés stables à soutenir les familles, le système éducatif et les autres institutions qui permettront aux citoyens d'acquérir les compétences de réflexion nécessaires pour résoudre les difficultés communes à l'ensemble du monde.

Assurer les besoins incontournables des bébés et des jeunes enfants ainsi que de leurs familles représente le premier pas dans la formation de citoyens du monde, capables d'élargir suffisamment leur sens de l'humanité pour faire face à la nouvelle interdépendance de notre planète. Notre septième besoin incontournable nécessite donc que les six autres soient assurés pour l'être à son tour. C'est-à-dire qu'il faut former des citoyens du monde ayant un sens de leur humanité tel qu'il embrassera tous les autres et leur permettra de progresser vers des efforts de collaborations vraiment réfléchis.

Notre sens de la justice doit aussi tendre vers une équité intergénérationnelle et se préoccuper du genre de monde qui attend nos petits-enfants. Sans une telle perspective, nous ne pourrons nous atteler à la tâche sans précédent qui consiste à planifier des actions à long terme, sur des durées de cinquante ans ou plus, pour réduire les risques de catastrophes biologiques, écologiques et nucléaires.

Pour aboutir à cet objectif, nous devons accorder une

priorité absolue, sur le plan international, aux besoins incontournables des enfants, au même titre qu'aux droits de l'homme, comme à un « droit » pour tous. Les sept besoins incontournables peuvent servir de programme (permettant d'établir des rapports) aux nations et aux régions à l'intérieur des nations, ainsi qu'à la communauté internationale entière pour évaluer le statut présent de l'enfance et prodiguer des incitations vers le progrès.

À travers le monde, les futures générations d'enfants et de familles seront en relations beaucoup plus étroites. Pour protéger l'avenir d'un enfant, nous devons le protéger pour tous les enfants.

Annexes

Le modèle Points forts

T. Berry Brazelton

Remerciements. L'auteur remercie Maureen O'Brien, Kristie Brandt et autres collaborateurs du programme Points forts pour leur contribution à ce travail. Ce texte a été écrit à partir d'un article publié dans *Infants and Young Children*, 10, pp. 74-84, 1997.

Tous les parents ont intérêt à recevoir des informations sur le développement de l'enfant ; ils doivent savoir combien il est important de procurer à leurs enfants un environnement chaleureux. Notre objectif, en tant que professionnels attentifs, devrait être de nous placer à leurs côtés, comme des alliés, dans le système de soins destiné à leurs enfants. Nos systèmes actuels sont trop souvent inspirés par des situations de crise, orientés vers le diagnostic d'un déficit et peu accueillants pour les parents. Beaucoup de familles, et en particulier celles qui ont un enfant avec des besoins spécifiques, se retrouvent souvent isolées et sans soutien.

Nous devrions donc nous concentrer sur le développement d'un système où les praticiens pensent en termes de prévention et valorisent les appartenances ethniques et religieuses des parents, ainsi que leur manière de vivre. Au lieu de considérer qu'une adolescente enceinte est en situation d'échec, ce qui la braque et compromet une occasion d'interaction fructueuse avec elle, nous pourrions accepter sa grossesse, lui montrer le potentiel de son bébé et proposer notre soutien. Si, en tant que praticiens, nous parvenons à donner les informations nécessaires et à amener les parents à comprendre le développement de leur jeune enfant et à le favoriser, nous serons en mesure de jouer un rôle primordial dans la réussite du système familial.

Je travaille sur le modèle Points forts depuis plusieurs années. L'expression « Points forts » désigne les périodes des trois premières années de la vie au cours desquelles les poussées de développement des enfants ont pour conséquence une rupture marquée dans le système familial. Ces points constituent une sorte de carte du développement de l'enfant et peuvent être identifiés et anticipés par les parents et les praticiens. (Voir la figure ci-dessous.)

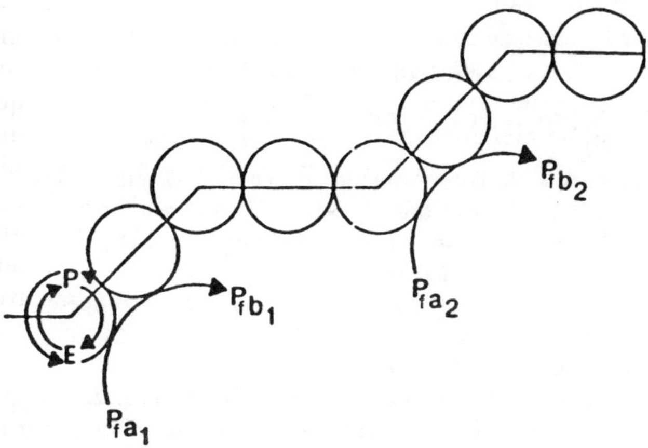

Figure 1

P = parent
E = enfant
Pf = points forts

Treize points ont été définis pour les trois premières années, en commençant par la grossesse. Ils sont axés sur les situations qui sont vraiment importantes pour les parents (par exemple, l'alimentation, la discipline) plutôt que sur les étapes traditionnelles. La façon dont l'enfant négocie ces points peut être considérée comme une source de réussite pour le système familial. La connaissance de ces points forts et des stratégies permettant de les gérer peut aider à réduire les schémas négatifs susceptibles d'entraîner des problèmes dans les domaines du sommeil, de l'alimentation, de la propreté, etc. L'âge de ces points forts peut être plus tardif si l'enfant est prématuré ou fragile, mais il sera d'autant plus important d'en saisir l'occasion pour soutenir des parents anxieux. Les principes directeurs du modèle Points forts sont rassemblés dans le tableau suivant.

Principes directeurs des Points forts

1. Appréciez et comprenez la relation entre le parent et vous.
2. Utilisez le comportement de l'enfant comme langage.
3. Reconnaissez ce que vous apportez à la relation.
4. Soyez prêts à discuter de problèmes qui dépassent le cadre de votre rôle traditionnel.
5. Recherchez les occasions d'encourager les compétences parentales.
6. Concentrez-vous sur la relation parent-enfant.
7. Appréciez la passion où que vous la rencontriez.
8. Considérez la désorganisation et la vulnérabilité comme des opportunités.

Les professionnels peuvent utiliser ces points forts comme un cadre de travail pour chacune de leurs rencontres avec les familles au cours des trois premières années de l'enfant. Plusieurs postulats directeurs à propos des parents constituent le cœur des pratiques Points forts avec les familles. Ensemble, professionnels et parents peuvent découvrir les thèmes récurrents et les stratégies destinées à négocier les difficultés à venir.

Par exemple, pour les bébés de quatre mois, on peut prédire qu'il y aura bientôt une poussée dans la conscience cognitive de leur environnement. Le bébé deviendra difficile à nourrir. Il arrêtera de manger pour regarder autour de lui et prêter l'oreille à chacun des stimuli de son environnement. Au désespoir de ses parents, il recommencera à se réveiller la nuit. Pourtant, quand les parents comprennent cette période comme un préambule naturel au développement rapide et passionnant qui suit, ils n'auront plus besoin de la ressentir comme un échec.

À partir du cadre de travail Points forts, les conseils ou les « appuis » que les professionnels peuvent apporter aux parents sont plus des encouragements que des prescriptions. Donner des conseils préventifs, ce n'est pas délivrer un « avis d'expert » ; cela doit se faire sous forme de dialogue, d'échanges sur ce que ressentent les parents et sur la façon dont ils réagiraient face à de nouvelles difficultés. Ce qui dépend, en partie, de la façon dont ils ont déjà géré des difficultés semblables.

Les parents sont rassurés de savoir qu'ils doivent s'attendre à des poussées et à des régressions dans le développement. Le concept de chevauchement des différentes courbes de développement les aide à penser ; sans cela, ils seraient amenés à mettre en doute l'efficacité de leur action. Face aux régressions comportementales de leurs enfants, ils se demanderaient ce qu'il font de travers. Quand on partage ces points forts avec les parents, on les aide à se sentir plus sûrs d'eux et plus sûrs de leur enfant.

Le modèle Points forts était destiné, à l'origine, au cadre médical. Cependant, notre méthode est à présent utilisée par des professionnels appartenant à différentes disciplines, exerçant dans des cadres variés. Nous reconnaissons la valeur de l'expérience des médecins et les encourageons à adapter le modèle à leur environnement et à leur clientèle. L'essentiel de la formation au modèle Points forts, ce sont les conseils d'anticipation et de prévention ; son approche est pluridisciplinaire, et son idée directrice, l'intérêt commun pour l'enfant, partagé par les parents et les praticiens.

Le modèle Points forts met l'accent sur la construction des relations considérée comme un objectif faisant partie intégrante des interactions parents/professionnels dans divers cadres : séances de préparation à l'accouchement, consultations en cabinet et à domicile, rencontres dans les crèches, etc. Nous revendiquons également une prise en charge globale et durable pour les familles, contrairement aux prises en charge fragmentées dans plusieurs services. Comment des médecins exerçant individuellement peuvent-ils travailler en équipe pour donner aux familles le sentiment d'une coopération significative pour la santé et le développement de l'enfant ? Dans une perspective de système, nous croyons que la création de communautés autour des médecins est essentielle pour s'occuper au mieux des familles.

Notre objectif est à la fois de changer la pratique individuelle et de provoquer une transformation du système de soins aux familles. Pour accomplir cette transformation au niveau de la communauté, nous devons étendre la définition de « soignant » pour y inclure tous les praticiens qui s'occupent des familles, dès la période prénatale et pendant toute la petite enfance, et tous les médecins exerçant dans des cadres différents (par exemple, les cabinets de pédiatrie, les hôpitaux, les organismes publics, privés, associatifs, les crèches, etc.). Ce modèle pluridisciplinaire, ancré dans une communauté, est actuellement testé dans treize communautés et les premiers résultats sont encourageants.

En tant que modèle conceptuel, nous considérons que le cadre de travail Points forts constitue une base pour aider les individus, et les systèmes dans lesquels ces individus fonctionnent, à améliorer les soins aux familles. Avec ses deux centres d'intérêt, développement et relations, le modèle a un intérêt pour les praticiens appartenant à des disciplines diverses et pour des familles différentes. Alors que les cadres d'exercice évoluent vers une plus grande collaboration, l'orientation vers une communauté de praticiens doit inclure un concept de travail explicite. Une fois admis par l'organisme et partagé par les collaborateurs, ce concept peut constituer la base d'un développement professionnel au sein du lieu de travail et de la communauté. C'est seulement à ce moment que nous serons capables d'aller au-delà de l'état actuel de fragmentation des services pour mieux nous rapprocher des familles et en faire des alliées dans un système plus humain et plus global.

Références bibliographiques

P. Bowman, M. Grady, M. Kendrick, J. Ladew-Duncan, S. Mentzer, R. Newman, R. Pease, K. Son et L. Spandinger, *From the Heart : Stories by Mothers of Children with Special Needs*, Portland, Maine, University of Southern Maine, 1994.

T.B. Brazelton, *Touchpoints : Emotional and Behavorial Development*, Reading, Massachusetts, Addison-Wesley, 1992.

A.P. Turnbull, H.R. Turnbull et M. Blue-Banning, « Enhancing Inclusion of Infants and Toddlers with Disabilities and their Families : A Theoretical and Programmatic Analysis », dans *Infants and Young Children*, 7, 1994, pp. 1-14.

Les grands thèmes de chaque point fort

Les points forts de la période prénatale

— LA PRÉPARATION. Les parents se préparent à la fois physiquement et mentalement. L'anticipation du processus d'accouchement et l'angoisse augmentent à mesure que la date se rapproche.

— LES BÉBÉS IMAGINAIRES. Les bébés imaginaires — idéalisé, handicapé et réel — sont des éléments actifs dans la vie intérieure des parents. C'est la preuve de leur attachement émotionnel au bébé, des changements dans leur vision d'eux-mêmes et de leur angoisse devant les exigences de leur situation future.

— LES RELATIONS. Une réévaluation des relations accompagne la préparation à l'arrivée d'un enfant. Les relations des mères avec leurs propres mères deviennent souvent plus intenses. Les amitiés avec les personnes qui n'ont pas d'enfant peuvent perdre de leur importance. Le médecin joue un rôle dans l'ensemble des soutiens qui entourent la future mère.

— LE PARENT IMAGINAIRE. Les futurs parents ressentent à la fois de la fierté et des doutes sur eux-mêmes lorsqu'ils s'imaginent en tant que parents. Le parent imaginaire est associé au bébé imaginaire.

Les points forts de la naissance

— LA SANTÉ. Est-ce que mon bébé va bien ? Les parents ont besoin d'être rassurés sur la bonne santé de leur bébé. Si ce n'est pas possible, il faut leur expliquer les problèmes avec franchise et en leur apportant un soutien.

— LES ÉMOTIONS PARENTALES. Les parents ressentent des émotions intenses, souvent extrêmement confuses et conflictuelles, à propos de la naissance d'un bébé. La jubilation, le soulagement, l'angoisse, l'amour, la colère, la solitude, la joie et le doute peuvent tous surgir. Le bébé a le grand pouvoir de solliciter toute la gamme des forces et des faiblesses émotionnelles de ses parents.

— LE BÉBÉ RÉEL. Les caractères uniques du bébé — sexe, taille, couleur de peau, tempérament — apparaissent et revêtent pour les parents une signification au fur et à mesure qu'ils remplacent l'enfant idéalisé de leur imagination par l'enfant réel qu'ils ont eu.

— L'ATTACHEMENT. La relation avec le bébé va grandir et se développer au cours de la première année, mais les liens émotionnels initiaux entre parent et enfant sont déterminés par les événements des premières minutes et heures de vie ensemble.

Les points forts à trois semaines

— L'ÉPUISEMENT PARENTAL. Le bien-être émotionnel des parents est particulièrement vulnérable à ce point. Les mères ne sont pas encore remises de l'accouchement et peuvent se trouver sous l'emprise d'une dépression post-partum. Les exigences du bébé sont grandes, mais sa capacité à interagir n'est pas encore clairement perceptible.

— L'ALIMENTATION. Les exigences du bébé sont axées sur les tétées et sur le sommeil. Nourrir un bébé, c'est ce qui définit le mieux la capacité des parents à s'occuper de lui. Les questions de gain de poids, d'horaires de tétées et de digestion viennent souvent en tête des préoccupations des parents à la première consultation.

— L'INDIVIDUALITÉ. L'organisation comportementale de l'enfant et son tempérament commencent à devenir apparents. Le bébé montre petit à petit à ses parents comment il réagit à leurs efforts quand ceux-ci s'occupent de lui.

— LES RELATIONS. Les changements dans la vie des parents sont maintenant plus évidents. La relation entre les parents est elle-même en train de se modifier. Et les relations avec la famille, les amis et la société en général sont désormais sensiblement différentes de ce qu'elles étaient avant l'arrivée du bébé.

Les points forts à six-huit semaines

— La sociabilité. Le bébé commence à devenir un peu plus sociable. Ses capacités à communiquer avec le monde extérieur — plus longues périodes d'éveil, attention visuelle, sourires de sociabilité — offrent aux parents des occasions d'interaction avec leur enfant en dehors des échanges exigés par les soins.

— L'assurance des parents. L'épuisement physique et émotionnel ressenti par les parents à trois semaines a été remplacé par une attitude plus assurée à l'égard de leur tâche. Les jeunes mères, les jeunes pères font désormais plus que survivre : ils élèvent leur enfant. Repas et sommeil suivent des routines plus régulières et plus prévisibles, et les parents prennent confiance en eux. Par exemple, ils peuvent reconnaître les différents cris du bébé et gérer leurs propres horaires de sommeil beaucoup mieux qu'à trois semaines.

— Les relations. Les parents reprennent contact avec le monde extérieur. La jubilation et l'épuisement de l'accouchement et de l'adaptation initiale à l'enfant sont passés, et la question du rétablissement des relations sociales et de la reprise du travail devient plus pressante. À ce moment, ils sont souvent inquiets pour leur relation mutuelle et craignent qu'elle n'ait été changée à jamais.

Les points forts à quatre mois

— L'attachement. Des liens émotionnels forts entre le bébé et ses parents se forment à travers des schémas d'interaction plus définis et plus prévisibles.

— L'intérêt pour le monde. Le bébé se met à porter son attention vers l'extérieur. Le monde environnant commence à l'occuper et à l'intéresser.

— LES SCHÉMAS DE SOINS. Les habitudes sont établies — souvent avec pour effet de donner plus d'assurance aux parents. Les routines des repas et du sommeil deviennent plus prévisibles.

— LES EXIGENCES DU BÉBÉ. Le bébé réclame l'attention de ses parents plus souvent et de façon plus efficace ; c'est satisfaisant pour les parents qui ont envie de relations ou frustrant pour ceux qui ne peuvent répondre à la demande.

— LA PARTICIPATION DU PÈRE. Le bébé s'intéressant davantage au monde, les pères ont plus d'occasions d'échanges avec lui. Les mères peuvent ressentir cette orientation vers l'extérieur comme une perte d'intimité.

Les points forts à sept mois

— LES CAPACITÉS MOTRICES. Les capacités motrices du bébé, accompagnées d'une plus grande conscience cognitive, lui donnent davantage de contrôle sur son environnement. Un meilleur contrôle du tronc lui procure plus de liberté pour explorer avec les mains ; l'émergence de la « pince » pouce-index lui permet d'utiliser ses mains avec plus d'efficacité. Il explore avec davantage de détermination.

— LES REPAS. Les nouvelles capacités cognitives et motrices du bébé affectent les repas dans la mesure où le fait d'être nourri ne suffit plus à le satisfaire. Au cours des derniers mois, il était facilement distrait ; désormais, il éprouve le besoin de participer activement au processus nutritif et à tout ce qui se passe en même temps.

— LE SOMMEIL. L'exploration du monde provoque en l'enfant une excitation qui se prolonge pendant la nuit. Obtenir du bébé qu'il se couche pour dormir, s'occuper de lui quand il se réveille sont des problèmes que les parents pensaient avoir laissés derrière eux.

— LA PERMANENCE OBJECTALE. Le bébé commence à comprendre que les objets ont une existence séparée de ses propres perceptions sensorielles. Il montre de l'intérêt pour la manipulation des objets et la découverte de leurs propriétés physiques.

Les points forts à neuf mois

— LA MOBILITÉ. Les compétences motrices sont au cœur de l'activité du bébé. À ce stade, il peut habituellement se tenir debout mais n'a pas suffisamment d'équilibre pour marcher. Au même moment, il peut efficacement ramper dans tous les sens et entrer dans des dizaines d'endroits qu'il n'avait encore jamais atteints.

— LE RÉFÉRENCEMENT SOCIAL. Le bébé prend conscience des réactions de ses parents devant son activité. Il peut ramper vers un endroit interdit et regarder comment ils vont réagir. C'est l'ouverture d'un tout nouveau monde de compréhension et de malentendus mutuels pour les parents et l'enfant.

— LA PERMANENCE DE LA PERSONNE. Le progrès cognitif dans la compréhension que les objets ont une existence à eux, séparément de la perception sensorielle immédiate, est maintenant librement appliqué aux personnes. Tandis que les gens vont et viennent, le bébé veut les garder près de lui ou les faire partir.

— LE CONTRÔLE. Repas et sommeil sont également affectés par les nouvelles capacités de mouvement et de pensée de l'enfant. La prise de conscience des intentions de chacun provoque des difficultés pour savoir « qui commande ».

Les points forts à douze mois

— L'INDÉPENDANCE. L'équilibre entre indépendance et dépendance est fondé sur la sécurité de l'attachement entre un enfant et l'adulte qui s'en occupe. La capacité à explorer le monde est soutenue par la sécurité des relations. Le paradoxe d'une plus grande dépendance menant à davantage d'indépendance est souvent difficile à accepter pour les parents à un moment où la dépendance est si fortement exprimée.

— LES COMPÉTENCES MOTRICES. L'aptitude à se déplacer sur deux pieds est un accomplissement rempli de signification pour les parents et d'excitation pour l'enfant. Le fait d'anticiper l'aptitude sans avoir encore les compétences peut provoquer de la frustration chez les bébés. L'impatience des parents et leur surprise devant le négativisme du bébé peuvent rendre cette étape plus difficile que nécessaire.

— L'APPRENTISSAGE. Les mois qui suivent la première année sont remplis de découvertes. Maintenant que l'enfant a le sens de la permanence objectale, il commence à explorer les propriétés des objets ainsi que le monde environnant avec intérêt et détermination, en faisant des expériences avec les objets et en observant les réactions des autres devant ses découvertes.

— L'IRRITABILITÉ. Vu la façon dont il progresse dans ses capacités à se mouvoir et à communiquer par lui-même, l'enfant peut commencer à se demander comment utiliser ses nouvelles compétences. Sa façon de communiquer peut prendre un tour négatif, car il découvre que ses injonctions ont pour effet de mobiliser les adultes.

Les points forts à quinze mois

— L'AUTONOMIE. La poussée de développement physique et intellectuel qui marque l'accession à la marche exige de l'enfant qu'il s'exerce à ses nouvelles capacités. La difficulté pour les parents est de l'encourager tout en assurant sa sécurité et en lui apprenant ses limites.

— LE JEU. L'enfant est maintenant un véritable explorateur. Ses relations avec le monde physique sont caractérisées par l'expérimentation et la découverte. Prendre un bain devient un examen de l'eau et des propriétés des objets qui coulent et qui flottent. Tous les coins et recoins de la maison sont un terrain d'exploration. En plus de ce goût de l'exploration, il est intéressé par l'effet qu'il exerce sur les objets et les gens.

— LES COMPÉTENCES MOTRICES. L'âge auquel les enfants commencent à marcher est très variable. La plupart des enfants qui se développent normalement sont sur leurs pieds à cet âge, mais pas tous. Si ce n'est pas le cas, les parents ont tendance à s'inquiéter. Les compétences en motricité fine se développent. L'enfant peut tendre la main pour prendre, serrer dans sa main et laisser tomber des petits objets avec plus de facilité qu'à douze mois. Et il peut s'enfuir en courant et en riant en même temps, combinant ainsi son autonomie émergente avec ses toutes nouvelles compétences motrices.

— LA DÉPENDANCE. Le revers de l'autonomie est l'extrême dépendance souvent ressentie à cet âge. Alors que l'enfant exerce ses aptitudes nouvelles, il se sent souvent tout seul et a besoin d'être sûr que ses parents sont là quand il en a besoin. C'est à ce moment que la peur des étrangers et de la séparation culmine.

— LE LANGAGE. L'apprentissage du langage commence à prendre plus d'énergie à l'enfant. Il parvient à utiliser quelques mots, mais, et c'est le plus important, il commence à montrer qu'il comprend leur impact. Il peut ressentir une grande frustration parce qu'il veut dire quelque chose, qu'il sait qu'on peut le dire, qu'il essaie de le dire et qu'on ne le comprend pas. La compréhension dépasse de beaucoup l'expression à cet âge.

Les points forts à dix-huit mois

— La cognition. C'est un moment où l'aptitude de l'enfant à penser passe du « ici et maintenant » au stade symbolique. C'est surtout apparent dans ses spectaculaires progrès d'utilisation du langage, non seulement pour obtenir ce dont il a besoin, mais aussi pour décrire et interpréter ce qu'il ressent. On peut le constater dans des jeux d'imagination plus sophistiqués.

— La conscience de soi. Cette période est marquée par un grand changement dans la conscience de soi de l'enfant. La frustration qu'il exprime quand il ne parvient pas à imiter un adulte, une prise de conscience plus avancée de ce qui est bien et de ce qui est mal, et ses expressions de fierté devant ses réussites et d'empathie pour les autres, tout cela marque le développement d'un sens de soi plus clair.

— Les luttes de contrôle. Les nouvelles compétences sont inévitablement accompagnées par le désir de les exercer. Un remarquable développement des capacités personnelles et intellectuelles amène des conflits entre l'enfant et les adultes. Chaque limite est un défi à l'autonomie de l'enfant. Les parents sont souvent surpris par l'intensité que des enfants jusque là faciles à vivre mettent dans ces conflits.

— Le langage. À cet âge, l'enfant possède habituellement un ensemble de quelques mots qu'il peut utiliser fréquemment et efficacement, mais sa compréhension du langage continue à dépasser son aptitude à s'exprimer. Les adultes peuvent utiliser le langage pour lui donner des explications et gérer son comportement avec plus de succès qu'auparavant. Mais l'enfant est toujours lié au physique et au sensoriel. Les parents sont impatients : ils voudraient que l'enfant comprenne le langage ; cette impatience doit être modérée par le fait que ce dernier a encore besoin d'un contact direct avec les gens et avec les choses.

Les points forts à deux ans

— LES JEUX D'IMAGINATION. L'enfant entre maintenant dans un tout nouveau monde d'imaginaire. Il peut commencer à représenter les routines de sa vie dans ses jeux et à imiter les rôles des adultes qui l'entourent. Il utilise les objets qu'il manipule — ses cubes, ses poupées, ses camions — pour donner un sens au monde complexe qui l'entoure.

— LE LANGAGE. Sa capacité à donner une signification à son jeu va de pair avec l'aptitude à faire de même avec le langage. Il utilise maintenant des verbes dans de courtes phrases et commence à manier le langage comme un moyen d'interpréter ses propres actions. La progression spectaculaire dans son aptitude à comprendre et à utiliser le langage lui permet d'entrer dans la communauté des gens qui parlent.

— L'AUTONOMIE. La fameuse obstination des enfants de deux ans a deux aspects. C'est l'aboutissement des aptitudes toutes nouvelles dans les domaines physique, cognitif et social qui ont besoin de s'exprimer. Et c'est l'application de ces aptitudes conscientes à tout ce qu'on peut imaginer. Les parents qui se sont habitués à s'occuper tranquillement d'un bébé sont maintenant confrontés à un personnage persuadé d'avoir un programme plus important qu'eux.

— LES COMPÉTENCES MOTRICES. À deux ans, l'enfant a un bien meilleur contrôle moteur que seulement quelques mois auparavant. Ses compétences en motricité globale se sont développées au point qu'il peut grimper presque partout. Sa motricité fine lui permet de tenir une tasse d'une main et de manipuler de petits objets. Il marche avec plus de maîtrise et de confiance, ce qui démontre non seulement une plus grande compétence motrice, mais aussi une conscience de soi plus forte.

Les points forts à trois ans

— L'IMAGINATION. En même temps que son aptitude à utiliser des symboles, l'enfant développe à présent une imagination vive et active. Il se représente dans son esprit des aspects du monde et de ses relations avec les autres. Et, puisqu'il a maintenant la capacité d'avoir des idées nouvelles, indépendantes de ses expériences, il commence à utiliser l'imagination d'une façon qui l'aide à donner un sens à la complexité du monde. Un ami imaginaire ou un objet transitionnel, comme un ours en peluche, peuvent prendre une importance particulière à cet âge.

— LES PEURS ET LES PHOBIES. Cette capacité à utiliser l'imagination pour mieux comprendre expériences et sentiments s'accompagne de peurs et de phobies, quand l'imagination s'attache à un aspect particulièrement contrariant de l'expérience. La frontière entre imagination et réalité, surtout au moment du réveil, n'est pas claire. Les sentiments sont réels et il faut réagir avec fermeté et respect.

— LE LANGAGE. Le langage explose. Il devient le premier moyen de communication avec les autres. L'enfant commence également à l'utiliser pour ordonner son monde. C'est à ce moment que beaucoup d'enfants semblent constamment poser des questions, qu'ils se parlent souvent à eux-mêmes en jouant ; c'est aussi à cet âge qu'on leur demande d'« utiliser des mots » quand ils ont besoin de quelque chose. La façon dont les parents et les autres adultes utilisent le langage détermine la façon dont l'enfant parle, ce qui aura des conséquences majeures sur sa scolarité. La lecture peut commencer à devenir un processus de collaboration plus active dès que l'enfant étend aux mots son aptitude à se représenter des idées.

— LES RELATIONS AVEC LES AUTRES ENFANTS. À trois ans, un enfant est habituellement très sociable. Il supporte bien mieux d'être séparé de ses parents qu'un an plus tôt ; il peut aussi être fortement attiré par des jeux comprenant beaucoup d'interactions avec les autres enfants de son âge. Il n'a pas encore les compétences sociales pour partager et suivre des règles, mais il est capable de participer activement à de telles interactions.

— L'INTELLIGENCE SOCIALE. Maintenant, il lit mieux les signaux des autres, comprend l'impact de son comportement et peut agir en conséquence. Les parents attendent un comportement plus mûr et les « bêtises » prennent une autre signification. L'enfant de trois ans est davantage capable de manipulation : il peut opposer ses parents l'un à l'autre et ne pas révéler ses intentions.

Courbe de croissance du développement fonctionnel et questionnaire

Stanley I. Greenspan

Pour juger si un enfant a atteint un certain niveau fonctionnel, il faut avoir répondu « oui » à toutes les questions concernant ce niveau. Une seule réponse négative indique que l'enfant n'a pas encore maîtrisé ce stade. Il faut se rappeler que cette courbe n'est qu'un outil permettant de visualiser les domaines du développement où l'enfant progresse comme on s'y attend et ceux où il peut rencontrer certaines difficultés.

Trois mois

(Stade 1 : régulation et attention)

— Votre enfant manifeste-t-il un intérêt pour les choses qui l'entourent en dirigeant son regard vers les objets ou les gens et en prêtant l'oreille aux sons ?

Cinq mois

(Stade 2 : engagement dans les relations)

(Poser la question du stade précédent, puis la question suivante.)

— Votre bébé semble-t-il content ou heureux quand il voit les personnes qu'il préfère : regarde-t-il en souriant, émet-t-il des sons ou fait-il des gestes, comme des mouvements des bras, qui indiquent le plaisir ou le ravissement ?

Neuf mois

(Stade 3 : interactions avec intention)

(Poser les questions des deux stades précédents, puis les questions suivantes.)

— Votre bébé est-il capable de montrer ce qu'il veut en tendant la main ou en montrant du doigt, est-ce qu'il lève les bras pour qu'on le prenne, est-ce qu'il fait des bruits avec une intention manifeste ?

— Votre bébé réagit-il quand on lui parle, ou quand on joue avec lui, avec des sons, des mimiques, des gestes d'imitation (comme tendre la main), etc. ?

Entre quatorze et dix-huit mois

(Stade 4 : organisation de chaînes d'interactions ; résolution de problèmes)

(Poser toutes les questions précédentes, puis les questions suivantes.)

— Est-ce que votre enfant (vers quatorze mois) est capable de montrer ce qu'il veut ou ce dont il a besoin en utilisant des actes, comme vous conduire par la main, ouvrir une porte ou montrer du doigt un jouet qu'il cherche ?

— Est-ce que votre enfant (vers dix-huit mois) est capable d'orchestrer des chaînes d'interactions plus complexes quand il résout des problèmes et quand il vous montre ce qu'il veut, y compris quand il veut manger : par exemple, est-ce qu'il vous prend par la main, vous emmène jusqu'au réfrigérateur, tire sur la poignée et montre un aliment particulier, une bouteille de lait ou de jus de fruits ?

— Est-ce que votre enfant (vers dix-huit mois) est capable d'utiliser l'imitation, par exemple en copiant vos intonations, vos mots ou vos gestes dans une interaction ludique ?

De vingt-quatre à trente mois

(Stade 5 : utilisation des idées — mots ou symboles — pour communiquer des intentions ou des sentiments)

(Poser toutes les questions précédentes, et puis les questions suivantes.)

— Est-ce que votre enfant (vers vingt-quatre mois) répond aux gens qui lui parlent ou qui jouent avec lui en utilisant des mots ou des séquences de sons prouvant clairement qu'il essaie de dire un mot ?

— Est-ce qu'il est capable (vers vingt-quatre mois) d'imiter des actions familières, en faisant semblant, par exemple, de nourrir ou de bercer une poupée ?

— Est-ce qu'il est capable (vers vingt-quatre mois) d'exprimer certains besoins fondamentaux avec un ou plusieurs mots (parfois, il est nécessaire que les parents disent d'abord le mot) comme « jus », « ouvre » ou « baiser » ?

— Est-ce qu'il est capable (vers vingt-quatre mois) de suivre une indication simple d'un adulte pour assouvir un désir de base, par exemple : « Le jouet est ici » ou : « Viens donner un baiser à maman » ?

— Est-ce qu'il est capable (vers trente mois) de s'engager dans un jeu d'imagination comprenant des interactions avec un adulte ou un autre enfant (repas des poupées, invitations à prendre le thé, etc.) ?

— Est-ce qu'il est capable (vers trente mois) d'utiliser des idées — mots ou symboles — pour communiquer son intérêt ou son plaisir (« Regarde camion ! » par exemple) ?

— Est-il capable d'utiliser des symboles (mots, images, règles de jeux) tout en s'amusant ou en ayant des interactions avec un ou plusieurs amis ?

Entre trente-six et quarante-huit mois

(Stade 6 : création de ponts logiques entre les idées)

(Poser toutes les questions précédentes, puis les questions suivantes.)

— Votre enfant (vers trente-six mois) est-il capable d'utiliser des mots ou autres symboles (par exemple, des images) pour montrer ce qu'il aime et ce qu'il n'aime pas, comme : « Veux ça » ou : « Pas ça » ?

— Votre enfant (vers trente-six mois) est-il capable de s'engager dans un jeu d'imagination avec une autre personne, en suivant une histoire ou une action ayant un sens logique ? (Par exemple, est-ce qu'il fait en sorte que les ours rendent visite à la grand-mère et qu'ils fassent ensuite un bon déjeuner ?)

— Votre enfant (vers trente-six mois) est-il capable de commencer à expliquer ses désirs ou ses besoins (« Maman, sortir. » « Que veux-tu faire dehors ? — Jouer. ») ? Il peut avoir besoin qu'on l'aide en lui proposant des choix (« Que veux-tu faire, jouer ou dormir ? »).

— Votre enfant (vers quarante-huit mois) peut-il donner la raison pour laquelle il désire quelque chose ou veut faire quelque chose (« Pourquoi veux-tu du jus d'orange ? — Parce que j'ai soif ») ?

— Votre enfant (vers quarante-huit mois) est-il capable parfois d'utiliser ses sentiments comme une raison pour expliquer un souhait ou un comportement (parce que je suis heureux, excité, triste) ?

— Votre enfant (vers quarante-huit mois) est-il

capable de s'engager dans des histoires imaginaires comprenant des interactions, autant avec les enfants de son âge qu'avec les adultes, et de mettre dans ces histoires plusieurs éléments ayant entre eux un lien logique (les enfants vont à l'école, font leur travail, prennent leur déjeuner et rencontrent un éléphant en rentrant à la maison) ?

— Votre enfant (vers quarante-huit mois) est-il capable d'avoir une conversation logique avec au moins quatre phrases aller et retour sur différents sujets : allant des négociations sur les aliments et les horaires de coucher jusqu'aux confidences sur les amis ou l'école ?

Entre quatre et sept ans

— Votre enfant se fait-il des amis, rencontre-t-il des amis pour jouer en dehors de l'école ?

— Votre enfant est-il proche de ses parents et affectueux avec eux ?

— Votre enfant est-il capable de négocier avec deux personnes ou plus en même temps (par exemple, en allant et venant de maman à papa pour essayer de retarder l'heure d'aller au lit, ou pour avoir un biscuit supplémentaire, ou encore pour essayer de convaincre deux amis de jouer selon ses règles) ?

— Votre enfant est-il capable de comparer deux idées de façon à expliquer pourquoi il aime un ami plus qu'un autre ou un aliment plus qu'un autre ?

— Votre enfant est-il capable dire comment il se sent et pourquoi ?

— Votre enfant est-il capable de réguler ses impulsions, ses peurs et ses angoisses (de contrôler son comportement et de se calmer avec un petit peu d'aide) ?

— Commence-t-il à maîtriser les difficultés scolaires comme l'apprentissage de la lecture, du calcul (addition et soustraction) et de l'écriture ?

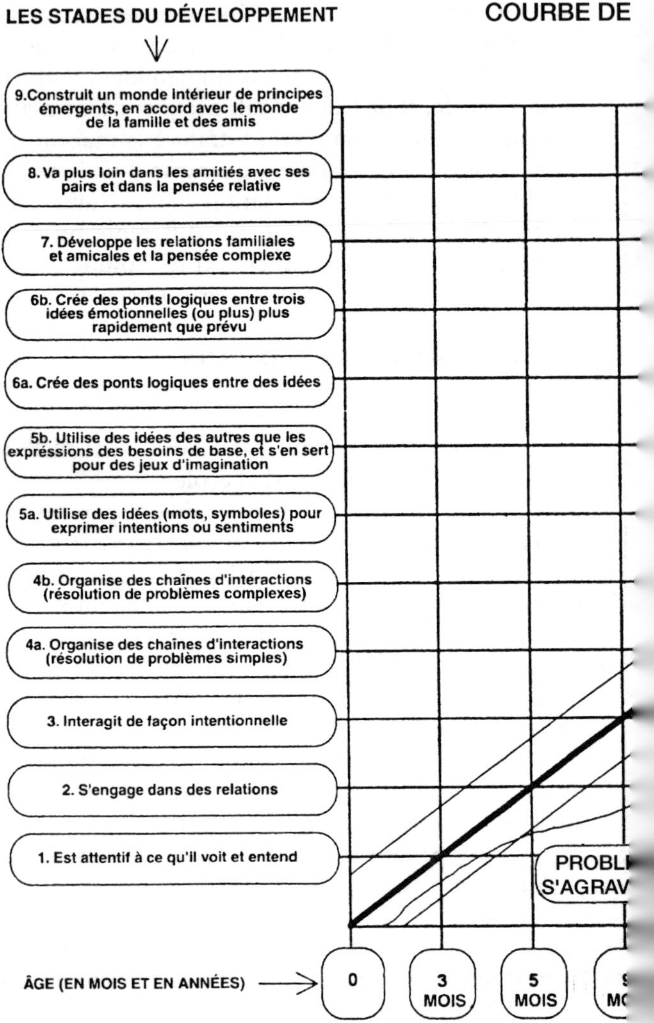

LES STADES DU DÉVELOPPEMENT
COURBE DE
9.Construit un monde intérieur de principes émergents, en accord avec le monde de la famille et des amis
8. Va plus loin dans les amitiés avec ses pairs et dans la pensée relative
7. Développe les relations familiales et amicales et la pensée complexe
6b. Crée des ponts logiques entre trois idées émotionnelles (ou plus) plus rapidement que prévu
6a. Crée des ponts logiques entre des idées
5b. Utilise des idées des autres que les expréssions des besoins de base, et s'en sert pour des jeux d'imagination
5a. Utilise des idées (mots, symboles) pour exprimer intentions ou sentiments
4b. Organise des chaînes d'interactions (résolution de problèmes complexes)
4a. Organise des chaînes d'interactions (résolution de problèmes simples)
3. Interagit de façon intentionnelle
2. S'engage dans des relations
1. Est attentif à ce qu'il voit et entend
ÂGE (EN MOIS ET EN ANNÉES)
0
3 MOIS
5 MOIS

CROISSANCE DU DÉVELOPPEMENT FONCTIONNEL

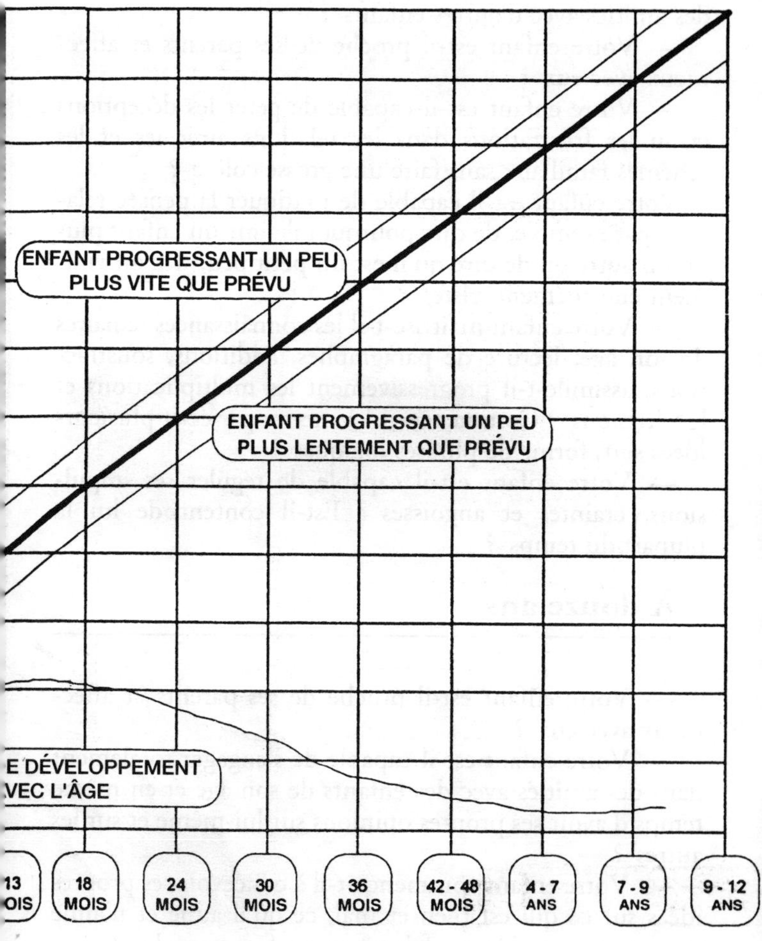

Vers neuf ans

— Votre enfant est-il complètement impliqué dans des amitiés avec d'autres enfants ?

— Votre enfant est-il proche de ses parents et affectueux avec eux ?

— Votre enfant est-il capable de gérer les déceptions et/ou les frustrations dans les relations amicales et les schémas familiaux sans faire une grosse colère ?

Votre enfant est-il capable de pratiquer la pensée relative (par exemple, de dire pourquoi il aime un enfant plus qu'un autre ou de dire qu'il est un petit peu, très ou vraiment énormément triste) ?

— Votre enfant maîtrise-t-il les connaissances scolaires de son âge, lecture de paragraphes, additions, soustractions, assimile-t-il progressivement les multiplications et les divisions ? Commence-t-il à mettre par écrit plusieurs idées sous forme de phrases logiques ?

— Votre enfant est-il capable de réguler ses impulsions, craintes et angoisses ? Est-il content de lui la plupart du temps ?

À douze ans

— Votre enfant est-il proche de ses parents et affectueux avec eux ?

— Votre enfant est-il capable de s'engager totalement dans des amitiés avec des enfants de son âge et en même temps d'avoir ses propres opinions sur lui-même et sur les autres ?

— Votre enfant commence-t-il à concevoir ses propres idées sur ce qui est bien et mal, ce qu'il aime et n'aime pas, et sur ce qu'il veut faire dans un futur proche ?

— Votre enfant est-il capable de penser de façon

abstraite et de soupeser plusieurs facteurs pour arriver à une conclusion (que ce soit en parlant d'une histoire, de ses propres sentiments, de ses amis ou des raisons de faire ou non quelque chose, tout en prenant en compte le présent, le passé récent et le futur) ?

— Votre enfant est-il capable de raisonner au moins un petit peu au sujet de ses humeurs et de ses sentiments, et de réguler ses impulsions, ses angoisses, ses peurs et ses humeurs suffisamment pour ne pas être entraîné par elles ?

Notes

Introduction

1. Beyond Rhetoric : The New American Agenda for Children and Families. Report of the National Commission for Children, Department of Documents, Washington, DC, 20402, 1991.

2. Children's Defense Fund. Child Care Challenge ; Washington, DC, 1998.

Chapitre 1

1. L'expérience peut provoquer des modifications hormonales ; par exemple, un attouchement apaisant semble déclencher les hormones de croissance, et des hormones telles que l'oxytocine semblent favoriser des processus affectifs capitaux, comme le rapprochement et l'intimité. En outre, le stress émotionnel est associé à des modifications de la physiologie cérébrale. S.M. Schanberg et T.M. Field, « Sensory Deprivation Stress and Supplemental Stimulation in the Rat Pup and Preterm Human Neonate », *Child Development*, 58, 1987, p. 1431-1447.

2. Voir T.N. Wiesel et D.H. Hubel, « Single-Cell Responses in Striate Cortex of Kittens Deprived of Vision in One Eye », *Journal of Neurophysiology*, 26, 1963, p. 1003-1017 ; W. Singer, « Neoronal Activity as a Shaping Factor in Postnatal Development of Visual Cortex », *Developmental Neuropsychobiology*, éd. W.T. Greenough et J.M. Juraska, Orlando, Academic Press, 1986, p. 271-293 ; A. Hein et R.-M. Diamond, « Contribution of Eye Movement to the

Representation of Space », *Spatially Oriented Behavior*, éd. A. Hein et M. Jeannerot, New York, Springer, 1983, p. 119-134.

3. Voir, pour exemple, B.D. Perry, « Incubated in Terror : Neuro-developmental Factors in the "Cycle of Violence" », *Children, Youth and Violence : Searching for Solutions*, éd. J. Osofsky, New York, Guilford, 1995.

4. Voir, pour exemple, M.A. Hofer, « On the Nature and Function of Prenatal Behavior », *Behavior of the Fetus*, éd. W. Smotherman et S. Robinson, Caldwell, New Jersey, Telford, 1988 ; *idem*, « Hidden Regulators : Implications for a New Understanding of Attachment, Separation, and Loss », *Attachment Theory : Social, Developmental, and Clinical Perspectives*, éd. S. Goldberg, R. Muir et J. Kerr, Hillsdale, New Jersey, Analytic Press, 1995, p. 203-230 ; P. Rakic, J. Bourgeois et P. Goldman-Rakic, « Synaptic Development of the Cerebral Cortex : Implications for Learning, Memory, and Mental Illness », *The Self-Organizing Brain : From Growth Cones to Functional Networks*, éd. J. van Pelt, M.A. Corner, H.B.M. Uylings et F.H. Lopes da Silva, New York, Elsevier Science, 1994, p. 227-243.

5. T.B. Brazelton, « Behavioral Competence of the Newborn Infant », *Neonatology*, éd. E.B. Avery *et al.*, Philadelphie, Lippincott, Williams et Wilkins, 1999.

6. T.B. Brazelton et B.G. Cramer, *Les Premiers Liens : l'attachement parents-bébé vu par un pédiatre et un psychiatre*, Paris, Stock-Laurence Pernoud, Calmann-Lévy, 1991 ; T.B. Brazelton, *Points forts : les moments essentiels du développement de votre enfant*, Paris, Stock-Laurence Pernoud, 1993.

7. Pour une discussion plus approfondie des relations entre inter-actions émotionnelles et intelligence et développement émotionnel, voir S.I. Greenspan, *The Growth of the Mind*, Cambridge, Massachusetts, Perseus Publishing, 1997 ; et *idem*, *Building Healthy Minds*, Cambridge, Massachusetts, Perseus Publishing, 1999.

8. S.I. Greenspan et S. Wieder, *The Child With Special Needs*, Cambridge, Massachusetts, Perseus Publishing, 1998.

S.G. Greenspan et J. Salmon, *The Challenging Child*, Cambridge, Massachusetts, Perseus Publishing, 1995.

9. L'évaluation néonatale (Échelle d'évaluation du comportement néonatal, ou NBAS) fut établie en 1973 pour évaluer les comportements complexes du nouveau-né. Non seulement les nouveau-nés sont capables de voir et d'entendre, mais ils peuvent mobiliser leur attention et manifester leur excitation ou leur intérêt vis-à-vis des visages, des voix, d'une balle rouge ou d'une crécelle douce ; Ils peuvent se fermer aux stimuli auditifs ou tactiles intrusifs et répétitifs. La façon dont les nouveau-nés répondent à ces stimuli et la vérification de leurs réflexes neurologiques donnent à l'observateur une indication sur le type de personne qu'ils peuvent être. Leurs réactions aux techniques d'apaisement quand ils sont actifs ou qu'ils pleurent peuvent aider les jeunes parents à prendre conscience des soins qui conviennent à leur enfant. La NBAS sert à diagnostiquer toute anomalie ou séquelle intra-utérine, mais, quand on l'utilise en partageant l'observation du comportement du nouveau-né avec ses jeunes parents avides d'informations, on lui donne toute sa valeur. Nous avons quarante-huit études qui démontrent l'influence qu'exerce le comportement du nouveau-né sur ses parents en terme d'attachement, mais qui montrent également que les parents deviennent plus favorables et plus coopératifs envers le système médical qui est disponible pour eux et pour leur bébé. La découverte de l'extraordinaire compétence du bébé à utiliser les états de conscience (endormi, éveillé, alerte, furieux) s'est révélée la clef de l'attachement initial pour les parents. Pour plus d'informations, voir T.B. Brazelton et J.K. Nugent, *Neonatal Behavioral Assessment Scale*, New York, Cambridge University Press, 1996, 3e éd.

10. W.T. Greenough et J.E. Black, « Induction of Brain Structure by Experience : Substrates for Cognitive Development », *Developmental Behavioral Neuroscience*, 24, 1992, p. 155-299 ; I.J. Weiler, N. Hewrylak et W.T. Greenough, « Morphogenesis in Memory Formation : Shnaptic and Cellular Mechanisms », *Behavioral Brain Research*, 66, 1995,

p. 1-6 ; R.L. Holloway, « Dendritic Branching : Some Preliminary Results of Training and Complexity in Rat Visual Cortex », *Brain Research*, 2, 1966, p. 393-396 ; A.M. Turner et W.T. Greenough, « Synapses per Neuron and Synaptic Dimensions in Occipital Cortex of Rats Reared in Complex, Social, or Isolation Housing », *Acta Stereologica*, 2, suppl. 1, 1983, p. 239-244 ; *idem*, « Differential Rearing Effects on Rat Visual Cortex Synapses, 1 : Synaptic and Neuronal Density and Synapses per Neuron », *Brain Research*, 329, 1985, p. 195-203 ; C. Thinus-Blanc, « Volume Discrimination Learning in Golden Hamsters : Effects of the Structure of Complex Rearing Cages », *Developmental Psychobiology*, 14, 1981, p. 397-403. T.N. Wiesel et D.H. Hubel, « Single-Cell Responses in Striate Cortex of Kittens Deprived of Vision in One Eye », *Journal of Neurophysiology*, 26, 1963, p. 1003-1017 ; W. Singer, « Neuronal Activity as a Shaping Factor in Postnatal Development of Visual Cortex », *Developmental Neuropsychobiology*, éd. W.T. Greenough et J. M. Juraska, Orlando, Academic Press, 1986, p. 271-293 ; A. Hein et R. M. Diamond, « Contribution of Eye Movement to the Representation of Space », *Spatially Oriented Behavior*, éd. A. Hein et M. Jeannerod, New York, Springer, 1983, p. 119-134. B.D. Perry, « Incubated in Terror : Neurodevelopmental Factors in the "Cycle of Violence" », *Children, Youth and Violence : Searching for Solutions*, J. Osofsky, New York, Guilford, 1995.

11. T.B. Brazelton et H. Als, « Four Eearly Stages in the Development of Mother-Infant Interaction », *The Psychoanalytic Study of the Child*, éd. A. Solnit *et al.*, vol. 34, Madison, Connecticut, International Universities Press, 1979.

12. T.B. Brazelton, *Trois bébés dans leur famille, Laura, Daniel et Louis : les différences du développement*, Paris, Stock-Laurence Pernoud, 1985.

13. D.W. Winnicott (1896-1971), pédiatre et psychanalyste anglais.

14. D. Norton, « Diversity, Early Socialization and Temporal Development », *Social Work*, 38, p. 82-90.

15. T. Field, « Affective and Interactive Disturbance in

Infants », *Handbook of Infant Development*, éd. J.D. Osofsky, New York, Wiley, 1987, p. 972-1005.

16. E. Tronick, H. Als, L. Adamson, S. Wise et T.B. Brazelton, « The Infant's Response to Entrapment between Contradictory Messages in Face-to-Face Interaction », *Journal of the Academy of Child Psychiatry*, 17, 1978, p. 1-13.

17. Le projet Point forts de l'Hôpital des Enfants de Boston forme des professionnels appartenant à des disciplines variées à une intervention précoce avec parents et bébés. L'objectif est d'améliorer la prévention et la santé de l'enfant avec le concours des parents. Pour une description plus détaillée du projet, voir les annexes.

18. Association of Family and Visitation Courts. 329 West Wilson St. Madison, W1 53703. 608-251-4001.

19. Governor's Blue Ribbon Commission on Foster Care, mars 1992.

20. T.B. Brazelton et J.K. Nugent, *Neonatal Behavioral Assessment Scale*, New York, Cambridge University Press, 1996, 3e éd., p. 1-4.

21. H.M. Skeels et H. Skodak, « A Study of the Effects of Environmental Stimulation », *University of Iowa Studies in Child Welfare*, vol. 15 et 16, University Park, Iowa, 1939.

22. N.M. Lvoff, U. Lvoff et M.H. Klaus, « Effect of the Baby-Friendly Initiative on Infant Abandonment in a Russian Hospital », *Archives of Pediatric and Adolescent Medicine*, vol. 154, mai 2000, p. 474-477.

23. Voir *Building Healthy Minds...*, 1999, et *Playground Politics*, 1993, par S.I. Greenspan, les deux à Cambridge Massachusetts, Perseus Publishing, pour une analyse détaillée.

24. P. Hopper et E.G. Zigler, « The Medical and Social Science Basis for a National Infant Care Leave Policy », *American Journal of Orthopsychiatry*, 58, p. 324-338.

25. B. Halcomb et al., « Childcare : How Does your State Rate ? », *Working Mother*, juillet-août 1998.

26. Ces directives ont été aimablement fournies par le docteur Carol Grey, psychologue judiciaire à Seattle, Washington.

Chapitre 2

1. *A Report to the Legislature : Changes in the Population of Persons with Autism and Pervasive Developmental Disorders in California's Developmental Services System : 1987 through 1998*, Department of Developmental Services, California Health and Human Services Agency, Sacramento, Californie, mars 1, 1999, section IV, *Rates of Occurrence*, p. 5.

2. *Idem.*

3. Voir Environmental Protection Agency, 1988, *The Inside Story : A Guide to Indoor Air Quality*, Washington, D.C. et www.CHECnet.org pour plus d'informations.

4. Pour plus d'informations, voir Center for Health, Environment and Justice, novembre 1999, *America's Choice : Children's Health of Corporate Profit, the American People's Dioxin Report*, Falls Church, VA ; J.P. Myers, « Hormone Disruption and the Precautionary Principle », Étude présentée à la réunion des délégués scientifiques, O.N.U., INC 4, 22 mars 2000 ; M.E. Herman-Giddens *et al.*, « Secondary Sexual Characteristics and Menses in Young Girls Seen in Office Practice : A Study from the Pediatric Research in Office Settings Network », *Pediatrics*, 99(4), 1997, p. 505-512 ; L.J. Paulozzi, J.D. Erikson et R.J. Jackson, « Hypospadias Trends in Two US Surveillance Systems », *Pediatrics*, 100(5), 1997, p. 831-834 ; N. Rothman *et al.*, « A Nested Case-Control Study of Non-Hodgkins Lymphona and Serum Organochlorine Residues », *Lancet*, 350 (9073), 1997, p. 240-244.

5. Kaiser Foundation Kids and the Media in the New Millennium, Publication n° 1536, Menlo Park, C.A., 2000.

6. E.E. Zigler et N.W. Hall, *Child Development and Social Policy : Theory and Applications*, New York, McGraw Hill, 2000.

7. M.H. Klaus, J.H. Kennel et P.H. Klaus, *Mothering the Mother*, Cambridge, Massachusetts, Perseus Publishing, 1993.

8. B.F.S.I. Greenspan, *Infants in Multi-Risk Families*, New York, International Universities Press, 1987.

9. T.B. Brazelton, *Points forts : les moments essentiels du développement de votre enfant*, *op. cit.*

10. S.I. Greenspan et N.B. Lewis, Building Healthy Minds : *The Six Experiences that Create Intelligence and Emotional Growth in Babies and Young Children, op. cit.*

11. J.-P. Lecanuet, C. Granier-Deferre et M.C. Busnel, « Human Fetal Auditory Perception », *Fetal Development : A Psychological Approach*, Mahwah, New Jersey, Lawrence Erlbaum, 1995.

12. J. W. Scanlon, « Dangers to the Human Fetus from Certain Heavy Metals in the Environment », *Review of Environmental Health*, 1995, 2 (1), p. 39-64.

13. T. Colburn, J. Meyers et D. Dumanowski, *Our Stolen Future*, New York, Dutton, 1997.

14. P. Nathanielsz, *Life Before Birth : The Challenge of Fetal Development*, New York, W.H. Freeman, 1998.

15. G.G. Fein, P.M. Schwartz, S.W. Jacobsen et J.L. Jacobson, « Environmental Toxins and Behavioral Development », *American Psychologist*, 38, p. 1198-1205.

16. E.E. Tronick, « The NBAS as a Biomarker of Environmental Agents on the Newborn », *Environmental Health Perspectives*, éd. G. Lucius, Proceedings of the National Research Council, 74, 1987, p. 185-189.

17. J.D. Sparrow, *Psychiatric Research and Prenatal Diagnosis*, American Psychiatric Association, Fédération française de psychiatrie, Paris, juin 1998.

18. M.H. Klaus, J.H. Kennell et P.H. Klaus, *Mothering the Mother*, *op. cit.*

19. Educating Children for Parenting, 211 N 13th St. #701, Philadelphia, PA 19107, www.ecparenting.org.

20. T.B. Brazelton *et al.*, « The Behavior of Nutritionally Deprived Guatemalan Infants », *Developmental Medicine and Child Neurology*, vol. 19, n° 3, 1977, p. 364-367.

21. S. Bok, *Common Values*, Columbia, University of Missouri Press, 1995.

Chapitre 3

1. S. Chess et A. Thomas, *Know Your Child*, New York, Basic Books, 1987.

2. T.B. Brazelton, *Trois bébés dans leur famille, Laura, Daniel et Louis : les différences du développement*, *op. cit.* ; T.B. Brazelton et J.K. Nugent, *The Neonatal Behavioral Assessment Scale*, *op. cit.*

3. S.I. Greenspan et J. Salmon, *The Challenging Child : Understanding, Raising, and Enjoying the Five « Difficult » Types of Children*, Cambridge, Massachusetts, Perseus Publishing, 1995 ; S. I. Greenspan, *Infancy and Early Childhood : The Practice of Clinical Assessment and Intervention with Emotional and Developmental Challenges*, Madison, Connecticut, International Universities Press, 1992 ; *idem, The Development of the Ego : Implications for Personality Theory, Psychopathology, and the Psychotherapeutic Process*, Madison, Connecticut, International Universities Press, 1989 ; S.I. Greenspan et N.T. Greenspan, *First Feelings : Milestones in the Emotional Development Your infant and Child from Birth to Age 4*, New York, Viking Press, 1985.

4. T.B. Brazelton, *Trois bébés dans leur famille*, *op. cit.*

5. S.I. Greenspan et S. Wieder, « Developmental Patterns and Outcomes in Infants and Children with Disorders in Relating and Communicating : A Chart Review of 200 Cases of Children with Autistic Spectrum Diagnoses », *Journal of Developmental and Learning Disorders*, 1, 1997, p. 87-141 ; S.I. Greenspan, *Infancy and Early Childhood*, *op. cit.* ; S.I. Greenspan et S. Wieder, The Child with Special Needs, *op. cit.*

6. J. Bowlby, « Forty-Four Juvenile Thieves : Their Characters and Home Life », *International Journal of Psycho-Analysis*, 25, 1944, p. 19-52, 107-127.

7. S.I. Greenspan et J. Salmon, *The Challenging Child…*, *op. cit.*

8. S.I. Greenspan et S. Wieder, « Developmental Patterns and Outcomes » ; S.I. Greenspan, *Infancy and Early*

Childhood..., op. cit. ; S.I. Greenspan et S. Wieder, *The Child with Special Needs, op. cit.*

9. R. Calfee, P. et C. Lindamood, « Acoustic-Phonetic Skills and Readingt-Kindergarten Through Twelfth Grade », *Journal of Educational Psychology*, 64, 1973, p. 293-298.

10. Voir S.I. Greenspan, *Infancy and Early Childhood, op. cit.* ; S.I. Greenspan et N.B. Lewis, *Building Healthy Minds*, Cambridge, Massachusetts, Perseus Publishing, 1999 ; et S.I. Greenspan et S. Wieder, *The Child with Special Needs, op. cit.*

11. M.F. Shore et J.L. Massimo, « Contributions of an Innovative Psychoanalytic Therapeutic Program with Adolescent Delinquents to Developmental Psychology », *The Course of Life*, éd. S.I. Greenspan et G.H. Pollock, vol. 4, *Adolescence*, Madison, Connecticut, International Universities Press, 2e éd., 1990.

12. Family Resource Coalition (now Family Support America). www.fsca.org., 20 N. Wacker St. Chicago, IL 60606. (313) 338-0900.

13. M.H. Klaus, J.H. Kennell et P.H. Klaus, *Bonding : Building the Foundation of Secure Attachment and Independence*, Cambridge, Massachusetts, Perseus Publishing, 1995.

14. Healthy Steps Program, c/o Commonwealth Fund. www.healthysteps.org, 1 E 75th St. New York, NY 10021.

15. ICDL, *Clinical Practice Guidelines*, Chapter 4, « Intervention Research » sur le site web de l'ICDL www.icdl.com, ou auprès de l'ICDL, 4938 Hampden Lane, Suite 800, Bethesda, MD 20814.

16. O.I. Lovaas, « Behavioral Treatment and Normal Educational and Intellectual Functioning in Young Autistic Children », *Journal of Consulting and Clinical Psychology*, 55, 1987, p. 3-9 ; J.J. McEachin, T. Smith et O.I. Lovaas, « Long-Term Outcome for Children With Autism Who Received Early Intensive Behavioral Interventions », *American Journal of Mental Retardation*, 97, p. 359-372.

17. ICDL, *Clinical Practice Guidelines*, Chapter 4, « Intervention Research ».

18. J.K. Nugent et T.B. Brazelton, « Preventive Infant

Mental Health : Use of the Brazelton Scale », *Handbook of Infant Mental Health*, éd. H.E. Fitzgerald et J.D. Osofsky, New York, Wiley, 1999.

Chapitre 4

1. Voir S.I. Greenspan et N.B. Lewis, *Building Healthy Minds, op. cit.* ; S.I. Greenspan et J. Salmon, *Playground Politics, op. cit.* ; S.I. Greenspan et B.L. Benderly, *The Growth of the Mind and the Endangered Origins of Intelligence*, Cambridge, Massachusetts, Perseus Publishing, 1997.

2. T.B. Brazelton et B.G. Cramer, *Les Premiers Liens : l'attachement parents-bébé vu par un pédiatre et un psychiatre, op. cit.*

3. S. Fraiberg, *The Magic Years*, New York, Scribners, 1959.

4. T.B. Brazelton, *Points forts : les moments essentiels du développement de votre enfant, op. cit.* ; T.B. Brazelton, *À ce soir : concilier travail et vie de famille*, Paris, Stock-Laurence Pernoud, 1986.

5. E. Galinsky, *Ask the Children : What America's Children Really Think About Working Parents*, New York, Morrow, 1999.

6. B.F. Skinner, professeur de psychologie à l'université de Havard ; il a utilisé des berceaux fermés transparents pour observer le comportement des petits bébés. Les berceaux étaient équipés de moteurs pour l'air conditionné qui émettaient un bourdonnement. Les enfants s'habituaient au bourdonnement dans leur sommeil profond.

7. Robert Rosenthal, professeur de psychologie à l'université de Harvard ; il a démontré l'effet des idées préconçues de l'enseignant sur la performance de l'élève.

8. Voir S.I. Greenspan, *The Growth of the Mind..., op. cit., Developmentally Based Psychology*, International University Press, Madison, Connecticut.

Chapitre 5

1. T.B. Brazelton, D.M. Snyder et M.W. Yogman, « A Developmental Apoproach to Behavior Problems », *Principles of Pediatrics*, éd. R.A. Hockelman *et al.*, New York, McGraw-Hill, 1994.
2. T.B. Brazelton, *Points forts : les moments essentiels du développement de votre enfant, op. cit.* ; S.I. Greenspan et J. Salmon, *The Challenging Child : Understanding, Raising and Enjoying the Five « Difficult » Types of Children, op. cit.*
3. Voir S.I. Greenspan et S. Wieder, *The Child with Special Needs, op. cit.* ; S.I. Greenspan, Infancy and Early Childhood, op. cit. ; S.I. Greenspan, *The Challenging Child, op. cit.*
4. T.B. Brazelton, *À ce soir : concilier travail et vie de famille, op. cit.*

Chapitre 6

1. R.H. Wharton, K. Levine, E. Miller, J. Breslau et S.I. Greenspan, « Children With Special Needs in Bilingual Families : A Developmental Approach to Language Recommendations », *The ICDL Clinical Practice Guidelines*, éd. S.I. Greenspan, sous presse, Bethesda, MD, ICDL.
2. Voir S.I. Greenspan et B.L. Benderly, *The Growth of the Mind and the Endangered Origins of Intelligence, op. cit.*, chapitre 14.
3. Voir S.I. Greenspan *et al.*, *Infants in Multi-Risk Families*, New York, International Universities Press, 1987 ; S.I. Greenspan, *Infancy and Early Childhood : The Practice of Clinical Assessment and Intervention with Emotional and Developmental Challenges*, Madison, Connecticut, International Universities Press, 1992.
4. S.I. Greenspan *et al.*, *Infants in Multi-Risk Families, op. cit.* ; *idem, The Growth of the Mind, op. cit.*, chapitre 13.
5. R. Karr-Morse et M. Wiley, *Ghosts from the Nursery*, New York, Atlantic Monthly Press, 1997 ; S. Provence et A. Naylor, *Working with Disadvantaged, Parents and their*

Children : Scientific and Practical Issues, New Haven, Yale University Press, 1983 ; A.S. Honig et J.R. Lally, *Infant Caregiving : A Design for Training*, Syracuse, New York, Syracuse University Press, 1981 ; J.R. Berrueta-Clement *et al.*, *Changed Lives : The Effects of the Perry Preschool Program on Youths Through Age Nineteen*, Ypsilanti, Michigan, High/Scope, 1984 ; C.T. Ramey et F.A. Campbell, « Preventive Education for High-Risk Children : Cognitive Consequences of the Carolina Abecedarian Project », *American Journal of Mental Deficiency*, 88, p. 515-523 ; S.I. Greenspan *et al.*, *Infants in Multirisk Families, op. cit.*

Index

A

B

D

E

F

G

H

I

J

N

O

P

Q

R

S

T

U

V

W

À propos des auteurs

T. Berry Brazelton, fondateur de l'Unité de développement infantile à l'Hôpital des Enfants de Boston, est professeur émérite de pédiatrie à la faculté de médecine de Harvard. Il enseigne la pédiatrie et le développement humain à l'université de Brown, après avoir été président de la Society for Research in Child Development*, et de Zero to Three : The National Center for Infants, Toddlers and Families**. Au cours d'une pratique pédiatrique de plus de trente-cinq ans, il a introduit, dans la formation médicale, le concept de « conseil d'anticipation » aux parents. Auteur de plus de 200 articles scientifiques, le Dr Brazelton a également écrit 28 livres destinés aux professionnels et au grand public, parmi lesquels : *Points Forts* (traduit dans 18 langues), *Écoutez votre enfant*, ainsi que la désormais classique trilogie : *Trois bébés dans leur famille*, *L'Âge des premiers pas* et *La Naissance d'une famille*. Il est également co-auteur, avec le Dr Bertrand Cramer, des *Premiers liens*.

L'Échelle d'Évaluation du comportement néonatal (NBAS) est l'une des œuvres les plus remarquables du Dr Brazelton. Connue sous le nom de « Brazelton », cette échelle est utilisée dans le monde entier, dans la pratique médicale comme dans le milieu de la recherche, pour évaluer non seulement les réponses physiologiques et neurologiques des nouveau-nés, mais également leur santé émotionnelle et leurs différences individuelles. La NBAS est de plus en plus

* Société de Recherches sur le Développement infantile.
** Zéro à Trois : Centre national pour les Bébés, les Enfants et leur Famille.

employée pour aider les parents à comprendre leur nouveau-né et à nouer des liens avec lui ; des recherches sont en cours pour déterminer comment l'utiliser pour raccourcir la durée de l'hospitalisation à la naissance. Pour continuer ses recherches et mettre en pratique ses découvertes, le Dr Brazelton a fondé et codirige deux programmes à l'Hôpital des Enfants de Boston : l'Institut Brazelton (qui continue à travailler sur la NBAS) et le Centre Brazelton Points forts (formation professionnelle nationale à l'intervention préventive des Points forts).

Le Dr Brazelton a reçu de nombreuses récompenses, parmi lesquelles le Prix C. Anderson Aldrich pour sa contribution éminente au domaine du développement infantile, attribué par l'American Academy of Pediatrics*, le Prix Woodrow Wilson pour services rendus à la nation, attribué par l'université de Princeton ; il a été fait docteur honoris causa à dix reprises. Il a travaillé pour la National Commission for Children**, sur décision du Congrès, et récemment a été déclaré Légende Vivante à la bibliothèque du Congrès de Washington, DC.

Le Dr Stanley I. Greenspan est professeur de psychiatrie et de pédiatrie à la faculté de médecine de l'université George Washington, et président du Interdisciplinary Council on Developmental and Learning Disorders***. Il pratique en tant que pédopsychiatre ; président fondateur de Zéro to Three : The National Center for Infants, Toddlers and Families, il est chef du service de psychanalyse pour enfants de l'Institut psychanalytique de Washington. Avocat de l'enfance reconnu sur le plan national au États-Unis, il a dirigé le Mental Health Study Center**** et le programme clinique sur le développement infantile au National Institute of Mental Health*****.

* Académie américaine de Pédiatrie.

** Commission nationale pour l'Enfance.

*** Conseil interdisciplinaire sur les Troubles du Développement et de l'Apprentissage.

**** Centre d'Études sur la santé mentale.

***** Institut national de la santé mentale.

Le Dr Greenspan a écrit et publié plus de 30 livres et 100 article. Parmi ses ouvrages les plus influents, on peut citer : *The Growth of the Mind and the Endangered Origins of Intelligence* (avec Beryl Lieff Benderly) ; *The Challenging Child* (avec Jacqueline Salmon) ; *Infancy and Early Childhood : First Feelings* (avec Nancy Thorndike Greenspan) ; *Playground Politics : The Child with Special Needs* (avec Serena Wieder et Robin Simons) ; *Intelligence and Adaptation : An Integration of Psychoanalytic and Piagetian Developmental Psychology ; The Development of the Ego and Developmentally-Based Psychotherapy.*

Le Dr Greenspan a reçu de nombreux prix et récompenses, parmi lesquels le Prix Ittleson de l'Association américaine de psychiatrie pour sa remarquable contribution à la recherche en pédopsychiatrie, le Prix Ittleson de l'Orthopsychiatrie américaine pour sa contribution originale dans le domaine de la santé mentale en Amérique (il est le seul à avoir obtenu les deux prix Ittleson) ; enfin le prix Edward A. Strecker pour sa remarquable contribution à la psychiatrie américaine.

Table des matières

3182

MARABOUT

IMPRIMÉ EN FRANCE PAR BRODARD ET TAUPIN
22344 - La Flèche (Sarthe), le 22-01-2004.

pour le compte des
Nouvelles Éditions Marabout
D.L. n° 43875 - février 2004
ISBN : 2-501-03888-6
40-3567-1/03